I0152308

Der zeitlose Pfad

Der zeitlose Pfad

Eine Anleitung zu schrittweiser spiritueller Entwicklung

Swami Ramakṛishnananda Puri

Mata Amritanandamayi Center, San Ramon
Kalifornien, Vereinigte Staaten

Der zeitlose Pfad
Eine Anleitung zu schrittweiser spiritueller Entwicklung
Von Swami Ramakṛishnananda Puri

Herausgegeben von:
Mata Amritanandamayi Center
P.O. Box 613
San Ramon, CA 94583
Vereinigte Staaten

International: www.amma.org
inform@amritapuri.org

In Deutschland: www.amma.de

In der Schweiz: www.amma-schweiz.ch

Widmung

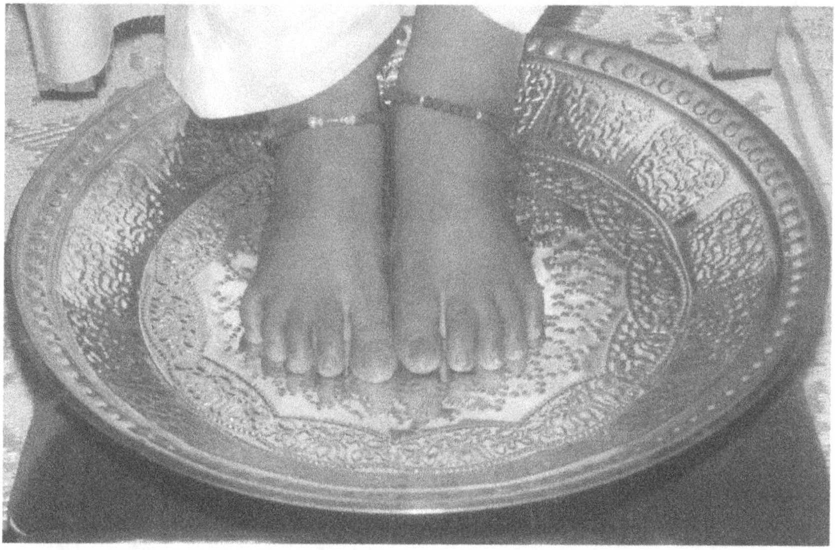

In Demut bringe ich dieses Buch den Lotusfüßen meines Sadgurus, Śrī Mātā Amṛtānandamayi, dar.

Inhaltsverzeichnis

Vorwort

Oh Göttin, damit ich in deiner Gegenwart leben darf, führe mich bitte auf diesem zeitlosen Pfad. Zauberin des Universums, leite mich ewiglich. Oh Verkörperung von Bewusstsein, Existenz und Glückseligkeit, mit gefalteten Händen verneige ich mich vor Dir"

Aus dem von Amma geschriebenen Bhajan
En Mahādevī Lokeśi Bhairavi

Spiritualität wird oft als ein Pfad bezeichnet. Doch wo genau beginnt und endet er? Wohin führt er uns? Wer legt ihn fest? Ist der Sucher selbst der Wegbereiter, der sich mit seiner Machete einsam den Weg durch den Dschungel kämpft? Oder ist er bereits von früheren Meistern geebnet? Gibt es viele Pfade oder nur einen einzigen? Was genau ist der Pfad, den Amma für uns, ihre Kinder empfiehlt? Wenn das spirituelle Leben wirklich eine Reise ist, dann sind das alles wichtige Fragen.

In dem Bhajan, der als unsere Einleitung dient, betet Amma zu Devi, sie möge sie auf den Pfad des Śāśvata Mārga führen. Śāśvata bedeutet „ewig" und Mārga bedeutet „Pfad". Aber wir sollten „ewig" nicht so verstehen, dass der Weg ohne Ende sei. Amma meint, dass der spirituelle Weg selbst zeitlos ist, dass er für jede Generation, in jedem Schöpfungszyklus derselbe bleibt.

Hinduismus wird oft als Sanātana Dharma - der ewige Lebensweg - benannt. Das ist so, weil die Veden, die frühesten spirituellen Schriften, den spirituellen Weg als Anādi (ohne Anfang) und Ananta (ohne Ende), als ewig existierend beschreiben. Die Veden sind keine menschlichen Schöpfungen, sondern ein ewiger Teil des Universums. Poetisch werden sie auch als

„der Atem Gottes“ bezeichnet. In jedem Schöpfungszyklus werden sie nicht etwa neu formuliert, sondern sie „dämmern“ im Mind von Heiligen und Weisen. – Der Mind dieser Männer und Frauen ist so rein, dass sich ihnen die vedischen Mantren und Wahrheiten offenbaren, als wären sie „in den Wind geschrieben“. Diese Männer und Frauen geben die Veden an die ersten Schüler weiter. So werden sie in einer endlosen Tradition von Generation zu Generation weitergegeben.

In diesem Buch werden wir diesen zeitlosen Pfad erkunden und seine wichtigsten Wendungen und Abzweigungen genau untersuchen. Amma hat die Schriften niemals studiert und doch ist der von ihr empfohlene Pfad derselbe wie der, der in den Veden und in späteren traditionellen Schriften wie der Bhagavad-Gīta präsentiert wird. Wie Amma einst einem Reporter antwortete, der sie nach ihrer Lehre fragte: „Mein Pfad ist der Pfad von Śrī Kṛṣṇa[1]. Es gibt hier nichts Neues.“

Durch dieses Buch werden wir sehen, dass die von vielen als unterschiedlich betrachteten Pfade – Karma Yoga, Meditation, Jñāna Yoga, etc. in Wirklichkeit verschiedene Aspekte des einen Pfades sind. Oftmals sagt Amma: „Karma [Handlung], Jñāna [Wissen] und Bhakti [Hingabe] sind alle wesentlich. Wenn die beiden Flügel eines Vogels Hingabe und Handlung symbolisieren, so ist Wissen sein Schwanz. Nur mit der Hilfe von allen dreien kann der Vogel in die Höhe aufsteigen.“

Karma-Yoga und Praktiken wie Meditation bringen den spirituell Suchenden voran, während die Weisheit des Meisters uns die korrekte Richtung zeigt.

Jemand wie Amma mit wahrer spiritueller Vision akzeptiert alle Religionen und versteht den angemessenen Platz, den ihre jeweiligen religiösen Praktiken im großen Plan des Einen Pfades einnehmen.

---

[1] “Śrī Kṛṣṇas Pfad”, wie er in der Bhagavad Gīta präsentiert wird, ist eine Zusammenfassung des vedischen Pfades.

Wie Amma 2000 auf der Generalversammlung der Vereinten Nationen in New York erklärte: „Das Ziel aller Religionen ist das gleiche – die Reinigung des menschlichen Minds."

Im Hinduismus gibt es Systeme zur Reinigung des Minds, die Buddhisten haben ihre Systeme, die Christen die ihren, ebenso die Juden, Jains und Muslime usw. Sanātana Dharma akzeptiert sie alle. Aber letztendlich muss der spirituell Suchende, nachdem er seinen Mind gereinigt hat, diese Praktiken transzendieren und seine wahre Natur verstehen. Nur so erreicht er das Ende des zeitlosen Pfades. So wie die Veden und der von ihnen dargestellte Pfad hat auch die Unwissenheit keinen Anfang. Aber anders als die Veden hat die Unwissenheit ein Ende und das kommt mit dem seligen Verstehen, dass unser eigenes Selbst zeitlos ist.

Śrī Mātā Amṛtānandamayi

„Solange ich die Kraft habe, meine Hand auszustrecken und um die Schulter eines weinenden Menschen zu legen, wird Amma weiterhin Darśan geben. Menschen zu trösten und ihre Tränen zu trocknen bis zum Ende dieses sterblichen Körpers - das ist Ammas Wunsch".

Amma

Durch ihre außergewöhnlichen Handlungen der Liebe und Opferbereitschaft hat Śrī Mātā Amṛtānandamayi Devī oder „Amma" [Mutter], wie sie allgemein genannt wird, die Herzen von Millionen Menschen auf der ganzen Welt erobert. Sie umarmt jeden liebevoll und drückt jeden nahe an ihr Herz. Sie teilt ihre bedingungslose Liebe mit allen, die zu ihr kommen, unabhängig von ihrem Glauben, ihrem sozialen Status oder ihren Beweggründen. Auf diese einfache und doch kraftvolle Weise verändert Amma das Leben zahlloser Menschen und hilft ihnen, ihre Herzen aufblühen zu lassen - eine Umarmung nach der anderen. In den vergangenen 37 Jahren hat sie mehr als 29 Millionen Menschen aus allen Teilen der Welt umarmt.

Ihre unermüdliche Hingabe, andere zu erheben, hat ein weit verzweigtes Netzwerk von gemeinnützigen Aktivitäten ins Leben gerufen. Dadurch konnten viele Menschen das tiefe Gefühl des Friedens und der inneren Erfüllung entdecken, das sich aus dem selbstlosen Dienst aus Nächstenliebe ergibt. Amma lehrt, dass das Göttliche in allem existiert, sei es lebendig oder leblos. Diese Wahrheit zu erkennen, ist die Essenz des spirituellen Lebens – das Mittel, um alles Leiden zu beenden.

Ammas Lehren sind universell. Wird sie über Religion befragt, antwortet sie, dass ihre Religion Liebe ist. Sie drängt niemanden dazu, an Gott zu glauben oder die Religion zu wechseln.

Stattdessen ermutigt sie die Menschen, ihre eigene wahre Natur zu erforschen und an sich selbst zu glauben.

Erstes Kapitel

Warum kommen Menschen zu Amma?

„So wie unser Körper die richtige Nahrung benötigt, um zu leben und sich zu entwickeln, braucht unser Herz Liebe um zu erblühen. Die Kraft und nährende Wirkung die Liebe unserem Herzen geben kann, ist größer als die nährende Kraft der Muttermilch für ein Baby"

Amma

Besuchst du eines der Programme von Amma, bemerkst du, dass Menschen von überall her zu ihr kommen – aus allen möglichen Religionen, Ländern und Lebensbereichen. Einige von ihnen sind bereits seit Jahrzehnten auf dem spirituellen Pfad. Andere haben niemals in ihrem Leben ein spirituelles Buch in die Hand genommen. Einige kommen, weil sie auf der seelischen, körperlichen oder materiellen Ebene leiden und auf Hilfe von Amma hoffen. Wieder andere sind einfach neugierig. Sie haben Amma in der Zeitung oder im Fernseher gesehen. Sie wollen nun selbst herausfinden, was es mit dieser „Heiligen, die umarmt", auf sich hat. Dann gibt es die Suchenden – Anfänger ebenso wie Fortgeschrittene. Sie glauben, dass Amma eine verwirklichte spirituelle Meisterin ist. Sie glauben, Amma kann sie zum höchsten Ziel des menschlichen Lebens führen – der Selbstverwirklichung. Die meisten Menschen kommen zu ihr, weil sie irgendein Problem haben und hoffen, dass Amma es löst. In der Bhagavad Gīta bezeichnet Śrī Kṛṣṇa Menschen, die zu Gott oder einem Mahātma gehen, um aus einer Not befreit zu werden, als Ārtas. Zu Beginn ihrer öffentlichen Programme spricht Amma oftmals von diesen Menschen und sagt: „Amma weiß, dass 90% der hier anwesenden auf körperlicher oder emotionaler Ebene leiden. Einige haben keinen Beruf. Andere haben einen Job, benötigen aber eine Lohnerhöhung. Andere sind nicht in der Lage, einen Ehemann für ihre Tochter zu finden. Wieder andere sind in einen Prozess verwickelt. Andere haben nicht das Geld, ein Haus zu kaufen. Oder sie besitzen Häuser, können sie aber nicht verkaufen. Einige haben unheilbare Krankheiten." All diesen Menschen sagt Amma, dass es keinen Grund gibt, sich zu sorgen. Es ist genauso sinnlos, als ob man einfach auf eine Wunde schaut und anfängt zu weinen. Der Kummer verschlimmert nur die Situation, stattdessen braucht man die richtige Medizin. Amma rät, sich zu bemühen und sich dann dem Willen Gottes zu ergeben. Man soll Gott erlauben, die Schwere zu tragen.

Tatsächlich stellen viele dieser Menschen fest, dass ihre Probleme auf vielfältige Weise behoben werden. Frauen, die keine Kinder bekommen konnten, werden plötzlich schwanger. Leute, die in Rechtsstreitigkeiten verwickelt sind und zu Amma beten, stellen fest, dass sich das Blatt zu ihren Gunsten wendet. Finanzielle Probleme werden gemildert. Es hat sogar Fälle gegeben, wo körperliche Beschwerden entweder gelindert wurden oder völlig heilten. Amma lehnt jede Verantwortung dafür ab und schreibt solche Ereignisse einfach der göttlichen Gnade und der Glaubensstärke der betreffenden Menschen zu.

So verhält es sich auch bei denjenigen, die Kṛṣṇa als Arthārthis bezeichnet. Diese Menschen kommen nicht zu Amma, um aus Gefahren befreit zu werden. Sie kommen zur Erfüllung ihrer materiellen Wünsche. „Amma, hilf mir, eine höhere Schule zu besuchen!" „Amma, hilf mir, geschäftlich erfolgreich zu sein!" „Amma, hilf mir, ein Visum zu bekommen!" „Hilf mir, dass mein Buch veröffentlicht wird!" Die Arthārthis betrachten Amma als eine Art „Verbindung zur Gnade" und teilen ihr ständig die eigenen Wünsche mit. Auch hier erlebt man häufig, wie diese Menschen eine Woche, einen Monat oder ein Jahr später strahlend zurückkommen und Amma für die Erfüllung ihrer Gebete und Wünsche danken.

Wie ist all dies möglich? In den Veden wird ausdrücklich empfohlen, einen Mahātma aufzusuchen, damit sich die eigenen Wünsche mit seiner Hilfe erfüllen.

Yaṁ yaṁ lokaṁ manasā saṁvibhāti
Viśuddhasattvaḥ kāmayate yāṁśca kāmān
Taṁ taṁ lokaṁ jayate tāṁśca kāmāṁ
Stasmādātmajñaṁ hyarcayedbhūtikāmaḥ

„Ein Mensch mit reinem Mind erreicht die Welten, die er sich gedanklich ersehnt und die angenehmen Dinge, die er sich wünscht. Deshalb sollte derjenige, der nach Wohlstand strebt, den Kenner des Selbst verehren“

Muṇḍaka Upaniṣad, 3.1.10

Die Idee ist, dass ein Mahātma alleine durch die Kraft seines Saṅkalpa (bewussten Entschlusses) alles bewirken kann, was er ‚wünscht‘. Wenn jedoch die Schriften von ‚Reinheit des Mindes‘ sprechen, meinen sie einen Mind, der von allen Wünschen befreit ist. Dies bedeutet, dass ein Mahātma, der keine eigenen Wünsche hat, die Wünsche derer, die ihn aufsuchen und verehren, bereitwillig annimmt und sie entsprechend segnet.

Dies bedeutet nicht, dass alle ihre Wünsche erfüllt werden. Eine gewisse Rolle spielt in diesem Prozess das Prārabdha Karma (Schicksal, das auf früheren Handlungen beruht) der betreffenden Person. Doch Amma ist eine Mutter und welche Mutter möchte nicht ihre Kinder glücklich sehen? Amma wird immer bestmöglich helfen, falls es niemand anderen verletzt und es im Einklang mit dem Dharma (Rechtschaffenheit) ist, sei es durch ihre humanitären Projekte, durch ihren Ratschlag oder durch die Kraft ihres Saṅkalpas.

Einige Leute denken vielleicht, es sei nicht recht, mit solchen weltlichen Anliegen zu Amma zu kommen. Doch in der Gīta bezeichnet Kṛṣṇa sowohl die Ārtas als auch die Arthārthis als „edelmütig“. Er sagt über sie, da sie sich an Gott wenden, um Erleichterung und materielles Wohlergehen zu erlangen, haben sie in diesem oder einem anderen Leben zahlreiche gute Taten vollbracht. Solche Hingabe hat jedoch ihre Grenzen. Die Schriften sagen uns, es sei zwar in Ordnung, unser spirituelles Leben mit solch einer Einstellung zu beginnen. Wir sollen jedoch nicht auf dieser Stufe bleiben. Diese Form der Hingabe ist nicht sehr stabil. Finden die Gebete solcher Leute kein Gehör, kommen sie nur noch selten zurück. Selbst wenn sie bekommen, was sie wollen, kehren sie oftmals in ihr normales Leben zurück. Sie vergessen Amma (das heißt, bis das nächste Problem auftaucht). Wir sollten uns weiterentwickeln und an den kostbareren Schätzen, die Amma uns anbietet, interessiert sein.

Dies bringt uns zur nächsten Menschengruppe, die Amma besuchen, den Jijñāsus oder die nach spirituellem Wissen Suchenden. Der Jijñāsu ist ein Devotee ganz anderen Kalibers. Er versteht, dass trotz der Lösung seiner momentanen Probleme weitere Probleme kommen werden. Außerdem weiß er Bescheid über die Begrenztheit der weltlichen Errungenschaften. Er sieht Amma als einen Satguru - einen selbstverwirklichten Meister, der nicht nur zu vorübergehendem, sondern zu dauerhaftem Frieden und Glück führen kann.

Tatsächlich sagen uns die Schriften, die Hingabe eines jeden Menschen beginne mit Ārta, entwickle sich dann weiter zum Zustand des Arthārthi und wird erst danach zum Jijñāsu[1]. Diese Stufen zeigen, wie sich das Verständnis eines Devotees entwickelt. Einige Menschen sind in vergangenen Leben durch diese Entwicklung hindurchgegangen und beginnen ihre Beziehung zu Amma direkt als Wahrheitssuchender. Andere durchleben diese

[1] Es wird gesagt, es sei besser, ein Arthārthi zu sein als ein *Ārta*, denn der Arthārthi sucht Gott, wann immer ihn nach etwas verlangt (d.h. ziemlich oft), während der *Ārta* nur an Gott denkt, wenn er in Not ist.

Entwicklung im Laufe des jetzigen Lebens oder benötigen noch weitere zukünftige Leben.

Wir können sehen, dass manche Menschen anfangs mit einem materiellen Anliegen zu Amma kommen. Jedoch kommen sie bereits bei ihrem ersten Darśan von diesem Wunsch ab und suchen danach allein nach dem Höchsten. Dies ist auf ein entsprechendes Saṁskāra zurückzuführen, d.h. einer latenten Neigung zum spirituellen Leben, die über mehrere Leben entwickelt wurde. Das Saṁskāra hat „wartend" unter der Oberfläche des Mindes geschlummert, bis es durch die Berührung, die Worte oder den Blick eines Mahātmas erweckt wurde. Das Ganze klingt ziemlich mystisch. Doch wir begegnen solchen Phänomen auch in vielen anderen Lebensbereichen, nicht nur in spirituellen Belangen. Viele große Schriftsteller, Musiker, Sportler und Wissenschaftler zeigen zunächst keinerlei Vorliebe für ihr jeweiliges Fachgebiet. Plötzlich wird ihre Leidenschaft durch einen bestimmten Roman, ein Konzert oder einen Trainer erweckt. Danach kann sie niemand mehr von ihrem Ziel abbringen.

Als ich zum ersten Male zu Amma kam, war ich an Spiritualität nicht interessiert. Aufgewachsen in einer orthodoxen Brahmanen-Gemeinde, war ich zwar durchaus „religiös". Ich praktizierte das traditionelle Sandhya-Vandanam[2] und andere orthodoxe Hindu-Rituale. Doch betrachtete ich sie nur als ein Mittel, um meine materiellen Wünsche zu erfüllen. Ich wollte Arzt werden, jedoch habe ich die Zulassung zum Medizinstudium knapp verfehlt. Nachdem ich diesen Traum aufgeben musste, suchte ich eine Anstellung bei einer Bank und wurde in die Zweigstelle einer kleinen Stadt namens Harripad geschickt. Ich war ziemlich verärgert, zunächst wurde mir das Medizinstudium verwehrt und jetzt musste ich in diesem kleinen Ort ohne annehmbare Restaurants arbeiten!

---

[2] Eine rituelle Abfolge von Gebeten und Verneigungen, die bei Sonnenaufgang und während der Abenddämmerung durchgeführt werden.

Ich wünschte mir, in eine andere Zweigstelle der Bank versetzt zu werden, irgendwo in einer größeren Stadt. Als ich von Amma hörte, deren Āśram sich etwa 16 km südlich von Harripad befand, dachte ich, sie könnte mir vielleicht mit ihrer magischen Kraft dabei helfen. So nahm ich also eines Tages den Bus nach Parayakadavu und ging zu Ammas Darśan.

Als ich dort ankam, befand Amma sich im Kṛṣṇa-Bhāva[3]. Der Familientempel, in dem sie Darśan gab, war neben dem Kuhstall. Ich sah sie in der Verkleidung als Kṛṣṇa und wusste nicht recht, was ich davon halten sollte. Dennoch empfand ich einen tiefen Frieden. Als ich schließlich zu ihrem Darśan kam, sagte sie noch ehe ich etwas sagen konnte: „Oh, du hast Probleme mit deiner Arbeit." Dann überreichte sie mir eine Handvoll kleiner Blumen. Sie trug mir auf, 48 davon auf Devīs Haupt zu streuen. Amma würde später am Abend noch in Devī–Bhāva[4] herauskommen. (Zu meiner Überraschung stellte ich fest, dass es genau 48 Blumen waren, die sie mir gegeben hatte.)

Zu jener Zeit, tanzte Amma bei Devī–Bhāva zuerst vor dem Tempel. Als sie nun zu tanzen begann, brachte ich die Blumen dar, wie sie mir aufgetragen hatte. Nachdem der Tanz zu Ende war, reihte ich mich in die Schlange für den Devī–Bhāva-Darśan ein. Als sie mich diesmal im Arm hielt, begann ich zu weinen. Ich war sehr berührt von Ammas Liebe, ihrem Mitgefühl und ihrer Freundlichkeit. Darauf bat sie mich, auf dem Stuhl neben ihr Platz zu nehmen. Als ich dies tat, weihte sie mich spontan in ein Mantra ein. Nach einer Weile sagte sie mir, ich sollte eine Zeit lang meditieren. Ich sagte ihr, ich hätte noch nie zuvor meditiert. Sie antwortete, es reiche völlig aus, einfach die Augen zu schließen. So beschloss ich es zu versuchen.

---

[3] Eine besondere Form des Darśan, bei dem Amma wie *Śrī* Kṛṣṇa gekleidet war und seine Verhaltensweisen annahm.

[4] Ammas Form des Darśan, bei dem sie wie die göttliche Mutter gekleidet ist und ihre Verhaltensweise annimmt.

Nach einer gewissen Zeit – vom Gefühl her etwa zehn Minuten – öffnete ich meine Augen. Ich dachte, nun wollten auch andere neben Amma sitzen. Doch niemand von den Menschen, die vorher neben mir waren, war noch da. Als ich auf meine Uhr schaute, waren zwei Stunden vergangen. Dies konnte unmöglich stimmen, so dachte ich in der Annahme, meine Uhr ginge falsch. Ich fragte den Mann neben mir, wie viel Uhr es sei. Er bestätigte– ich hatte tatsächlich zwei Stunden lang meditiert. Verwirrt stand ich auf und verneigte mich vor Amma. Anschließend kehrte ich nach Harripad zurück. Am nächsten Tag war ich einfach nicht in der Lage, zur Arbeit zu gehen. Ich fühlte mich berauscht, schwebte auf einer Wolke aus Frieden und Glückseligkeit. Ich befürchtete eine Katastrophe in der Bank, wo meine hauptsächliche Aufgabe war, Geld zu zählen. Also meldete ich mich krank und verließ nicht einmal das Haus. Die einzigen Gedanken, die mir durch den Kopf gingen, waren Amma und der wohltuende Frieden ihres Darśans. Am nächsten Tag meldete ich mich erneut krank. Erst am dritten Tag kam ich zu dem Entschluss: Ich musste Amma wiedersehen. Anschließend meldete ich mich für den Rest der Woche krank und verbrachte so viel Zeit wie nur möglich bei ihr. Mein Fokus hatte sich verändert. Amma hatte die ersten spirituellen Samen in mich gepflanzt. Dies tat sie nicht nur bei mir. Viele von Ammas Schülern, inzwischen Swāmis (Mönche), sind anfangs mit irgendeinem materiellen Wunsch zu ihr gekommen. Wenig später wurden sie Suchende des Höchsten.

Manchmal vollzieht sich diese Veränderung plötzlich, manchmal benötigt sie etwas Zeit. Bei einigen mag das Samskāra von nicht so tiefgehender Natur sein. Doch sie fühlen sich nicht weniger zu Amma hingezogen, zur Wärme ihrer Liebe, ihrer Aufmerksamkeit, ihrer Freundlichkeit, ihrem Darśan usw. Diese Menschen kehren immer wieder zurück, um Amma zu besuchen und langsam vertieft sich ihre Beziehung zu ihr. Sie fangen an, Ammas Lehren in die Praxis umzusetzen. Vielleicht werden sie auch von Amma in ein Mantra eingeweiht oder nehmen, von ihr ermutigt, an einem selbstlosen karitativen Projekt teil. Durch die Reinigung ihres Mindes und die Vertiefung von spirituellem Verständnis verändert sich ihre Sichtweise stetig. Allmählich gefallen ihnen spirituelle Ziele besser als weltliche.

Manchmal verändert sich die Perspektive sogar dadurch, dass man Ammas Segen auf der materiellen Ebene empfängt. Es gab einen amerikanischen Devotee, der einen Roman geschrieben hatte. Er wünschte sich sehnlichst, sein Buch zu veröffentlichen. Er brachte das Manuskript zu Amma und sie lächelte ihn an. Dann berührte sie das Buch ehrerbietig mit ihrer Stirn. Ein paar Wochen später schloss er einen Vertrag bei einem der großen Verleger ab. Der Devotee war in einer ekstatischen Stimmung. Ehe er sich umsah, war sein Buch überall im Land in den Regalen der Buchhandlungen ausgestellt. Doch nach kurzer Zeit fand er heraus, dass er sich auch als Schriftsteller unvollkommen fühlte. Er dachte über alles nach und verstand, dass dieses Gefühl des Mangels bleiben wird, auch wenn Amma ihm alle Wünsche erfüllt. Er erkannte, dass er nur durch die Verwirklichung des Selbst den Frieden und die Zufriedenheit erlangen kann, nach der er sich sehnte.

Um den spirituellen Pfad zu beschreiten, ist Amma unsere größte Inspiration. Wir sehen den Frieden, die Glückseligkeit und die Zufriedenheit, die sie deutlich ausstrahlt und sind fasziniert. Hier ist jemand, der 24 Stunden am Tag arbeitet, keinen Lohn empfängt, nichts besitzt und nur einfache Kleidung trägt. Dennoch ist sie unendlich glücklicher als irgendein kreativer, wohlhabender oder körperlich robuster Mensch auf dieser Welt. Beobachten wir Amma, erkennen wir schnell, dass sie das Geheimnis des Glücks kennt, das wir erst noch lernen müssen. Damit konfrontiert, sind wir bald mehr daran interessiert, dieses Geheimnis zu lernen, als endliche materielle Vorteile zu erlangen.

In der Bṛhadāraṇyaka Upaniṣad gibt es eine Szene, in der die Frau eines Rṣi (Weisen) sehr erstaunt ist, dass ihr Mann so viel spirituelles Wissen besitzt. Sie gibt sich mit nichts anderem zufrieden, als seine Schülerin zu werden. Der Name des Ṛṣi ist Yājñavalkya und der Name der Ehefrau Maitreyi. Yājñavalkya hat noch eine zweite Ehefrau namens Kātyāyani. Maitreyi war ziemlich spirituell veranlagt, während Kātyāyani materialistisch war. Eines Tages teilt Yājñavalkya Maitreyi mit, dass er der Welt entsagen möchte (Saṅnyāsa) und damit seine Beziehung zu ihr und Kātyāyani beendet. Er erklärt ihr, wie er sein Vermögen unter den beiden Ehefrauen aufzuteilen gedachte. Da ergreift Maitreyi plötzlich das Wort und sagt: „Wenn ich alles Geld der Welt hätte, würde mich das unsterblich machen?“ Yājñavalkya antwortet ihr, dass dies nicht der Fall sei. Darauf entgegnet sie ihm kühn, dass alles Geld wertlos sei, weil es sie nicht unsterblich macht. Sie weiß, dass ihr Mann eine Schatzkammer spirituellen Wissens ist und sagt zu ihm: „Ich bin nur an deiner Erkenntnis interessiert. Sage mir, was du weißt.“ Maitreyi besaß wirklichen Wissensdurst (Jijñāsa). Sie begriff den wahren Wert eines Satgurus und wollte sich eine solch kostbare Gelegenheit nicht entgehen lassen.

Einige Menschen, die zu Amma kommen, suchten bereits vorher nach Selbst-Erkenntnis. Ihnen ist klar, dass ein Satguru für jeden spirituellen Sucher von essentieller Bedeutung ist und wollen von ihr geleitet werden. Solche Menschen finden in Amma ein wahrhaft spirituelles Allheilmittel. Durch sie finden sie Mittel und Wege, sich in selbstlosem Dienst zu engagieren. Sie lernen Meditationstechniken und werden in ein Mantra initiiert. Sie können eine tiefe Beziehung zu einer lebenden Meisterin aufbauen, die niemanden zurückweist, unabhängig von der jeweiligen spirituellen Qualifikation. Außerdem hilft Amma ihnen durch ihre Vorträge und Bücher und ebnet dadurch den Pfad zum höchsten Ziel des Lebens. Sie beseitigt die diversen Irrtümer und Missverständnisse bezüglich Spiritualität. Diese sind in unserem „Informationszeitalter“ nur allzu häufig anzutreffen. Solche Menschen erahnen das sie in Amma, den „spirituellen Jackpot“ gewonnen zu haben.

Für viele dieser Suchenden ist das spirituelle Leben noch relativ neu. Andere jedoch befinden sich schon seit Jahrzehnten auf dem spirituellen Weg – Saṅnyāsins, buddhistische und christliche Mönche usw. Sie kommen in der Hoffnung Ammas Segen und tiefere Einblicke zu erhalten. In Ammas Gegenwart erfahren sie tatsächlich aufgrund ihrer reinen und kraftvollen Schwingungen tiefere Ebenen der Klarheit als je zuvor. Indem sie viel Zeit bei Amma verbringen, empfangen solche Menschen darüber hinaus auch immense Inspiration. Sie treffen mit jemandem zusammen, der ihr Lebensziel bereits eindeutig erreicht hat. Dies hilft ihnen dabei, den Weg mit mehr Enthusiasmus und Kraft weiter zu gehen.

Vor vielen Jahren kam ein langjähriger Saṅnyāsin aus einer bekannten spirituellen Organisation in Ammas Āśram. Ich erinnere mich noch, wie ich ihn beobachtete, bevor er Ammas Zimmer betrat. Ob ich nun falsch lag oder nicht, er kam mir eine wenig überheblich vor. Als er jedoch ein paar Stunden später fortging, waren Tränen in seinen Augen. Ich fragte ihn, wie seine Begegnung mit Amma verlaufen sei. Er antwortete: „Heute habe ich das Gefühl, dass mein lebenslanges spirituelles Streben endlich Flügel erhalten hat."

Es gibt aber noch eine andere Gruppe Menschen, die Amma besuchen – die Zyniker. Diese Menschen denken: „Irgendetwas sei da faul! Unmöglich, dass diese Frau derartig selbstlos und mitfühlend ist! Ich werde dorthin gehen und das Ganze auffliegen lassen!" Solche Menschen sind immer gekommen, um Amma zu sehen. Sind ihre Herzen verschlossen, stehen sie eine Zeitlang mit rollenden Augen herum und verschwinden dann wieder. Aber wenn es auch nur einen kleinen offenen Raum in ihnen gibt, findet Amma ihn. Sie wird einen Samen pflanzen, der bald sprießen wird. So war es mit einem von Ammas Senior Brahmacāris. Er war Student an einer berühmten Filmhochschule in Poona. Während seiner Studienjahre war er Sympathisant einer kommunistischen Studentengruppe. Er war gegen alles Religiöse und Spirituelle negativ eingestellt – besonders aber gegen „lebende

Heilige". Als seine Familie ihn ermutigte, Ammas Āśram zu besuchen, willigte er nur allzu gerne ein. Er wollte die Gelegenheit nutzen und für einen Film Nachforschungen durchführen, ein Film über „falsche Heilige". Als er Amma jedoch mit dem Auge eines Filmemachers ansah, fanden Ammas Augen ihn. Er konnte gar nicht anders als zuschauen, wie Amma ihre Ruhe und ihre Bequemlichkeit opferte, damit Licht und Liebe in das Leben anderer Menschen kommt. Nur wenig später wurde er selbst ihr Schüler.

Diese Gruppen Menschen scheinen auf den ersten Blick aus unterschiedlichen Gründen zu kommen. Amma sagt, dass in Wahrheit jeder - nicht nur ihre Besucher- sondern alle Menschen auf der Welt das Gleiche suchen: die Fülle des Selbst zu erfahren.

Amma sagt, es ist diese Sehnsucht, die uns im Leben vorantreibt. Dieser Wunsch ist das, was uns im Leben vorwärtsführt. Es ist das Motiv hinter unseren Freundschaften, Eheschließungen und Scheidungen. Es steht hinter unserem Wunsch nach Kindern, nach Karriere oder Berufswechsel, nach dem Kauf von Häusern und Autos sowie nach dem Gang ins Kino. Alle streben nach demselben Ziel. Doch die Fülle, nach der wir suchen– für den spirituellen Aspiranten ebenso für den Materialisten – ist kein endlicher Gegenstand. Die Fülle ist unendlich, so weitreichend wie das ganze Universum. Niemand kann das Unendliche erreichen, indem er einfach eine Liste endlicher Dinge erstellt. Selbst die Potenz von 20 Trillionen bleibt eine endliche Zahl. So lange wir dieses Glück in der materiellen Welt suchen, werden wir die Fülle niemals erreichen.

Du, als Leser dieses Buches, verfügst wahrscheinlich über ein gewisses Maß an Jijñāsa (Durst nach spirituellem Wissen). Andernfalls würdest du sicherlich etwas anderes lesen. Doch jeder von uns sollte darüber reflektieren, wie viel er von einem Jijñāsa in sich hat. Betrachten wir uns selbst, erkennen wir, dass wir zwischen den drei in diesem Kapitel beschriebenen Arten von Hingabe hin und herpendeln. Es gibt Zeiten, in denen wir aufrichtige Suchende sind und es gibt Zeiten, wo wir materialistisch werden. Je mehr wir uns auf Amma einstellen, desto mehr wird das Bedürfnis nach spiritueller Erkenntnis zu unserer Hauptmotivation. Wie unsere Hingabe auch sein mag, Amma akzeptiert jede ohne Vorbehalt. Dies ist ein Zeichen ihrer Größe. Sie weiß, dass in den meisten von uns, der Aspekt von Jijñāsa nicht voll ausgeprägt ist. Sie ermuntert uns daher, ihr unsere Befürchtungen und Wünsche mitzuteilen, d.h. mit unserer Ārta-Hingabe bzw. Arthārthi-Hingabe zu ihr zu kommen. So kann sie zu jedem Aspekt unseres Lebens vordringen und uns umso mehr bei unserer spirituellen Entwicklung helfen. Mit unserer eigenen Bemühung und durch Ammas Gnade kann unsere Hingabe sogar die Ebene von Jijñāsa überschreiten und den Höhepunkt der Hingabe, das heißt Jñāna Selbs-Erkenntnis erreichen. Dies ist ein Wissen, das uns verstehen lässt, dass alles innen und außen gleichermaßen Gott ist.

Zweites Kapitel

Die eine Bindung, die alle anderen Bindungen vernichtet

„Die Beziehung zwischen einem Satguru und einem Schüler ist einzigartig. Es gibt nichts Vergleichbares. Sie hat eine dauerhafte Wirkung auf den Schüler. In dieser Beziehung kann der Schüler niemals Schaden erleiden“

Amma

Die Beziehung, die man zu einem Satguru, einem verwirklichten spirituellen Meister entwickelt, unterscheidet sich von jeder anderen. Bei dieser Art von Beziehung gibt der eine Mensch alles, während der andere nur nimmt. Vielleicht ist die Beziehung zwischen Mutter und Kind am ehesten mit ihr vergleichbar.

Kürzlich hat sich in Amṛtapuri ein Vorfall ereignet, der dieses Prinzip gut veranschaulicht. Amma gab einer riesigen Menschenmenge Darśan. Das war schon die ganze Woche so– die Prozedur dauerte bis in den frühen Morgen, um sich wenige Stunden später zu wiederholen. Ein indischer Devotee aus Amerika, der es mit ansah, kam zu Amma mit folgendem Vorschlag: „Amma, warum kannst du nicht einmal Urlaub machen? Vielleicht könntest du nach Hawaii gehen und dich dort am Strand erholen. Wir Devotees würden dafür bezahlen. Du könntest deinem Körper für ungefähr eine Woche etwas Ruhe gönnen.“ Amma lachte über den Vorschlag und warf ihm einen mitfühlenden Blick zu. Dann sagte sie: „Hast du keinen Sohn? Wäre er krank oder traurig oder würde dich brauchen, wärst du dann fähig, einfach aufzubrechen und zum Strand zu gehen? Natürlich nicht. Du würdest bei ihm bleiben, ihn trösten und alles tun, damit er sich besser fühlt. So ist es auch bei Amma. Alle sind meine Kinder und ich kann sie nicht zurücklassen, um ein wenig Urlaub zu machen."

Ein Satguru wie Amma ist wirklich eine Mutter („Amma"), was die Liebe, das Mitgefühl und den Wunsch betrifft, ihre Kinder aufzurichten. Dennoch gibt es einen Unterschied. Die normale Mutter ist voller Freude über ihr Kind und die persönliche Erfahrung, Mutter zu sein. Aber ein Satguru ist Ganzheit und Fülle in Person – mit oder ohne seine Schüler. In der Beziehung zu einem Satguru kann man zudem voller Glauben und Vertrauen sein. Er liebt den Schüler nicht nur bedingungslos, sondern kennt dessen Vergangenheit, Gegenwart und Zukunft genau. Deshalb kann er ihn mit klarer, innerer, ansonsten unmöglicher Einsicht leiten. Unsere biologische Mutter liebt uns sicherlich. Jedoch ist ihre Sicht begrenzt und ihre Ratschläge sind aufgrund ihrer Anhaftung oft einseitig und subjektiv.

Solche Begrenzungen kann man sogar in den Beziehungen zu Psychologen und Therapeuten feststellen. Es gibt einen jungen Devotee aus Amerika, der ein großer Fan von Heavy Metal ist. Vor ein paar Jahren erzählte er mir während einer Sommertour Ammas von einer Dokumentation über seine Lieblings-Heavy-Metal-Band. Anscheinend hatten sich die Beziehungen zwischen den Bandmitgliedern so sehr verschlechtert, dass sie einen Therapeuten zu Rate zogen. Er sollte ihnen helfen, diese Schwierigkeiten zu überwinden. Auch litt die Band an dem Gefühl, in ihrer Kreativität zu stagnieren. Der Film dokumentierte die Therapiesitzungen, die diese Probleme beheben sollten. Der Devotee erklärte mir, dass er an einer bestimmten Stelle des Filmes den verblüffenden Unterschied zwischen der Therapieform eines Psychologen und von Ammas Hilfe erkannte. Am Ende des Filmes eröffnete die Band dem Therapeuten nämlich, dass sie ihn in Zukunft nicht mehr benötigen. Der Devotee sagte mir, die Reaktion des Therapeuten, dem die Gruppe monatlich 40000

Dollar zahlte, sagte alles. Inzwischen war der Psychologe völlig abhängig von der Band: Abhängig von dem monatlichen Scheck, abhängig von dem Namen, den er sich durch die Arbeit mit ihnen erreicht hatte, abhängig von der ganzen Situation. Die Musiker brauchten nun keinen Therapeuten mehr, aber der Therapeut brauchte die Musiker!

Die Verbindung, die wir mit Amma eingehen, ist nicht so. Sie ist einzigartig, weil sie uns von allen anderen Bindungen befreit. Es ist eine Abhängigkeit, die zu völliger Unabhängigkeit führt. Ich kann aufrichtig sagen, dass es hauptsächlich die Bindung zu Amma gewesen ist, weshalb ich dem spirituellen Leben treu geblieben bin. Die Beziehung zwischen Guru und Schüler ist die wahre Quelle, um einen spirituell Suchenden zu unterstützen und zu stärken.

Bald nachdem ich Amma begegnete, wurde sie zu meinem einzigen fixen, festen Punkt im Leben. Ich wollte meine Stelle bei der Bank sofort kündigen. Amma sagte mir jedoch, ich solle noch ein paar Jahre weiterarbeiten. Sie riet mir, alle Bankkunden so zu betrachten, als wären sie von Amma persönlich dorthin geschickt worden. Auf diese Weise wird meine Arbeit selbst zu einer spirituellen Praxis. Abgesehen davon hat Amma keine spirituelle Praxis vorgeschrieben. Abends kam ich in den Āśram und auch die Wochenenden verbrachte ich dort. Zu dieser Zeit wurde alles um Amma herum sehr locker gehandhabt. Außer den Bhāva-Darśans, die sonntags, dienstags und donnerstags stattfanden, gab es keine festgelegten Zeiten, um Amma zu besuchen. Die Leute kamen so, wie sie wollten. Damals „hingen" die Jugendlichen (die später Ammas erste monastische Schüler wurden) und ich selbst einfach bei ihr herum. Mehr als an „Spiritualität" waren wir an Amma interessiert, ihrer mütterlichen Liebe und Fürsorge. Auch Amma selbst wollte uns scheinbar auch nicht irgendeine spirituelle Praxis aufdrängen. Sie hatte uns alle in ein Mantra initziert und uns gezeigt, wie man meditiert; so widmeten wir uns einige Zeit des Tages diesen Übungen. Doch nichts war reglementiert nach

Art irgendeiner Disziplin. Ansonsten taten wir einfach das, was Amma tat. Setzte sie sich zur Meditation hin, meditierten wir; sang sie Bhajans, was zumindest bei jedem Sonnenuntergang geschah, waren wir auch dabei. Das war alles.

Amma spielte mit den kleinen Kindern die im Dorf üblichen Spiele, wie etwa Kabadi oder Kottu Kallu Kali und wir setzten uns hin und schauten zu. Wir lachten und erfreuten uns an der Schönheit und Reinheit von Ammas ausgelassenem Spiel mit den Kindern. Manchmal stellten wir eine spirituelle Frage. Aber ehrlich gesagt, waren die meisten von uns nicht übermäßig daran interessiert. Amma erzählte uns davon, was sie die Tage zuvor gemacht hatte. Sie erzählte Dinge, die im Dorf passiert waren, vielleicht Geschichten über Besuche in den Häusern verschiedener Devotees. Das Ganze war überhaupt keine Guru-Schüler-Beziehung. Es war eher wie die Freundschaft oder Beziehung zwischen einer Mutter und ihren Kindern. Wir sprachen sehr freimütig mit Amma, ja wir stritten sogar mit ihr. Wir hatten keine Vorstellung, wie man sich angemessen gegenüber einem spirituellen Meister verhält. Wir halfen Amma bei der Hausarbeit und gingen ihr zur Hand beim Kochen. Kamen Devotees zu ihr, um mit ihr zu sprechen, saßen wir um sie herum und hörten zu.

Zu dieser Zeit verstanden wir überhaupt nicht, was vor sich ging. Wir taten einfach, was wir wollten. Doch wie immer war Amma auch damals auf der Ebene der höchsten Verwirklichung und Bewusstseins tätig. Amma liebt, doch ihre Liebe ist überaus intelligent. Beim Versuch uns von Anfang an zu disziplinieren, hätte mancher von uns das Weite gesucht! Doch so hat sie uns heimlich mit dem unzerstörbaren Seidenfaden ihrer Liebe an sich gebunden.

Erzählen wir Geschichten über die alten Tage wie diese, , fallen viele Devotees bei dem Gedanken an ein solches Leben mit Amma fast in Ohnmacht. Es ist wahr: Dies war eine goldene und magische Zeit, dem stimme ich zu. Doch gibt es keinen Grund, traurig zu sein und zu glauben, dass so etwas heute nicht mehr möglich ist. Es ist richtig, viel mehr Menschen besuchen heute Amma. Was Amma aber auf ihren Programmen macht, ist genau das Gleiche wie damals. Wie wir zusammensaßen und Amma beim Spielen mit den Kindern zusahen, so schauen heutzutage die Devotees zu, wie Amma die kleinen Kinder hochhält, die zum Darśan gebracht werden. Wie sie an ihren Wangen knabbert und ihre Zehen lutscht. Ebenso wie wir mit Amma über alle möglichen weltlichen Dinge sprachen, so ermuntert Amma auch heute Menschen, zum Darśan zu kommen, um dann mit ihnen im leichten Konversationsstil zu plaudern. Vielleicht erzählt sie ihnen von Orten, wo sie Programme abgehalten hat und was dort geschehen ist. Was machen alle während Ammas Programmen?

Meditiert Amma, meditieren sie. Singt Amma Bhajans, tun sie es auch. Beteiligt sie sich gelegentlich an verschiedenen Reinigungsarbeiten – sei es im Āśram oder am Ende des Devi-Bhāva – machen alle mit. So wie wir es vor langer Zeit taten. So hat sich also, abgesehen von der Anzahl der Menschen, in Wirklichkeit nichts geändert. Obwohl wir weniger unmittelbaren Kontakt mit ihr haben, sorgt Ammas Sankalpa auf irgendeine Weise für einen Ausgleich. Unsere Bindung zu ihr ist genauso eng, als ob sie individuell mehr Zeit mit uns verbringen würde. Natürlich ist Ammas Darśan zentral, um unsere Verbindung zu Amma zu vertiefen. In Ammas Armen fühlen wir uns völlig unbeschwert. Im Frieden dieser Umarmung haben wir ein unbestreitbares Gefühl des Eins-Seins mit Amma. In der Tat hat Ammas Darśan eine unglaubliche Wirkung auf die Menschen. Er vermittelt ihnen wahrhaftig einen göttlichen Hauch, eine Kostprobe ihres wahren Selbst. Für viele ist dies eine Augen öffnende Erfahrung. Sie hilft uns dabei, das Leben neu zu ordnen. Es ist, als ob der Stift, der als Dreh- und Angelpunkt für die eigene Welt diente, herausgezogen und neu positioniert wird.

Auf den ersten Blick ist es eine seltsame Sache - sich von einer völlig fremden Person umarmen zu lassen. Aber niemand empfindet Zurückhaltung oder Schüchternheit, wenn er sich zum ersten Mal für Ammas Darśan nähert. Es ist, als ob man die eigene Mutter umarmt oder sogar sein eigenes Selbst. Man geht mit dem Gefühl, dass man Amma sein ganzes Leben lang schon kennt. Das liegt daran, dass der erste Darśan der Beginn einer Beziehung ohne Anfang ist.

Eine Minute, die man damit verbringt, Amma zu beobachten, ist nie vergeudet. Ihre Handlungen zu beobachten und über sie nachzudenken, lässt uns viele spirituelle Prinzipien verstehen. Tatsächlich lernen wir viel mehr durch das lebendige Beispiel eines Menschen als von seinen Worten. Ein Raucher, der seinen Sohn ermahnt nicht zu rauchen, hinterlässt keinen großen Eindruck. Seine Taten sprechen viel lauter als seine Worte. Bei der Beobachtung, wie Amma mit Leuten umgeht, beginnen wir auf natürliche Weise, einige ihrer Eigenschaften in uns aufzunehmen - innerlich wie äußerlich. Es ist so, wie sie oft sagt: „Beim Besuch einer Parfümfabrik bleibt der Duft an eurem Körper und in euren Kleidern hängen."

Dies ist auch eines der Prinzipien hinter der Meditation auf eine bestimmte Form Gottes. Bei Konzentration auf eine Gestalt Gottes beginnt man auf natürliche Weise, die Eigenschaften dieser Gestalt anzunehmen. Wir meditieren über die Göttliche Mutter. Unser Mind wird erfüllt von Gedanken der Liebe und des Mitgefühls. Bei der Meditation über Hanuman denken wir an seine Stärke und Tapferkeit und gewinnen dabei mentale Stärke und Mut. Die Meditation über Śiva, dem Inbegriff der Loslösung und Askese, hilft uns dabei, Nicht-Anhaftung und Standfestigkeit in unserer spirituellen Praxis zu entwickeln.

Darin liegt gar nichts Geheimnisvolles. Dasselbe passiert auch die ganze Zeit über im normalen Leben. Nehmen wir zum Beispiel jemandem, der Fan eines Filmstars oder Musikers ist. Ahmt er nicht häufig seinen Gang und seine Art zu reden nach und kleidet sich wie sein großes Vorbild? Ich erinnere mich, dass im Jahre 2001 plötzlich viele Jungen Koteletten und eine bestimmte Haarfrisur trugen. Es schien irgendwie aus dem

Nichts zu kommen. Tatsächlich waren einige Jugendliche nicht einmal alt genug, um sich Koteletten wachsen zu lassen, aber sie versuchten es trotzdem. Als ich mich nach der Ursache dieses Trends erkundigte, erzählte mir jemand, dass es einen neuen Bollywood-Kult-Film gab namens Dil Chahta Hai. Dort trug der Star eine solche Frisur und Gesichtsbehaarung. Das ein- oder zweimalige Anschauen eines Filmes rief also einen solchen Grad an Identifikation hervor. Damit kann man sich vorstellen, welche Veränderung durch tägliche intensive Meditationspraxis möglich wird. Amma zu beobachten während sie Darśan gibt, Bhajans singt oder Vorträge hält, ist in der Tat eine Meditation mit geöffneten Augen. So wie man die Eigenschaften und Qualitäten seiner Lieblingsgottheit durch Meditation mit geschlossenen Augen in sich aufnimmt, absorbiert man auch Ammas Qualitäten mit offenen Augen. Dafür muss man sich nur auf sie konzentrieren und sich mit ihr verbinden. Sehen wir Ammas Mitgefühl, wünschen wir uns, selber mehr Mitgefühl zu entwickeln. Sehen wir ihre Geduld und ihre Einfachheit, sind wir selbst bestrebt, geduldiger und einfacher zu werden.

Amma sagt: „Wir beginnen zu verstehen, was Wahrheit Dharma, Selbstlosigkeit und Liebe sind. Der Guru lebt diese Qualitäten. Indem wir dem Satguru gehorsam folgen und ihm nacheifern, entwickeln wir solche Eigenschaften in uns selbst."

Ich möchte euch ein Beispiel geben, wie das geht. In Amṛtapuri kommt Amma, falls sie nicht Darśan gibt, täglich kurz vor 19 Uhr in die Halle, um die Bhajans anzuleiten. Trifft sie ein, sind normalerweise etwa ein Dutzend Kinder hinter ihrem Pītham (Sitz des Gurus) versammelt. Sie drängeln sich um den Platz, der sich Amma am nächsten befindet. Für die Devotees kann es sehr erheiternd sein dies mit anzusehen. Im August 2008 war ein drei Jahre alter indischer Junge aus Amerika im Āśram zu Besuch. Er befand sich zwischen all den anderen Kindern und versuchte, einen guten Platz zu bekommen. Kurz bevor Amma das Podium betrat, stellte er sich einfach auf den Pītham.

Natürlich waren alle Augen auf ihn gerichtet. Darauf führte er sein Pranām durch, indem er seine Handflächen über dem Kopf in der Form einer Añjali Mudra zusammenfaltete, genauso wie Amma es macht. Er setzte sich ebenso wie sie mit gekreuzten Beinen hin. Anschließend griff er sich einen von Ammas Trommelstöcken und begann auf ihren Mikrophonständer in einem bestimmten Rhythmus zu schlagen. Genau wie Amma es manchmal während der Bhajans tut. Als Amma ihn dort sitzen sah, fing sie an zu lachen. Jemand nahm ihn fort, doch nachdem sie Platz genommen hatte, rief sie den Jungen. Sie forderte ihn auf, sich neben sie zu setzen. Sie übergab ihm das Mikrophon. Sofort versuchte der Junge zu sagen: Prema-Svarūpikāḷum Ātma-Svarūpikaḷumāya Ellāvarkkum Namaskāram – „Amma verneigt sich vor euch allen - die ihr wahrlich die Verkörperungen der reinen Liebe und des höchsten Selbst seid." – Dies sagt Amma jedes Mal vor einem öffentlichen Programm. Dann begann er seinen Bhajan-Vortrag mit einem Lied zu Ehren Gaṇeśas. Dies war sehr niedlich. Wie bei den meisten Dreijährigen war seine Aussprache natürlich undeutlich. Doch das Gefühl war Amma pur. Alle Devotees und Āśrambewohner hielten den Takt, als das Kind weitersang. Man kann natürlich sagen, dass es nur ein Kind war und dass das Ganze nichts weiter zu bedeuten hat. Doch es ist ein perfektes Beispiel dafür, wie wir Ammas Verhaltensweisen, Handlungen und Qualitäten in uns aufnehmen. Sie werden zu unseren Gewohnheiten – und Gewohnheit wird schließlich zum Charakter. Wir fangen sogar an, Ammas Eigenschaften auf einer tieferen Ebene in uns aufzunehmen: Die Liebe, das Mitgefühl und die Selbstlosigkeit, welche die treibenden Kräfte hinter all ihren Worten und Taten sind.

Diese Phase unserer Beziehung, wo wir einfach dasitzen und Amma beobachten, erscheint auf den ersten Blick ziemlich belanglos. In Wirklichkeit ist es ein wesentliches Element, um unsere Bindung mit ihr fester zu knüpfen. Ist unsere Bindung mit dem Guru tief und fest, besitzen wir den Glauben und das

Vertrauen, um seinen Ratschlägen, Anweisungen und Lehren zu folgen. Beim Lesen des Mahābhārata stellen wir fest, dass Arjuna erst in der zweiten Hälfte des Buches zu Śrī Kṛṣṇas Schüler wird. Vorher ist es mehr eine Beziehung zwischen Freunden, so wie bei uns mit Amma. Tatsächlich bezeichnet Kṛṣṇa Arjuna im vierten Kapitel der Bhagavad Gīta nicht nur als Devotee, sondern als Freund (Sakhe). Das Vertrauen, die Offenheit und herzliche Nähe einer echten Freundschaft sind für eine fruchtbare Meister-Schüler-Beziehung unerlässlich.

In den Schriften wird Anhaftung immer wieder als ein ernstes Hindernis für den spirituellen Fortschritt genannt. Amma selbst spricht oft davon, wie wichtig es ist, unsere Vorlieben, Abneigungen und Abhängigkeiten zu überwinden. Stellen wir fest, dass wir an Amma verhaftet sind, ist es nur natürlich, dass wir verwirrt sind. Ich erinnere mich in diesem Zusammenhang an einen Vorfall, der sich Mitte der Achtziger Jahre ereignete. Damals nahm Amma an fast allen unseren morgendlichen Meditationen teil. War die Meditation zu Ende, beantwortete sie unsere Fragen. An einem solchen Morgen hatte ein Brahmacāri – heute Svāmi Amṛtagītānanda – diesen Zweifel, der hier beschrieben wurde. Zwar äußerte er diesen Zweifel Amma gegenüber nicht, doch beschäftigte er sich während der ganzen Meditation damit. Er dachte: „Ich bin hierhergekommen, um all meine Anhaftungen zu überwinden. Doch ich habe so viel Anhaftung gegenüber Amma. Ist dies nicht auch eine Form von Bindung? Bin ich nicht von einer Māya (Illusion) in die nächste geraten?"

Plötzlich schaute Amma ihn direkt an und sagte: „Anhaftung an den eigenen Guru oder den Āśram ist weder eine Fessel noch Māyā. Alle anderen Anhaftungen sind Fesseln. Einen Dorn pflegt man mit einem anderen Dorn zu entfernen. So führt auch die Anhaftung an den Guru zur Befreiung."

Ähnlich verhielt es sich, als vor ein paar Jahren ein neuer Brahmacāri bei Amma stand, während sie Darśan gab. Plötzlich blickte sie ihn mit einem zärtlichen Lächeln an. Sie rief ihn zu sich und fragte ihn nach seinen Gedanken. „Ich fühle mich sehr zu Amma hingezogen. Doch fürchte ich, es wird mir am Ende nur Schmerz bringen.“ Amma antwortete: „Diese Anhaftung ist so, dass sie alle anderen Formen der Anhaftung vernichtet. Selbst durch Schmerz wird sie dich reinigen. Es wird dein Pfad zu Gott.“

Amma ist die zugänglichste Person auf der ganzen Welt. Um sie zu sehen, muss man einfach nur zu ihr kommen und sich in die Schlange einreihen. Es gibt keine Hindernisse. Ständig streckt sie ihre Hand aus um uns emporzuziehen; doch liegt es an uns, ob wir diese Hand ergreifen. Sobald wir es tun, hält sie uns fest, bis wir alleine laufen können. Das bedeutet nicht, dass die Bindung, die man mit ihr knüpft, nur etwas für Anfänger wäre. Sie wird kontinuierlich reifen und sich im Laufe unseres Lebens vertiefen. Während wir wachsen, wird sie mehr und mehr zu dem, was wir sind - ein wesentlicher Aspekt unserer Existenz. Tatsächlich besteht die letzte Stufe der Entwicklung in der Erkenntnis, dass Meister und Schüler immer eins gewesen sind – die höchste Bindung. Doch zu Beginn steht die äußere Bindung im Mittelpunkt.

Es ist diese Bindung und die wertvollen Erinnerungen, die wir durch die Zeit mit Amma erhalten, die uns durch die schwierigen Zeiten des Lebens tragen. Schließlich wird e, mit unserer Bereitschaft eine Veränderung in unserer Beziehung zu Amma geben. Dann fängt die Zeit der Disziplinierung an. Für uns, die erste Gruppe von Brahmacāris, begann sie nach zwei oder drei Jahren. Eines Tages wird die Mutter zum Guru.

Drittes Kapitel

Gurus Bedeutung

„Das Licht von Gurus Gnade hilft uns dabei, die Hindernisse auf unserem Pfad zu erkennen und zu überwinden“

Amma

Amma sagt, dass der Guru erst erscheint, wenn es einen Schüler gibt. Das bedeutet, dass ihr Guru-Bhāva (Guru-Natur) nicht sichtbar für uns ist, solange wir dafür noch nicht reif sind. Umgekehrt heißt es, sind wir reif dafür, erwartet uns der Guru bereits. Dasselbe Phänomen findet sich im Mahābhārata. Während der gesamten ersten Hälfte handelt Kṛṣṇa gegenüber Arjuna niemals als Guru. Dies liegt daran, dass Arjuna als Schüler sozusagen erst noch geboren werden muss. Doch dann erkennt Arjuna, dass er unfähig ist, seine Probleme allein zu lösen. Er verbeugt sich in einer Pfütze vor Kṛṣṇas Füßen und bittet um Unterweisung und Anleitung. Kṛṣṇa, der Guru, steht sofort bereit und sagt: „Du trauerst um diejenigen, um die du nicht trauern solltest“ usw. Erst von da an beginnt die eigentliche Lehre der Bhagavad Gīta.

Wir sprechen von Ammas Guru-Bhāva, doch tatsächlich ist jeder Gesichtsausdruck von ihr ein Bhāva. Im Unterschied zu uns identifiziert sie sich nicht mit den zahlreichen Kostümen, die sie draußen in der Welt trägt. Wir beanspruchen ein „Lehrer”, „Schüler”, „Geschäftsmann”, „Arzt” oder „Künstler” zu sein. Amma identifiziert sich einzig und allein mit dem höchsten Selbst, dem Substrat des Minds und des physischen Universums. Amma ist nicht von Natur aus ein Guru. Ebenso wenig ist sie von Natur aus eine „Mutter", eine „Menschenfreundin" oder etwas Ähnliches. Sie weiß, dass sie von Natur aus allein ewiges, glückseliges Bewusstsein ist. Aus purem Mitgefühl nimmt sie, die Bhāva einer Mutter, einer Wohltäterin, einer Freundin, eines Gottes oder eines Gurus an. Das Kind, das Liebe und Trost braucht, ruft die Mutter zu Hilfe. Der in Armut Leidende ruft die Wohltäter. Derjenige, der einen guten Freund sucht, ruft den Freund. Der Devotee ruft Gott. Der Schüler ruft den Guru. (Nur, wenn wir dies verstehen, begreifen wir die volle Bedeutung widersprüchlicher Aussagen Ammas wie etwa: „Sie nennen mich ‚Mutter', und daher nenne ich sie ‚Kinder', Amma kennt es nicht anders.") Letzten Endes beruhen solche Trennungen auf Unwissenheit. Auf dem Gipfel spiritueller Weisheit, wo Amma weilt, existiert nur Einheit – Schüler und Guru, Gott und Devotee, Kind und Mutter. Alle sind ewig eins. Deshalb sagt Amma: „Damit es einen Guru geben kann, muss zuerst ein Schüler da sein."

Vor ein paar Jahren wurde Amma für eine amerikanische Fernsehdokumentation interviewt. In dieser Dokumentation sollten die Ansichten von etwa einem Dutzend Führungspersönlichkeiten aus den verschiedenen Weltreligionen vorgestellt werden. Amma war die einzige Repräsentantin des Hinduismus. Am Ende des zweistündigen Interviews wurde Amma von den Regisseuren gebeten, sich dem Fernsehpublikum vorzustellen. Sie erklärten, Amma solle einfach in die Kamera schauen und so etwas Ähnliches sagen wie: „Hallo, mein Name ist Śrī Mātā Amṛtānandamayi Devī, ich bin eine hinduistische religiöse Führungspersönlichkeit im humanitären Dienst tätig und stamme aus Kerala in Indien." Nachdem Amma dies erklärt wurde, warteten die anderen Swāmis und ich gespannt darauf, was Amma wohl nun tun würde. So etwas sagt Amma gewöhnlich nicht. In den vergangen dreißig Jahren habe ich nicht gehört, dass Amma jemals so etwas gesagt hat. So fragten wir uns alle, was wohl geschieht. Amma lächelte, lehnte aber ab. Wir dachten, damit wäre die Sache zu Ende. Doch die Regisseure blieben hartnäckig. Sie sagten etwa folgendes: „Oh, Amma, all die anderen spirituellen Führungspersönlichkeiten haben das auch getan.“ Doch noch immer war sie nicht umzustimmen. Typisch für Amma ist ihre Natürlichkeit. Sie wird sich zum Beispiel niemals für ein Foto in Pose werfen. Solch ein Satz wäre einfach nicht natürlich. Doch aus Mitgefühl wollte sie die Gefühle der Filmemacher nicht verletzen. Als wir schon dachten, alles wäre vorbei, sagte sie plötzlich: „Diese sichtbare Form nennen die Menschen ‚Amma' oder Mātā Amṛtānandamayi Devī'. Doch das innewohnende Selbst hat keinen Namen und keine Adresse. Es ist all durchdringend.“ Diese Aussage lässt uns verstehen, dass Guru-Bhāva etwas ist, was Amma wie ein Kleidungsstück für diejenigen Schüler „anzieht“, die danach fragen. Es ist die Antwort auf ein Bedürfnis. Ist das Bedürfnis reif, erscheint der Guru. Ammas wahre Natur jedoch hat weder einen Namen noch eine Adresse. Sie ist jenseits von allem.

Es gibt zwei Hauptaspekte von Ammas Guru-Bhāva: Wissen und Disziplin. Um Wissen zu erlangen, denken viele, ist ein Guru nicht notwendig. Sie meinen, es sei ausreichend, den Schriften zu folgen. Doch in den Schriften selbst wird wiederholt gesagt, dass ein Guru für das Erreichen des höchsten Zieles von wesentlicher Bedeutung ist. In seinem Kommentar zur Muṇḍaka Upaniṣad schreibt Ādi Śaṅkarācārya[5], dass jemand, der in Sanskrit, systematischer Logik und ähnlichen Wissenschaften geschult ist, nicht versuchen sollte, Selbsterkenntnis ohne einen Guru zu erlangen.

Warum ist ein Guru unentbehrlich? Amma sagt dazu: „Leute, die eine Reise mit einer Landkarte unternehmen, können vom Weg abkommen und sich verirren. Die Landkarte gibt keine Information über Straßenräuber und wilde Tiere. Nur mit einem erfahrenen Reiseführer können wir ohne jegliche Anspannung reisen. Kennt jemand den Weg, wird die Reise problemlos und einfach sein.“

---

[5] Die Kommentare und anderen Texte *Ādi Śaṅkarācāryas* (ca. 800 n.Chr.) begründeten im Anschluss an die vedantische Tradition Bādarāyanas die Philosophie des Kevala-Advaita (der absoluten Nicht-Zweiheit).

In allen Bereichen des Lebens, sei es nun in Wissenschaft, Kunst oder Wirtschaft, ist ein Lehrer notwendig. In der Spiritualität ist es nicht anders. Tatsächlich ist Spiritualität das subtilste Wissensgebiet, denn man studiert sein eigenes Selbst. In der Biologie benutzt der Wissenschaftler ein Mikroskop, um Mikroorganismen zu beobachten. In der Chemie sind Chemikalien das Thema. In der Spiritualität ist der Wissenschaftler selbst der Gegenstand der Untersuchung. Somit liegt der Gegenstand der Untersuchung außerhalb des Bereiches unserer grundlegenden Erkenntnismittel – den Sinnen und dem Intellekt. Bei einem derart subtilen Gegenstand ist ein Lehrer umso mehr nötig. Wie Amma oftmals sagt: „Selbst um seine Schuhe zuzubinden, braucht man einen Lehrer." Ein Satguru wie Amma erklärt uns nicht nur den spirituellen Weg und klärt die Zweifel, die uns auf dem Weg begegnen. Sie hilft uns auch durch ihre klare Einsicht in unseren Charakter, die Hindernisse zu überwinden, die uns auf dem Weg begegnen.

Tatsächlich vermittelt uns Amma ständig Wissen, sei es einen tieferen Einblick in Dharma, Karma-Yoga, Meditation oder die höchste Wahrheit selbst. Ein endloser Strom des Wissens fließt von ihren Lippen. Sie ist immer bereit, Menschen zu einer intelligenteren, harmonischeren Denk- und Lebensweise zu führen. In Amṛtapuri hält sie einmal wöchentlich Frage – und Antwortsitzungen mit Besuchern und Āśrambewohnern ab. Ähnliche Sitzungen finden während der Retreats auf ihren Touren in aller Welt statt. Um diesen Aspekt von Ammas Guru-Bhāva herbeizurufen, ist lediglich unser Interesse erforderlich.[6] Dies zeigt, dass Ammas Aussage, „Der Guru in Amma erscheint erst, wenn ein Schüler da ist", sich in erster Linie auf den Guru als strengen Lehrer bezieht.

Das letztendliche Ziel spirituellen Lebens ist –theoretisch formuliert – sehr einfach: Vollständiges Erkennen, dass unsere

[6] Je aufrichtiger unser Interesse, desto tiefgreifender ist Ammas Antwort.

wahre Natur nicht Körper, Mind und Intellekt ist, sondern das unendliche, ewige und glückselige Bewusstsein. Wir brauchen morgens nicht erst unsere Augen zu öffnen und in den Spiegel zu schauen um zu wissen, wer wir sind. Es gibt keinen Zweifel: „Wer bin ich? Bin ich ein Mann? Eine Frau? Ein Esel? Inder? Amerikaner? Japaner?“ Wir wissen es einfach. Spirituelle Erkenntnis muss für uns die gleiche Gewissheit erhalten. Es ist wirklich eine ziemlich sonderbare Sache: Durch den Mind (Manas) müssen wir erkennen, dass wir nicht der Mind sind. Der Mind ist eine Quelle der Unwissenheit und gleichzeitig auch das Mittel zur Befreiung.

Wie Śaṅkarācārya schreibt:

Vāyunā nīyate meghaḥ punastenaiva nīyate
Manasā kalpyate bandho mokṣastenaiva kalpyate

„Wolken werden durch den Wind herangeweht – und auch wieder fortgeweht. Ebenso ist die innere Gefangenschaft durch den Mind (Manas) verursacht und auch die Befreiung wird allein durch den Mind bewirkt“

Vivekacūḍāmani 172

Rein intellektuell ist es nicht allzu schwierig zu verstehen, dass die eigene Natur reines Bewusstsein ist. Doch über viele Leben hinweg denken wir genau umgekehrt und identifizieren uns völlig mit dem Körper und dem Mind; wir bringen unser Glück einzig mit dem Erfüllen unserer Wünsche in Zusammenhang. Diese Denkweise ist zu einer tiefen Gewohnheit geworden, dass wir davon nicht so leicht loskommen. Zur besseren Veranschaulichung teilt Amma gerne das Beispiel eines Mannes, der seine Brieftasche jahrelang in seiner Hosentasche aufbewahrte. Eines Tages entscheidet er, sie in seiner Brusttasche zu tragen. Im entspannten Zustand danach gefragt, wo er seine Brieftasche aufbewahrt, wird er antworten: „Oh, ich habe sie nun in meiner Brusttasche.“ Doch ist er in Eile um etwas zu bezahlen, greift er automatisch in seine

Hosentasche. Sein Wissen und sein tatsächliches Verhalten sind entgegengesetzt.

Es war einmal ein Obdachloser, der weder einen Beruf noch eine Wohnung hatte. Er überlebte nur, weil er aß, was er immer bekommen konnte. Er hatte oftmals keine andere Wahl, als in Müllplätzen und Abfalleimern herumzuwühlen. Eines Tages wurde er von einem freundlichen Menschen angesprochen. Dieser wollte Obdachlose zurück in ein normales Leben führen. Er wählte Obdachlose aus, die er rehabilitieren wollte. Der Mann erhielt eine Unterkunft und einen Lebensmittelzuschuss. Außerdem erhielt er Geld für ein Studium. Der Mann war über das Mitgefühl des Philanthropen hocherfreut. Er bedankte sich herzlich bei ihm, schrieb sich an der Universität ein und krempelte sein Leben komplett um. Zehn Jahre später hatte er ein abgeschlossenes Medizinstudium und besaß eine Firma, die unter den „Glücklichen 500" aufgelistet war. Eines Tages, als er auf dem Rücksitz seiner Luxuslimousine eine gute kubanische Zigarre rauchend durch die Stadt fuhr, rief er plötzlich seinem Chauffeur zu: „Halt, halt, um Gottes willen halten sie den Wagen an! Was ist mit ihnen? Sind sie verrückt?"

Der Chauffeur trat in die Bremsen. „Was ist, Sir?"

Der frühere Obdachlose und jetzige Geschäftsmanager rief zurück: „Was los ist? Haben sie das nicht gesehen? Der Mann an der Ecke hat gerade ein Stück Pizza weggeworfen, das noch vollkommen in Ordnung war."

Er hatte nun genug Geld, um 100 Pizza-Restaurants zu kaufen. Dieses Wissen hatte jedoch seinen unterbewussten Mind noch nicht vollständig durchdrungen. Als er sah, wie die Pizza weggeworfen wurde, vergaß er alles und seine alten Denkstrukturen kamen zum Vorschein.

Beinahe jeder kann sich in einem Vorlesungskurs für „Philosophien der östlichen Religionen" einschreiben und mit einem Basiswissen über Vedānta-Philosophie abschließen. Solche Leute erlangen dennoch keine Selbstverwirklichung. Die Ursache ist ihr Mind. Er wurde nicht ausreichend gereinigt, um das Wissen wirklich zu integrieren. Unserem Mind mangelt es an unterscheidungsfähigem Denken, Feinheit, Achtsamkeit, Geduld und Konzentration. Er ist voller egoistischer Vorstellungen und ständig heimgesucht von Vorlieben und Abneigungen. Spirituelles Wissen kann man wirklich nur verinnerlichen ohne all diese mentalen Unreinheiten. Es ist weitaus schwieriger, mentale Reinheit als Erkenntnis zu erlangen. Es wird sogar gesagt, dass mit mentaler Reinheit Selbstverwirklichung nur noch eine Frage der Zeit ist. Damit der Schüler diese mentale Reinheit erreichen kann, tritt der Guru als strenger Lehrer in Aktion.

„Solange ihr den Mind nicht beherrscht, müsst ihr euch nach vom Guru festgelegten Regeln richten,“, sagt Amma. „Beherrscht ihr euren Mind, dann gibt es nichts mehr zu befürchten.“

Die vier Qualifikationen

Die Schriften beschreiben mehrere Bereiche, in denen wir den Mind reinigen und disziplinieren müssen. Erst danach kann spirituelles Wissen richtig integriert werden. In Sanskrit fasst man diese Bereiche zusammen als Sādhana Catuṣṭaya Sampatti – die vierfachen Qualifikationen[7]. Diese beinhalten: Viveka, Vairāgya, Samādi Satkasampatti und Mumukṣutvam – Unterscheidungsvermögen, Leidenschaftslosigkeit, die „sechsfachen Disziplinen“, und die Sehnsucht nach Befreiung.

In gewisser Hinsicht ist ein Satguru wie Amma wie ein Trainer. Sie lehrt uns die Regeln des Lebens und gewährleistet auch, dass wir fit genug sind, um am Lebensspiel teilzunehmen. Wie jeder gute Trainer kennt sie die mentalen Stärken und Schwächen

---

[7] Man nennt sie Qualifikationen, weil die Selbsterkenntnis nur in einem Mind Wurzel fasst, in dem diese Eigenschaften bereits entwickelt sind. Haben wir hier irgendwelche Defizite müssen wir uns bemühen, diese Eigenschaften zu entwickeln. Es heißt nicht, dass wir für das spirituelle Leben unqualifiziert sind.

all ihrer Spieler. Sie weiß auch, wie sie uns helfen kann, diese Schwächen zu überwinden. Durch persönliche Anleitung, durch Schaffung herausfordernder Situationen, durch die Korrektur von Fehlern und indem sie den Schüler seine Schwächen selbst erkennen lässt. Damit hilft uns Amma, unseren Mind zu stärken und zu verfeinern, bis er fähig geworden ist, die höchste Wahrheit zu verinnerlichen. Mit einem gereinigten Mind verinnerlicht der Schüler die Wahrheit bereits in dem Augenblick, in dem er sie erstmals hört – das ist die so genannte „sofortige Verwirklichung".

Viveka, Vairāgya und Mumukṣutvam

Der erste Aspekt der mentalen Reinigung ist Viveka. Die wahre Bedeutung von Viveka ist, die Fähigkeit, zwischen Ātma und Anātma, dem Selbst und dem Nicht-Selbst zu unterscheiden. Sowohl beim Blick nach innen als auch bei der Betrachtung der äußeren Welt sollte man in der Lage sein, die Realität von dem Nichtrealen - sozusagen die Spreu vom Weizen - zu trennen. Die Notwendigkeit dieser ständigen Unterscheidung ist einer der Gründe, warum man vom spirituellen Leben sagt, es sei ein „Gang auf Messers Schneide"[8]. Doch wir können diese Unterscheidung auch auf einer mehr relativen Ebene anwenden. Eigentlich ist das ganze Leben eine Folge von Entscheidungen. In jedem Augenblick, bei jedem Kontakt, mit jedem Atemzug haben wir die Wahl, entweder auf eine Weise zu handeln, zu sprechen oder zu denken, die uns unserem Ziel näherbringt oder uns von ihm wegführt. Viveka bedeutet, im Einklang mit dem tiefen Verständnis zu handeln, dass das Ziel des menschlichen Lebens – immerwährende Glückseligkeit – niemals von vergänglichen Dingen kommen kann, sondern nur von dem Ewigem.

Verstehen wir den Unterschied zwischen dem was vorübergehendes und dem was ewiges Glück bringt, wenden wir uns ganz

---

[8] Kaṭha Upaniṣad 1.3.14

natürlich vom Vergänglichem ab und dem Ewigen zu. Der Impuls, sich von vergänglichem Glück abzuwenden, wird Vairāgya genannt. Der Impuls, sich dauerhaftem Glück zuzuwenden, heißt Mumukṣutvam. In diesem Sinne hängen Viveka, Vairāgya und Mumukṣutvam zusammen.

Mumukṣutvam (Sehnsucht nach Befreiung) ist jedem Menschen angeboren. Alle wünschen sich das Ewige und Erhabene. Niemand möchte Grenzen für sein Glück akzeptieren. Wann immer wir uns durch unsere Begrenzungen frustriert fühlen, spiegelt das unseres angeborenes Mumukṣutvam wider Die meisten Menschen verstehen jedoch nicht, dass Begrenzung nicht vermieden werden kann, solange man seinen Blick auf begrenzte Dinge richtet, d.h. sinnliche Genüsse, Beziehungen, Erfolge usw. Darüber hinaus erkennen die wenigen Menschen, die diese Realität entdecken können, fast nie, dass es etwas Unbegrenztes - das Selbst - gibt, auf das wir uns hin bewegen können. So versuchen wir weiter, so viel Glück wie möglich aus den begrenzten Dingen herauszuholen. Erfahren wir durch Gnade von der Möglichkeit das Begrenzte durch die Verwirklichung des Selbst zu überwinden, gewinnt unser innewohnendes Mumukṣutvam an Kraft, die uns helfen kann. Erst an diesem Punkt wird uns deutlich bewusst, wie stark unser Mumukṣutvam ist, bzw. wie sehr es uns noch daran mangelt.

Nur wenn es Substanz hat, werden wir versuchen, Viveka und Vairāgya zu entwickeln. Andernfalls werden wir weiterhin versuchen, Glück in der begrenzten materiellen Welt zu finden.

Diese drei Eigenschaften werden durch die Praxis von Karma Yoga gestärkt. Karma-Yoga ist keine spezielle Handlung, sondern eine Haltung, die auf jedes Tun angewandt werden kann. Grundsätzlich gehören zu dieser Haltung achtsames Handeln und die völlige Akzeptanz der Ergebnisse unserer früheren Handlungen. (Karma-Yoga wird im 5. Kapitel noch detailliert erläutert.) Handelt man aus materiellen Motiven (Geld, Ruhm, Ehre usw.), ist solche eine Haltung ist nicht leicht umzusetzen. Etwas nicht aus einem persönlichen Wunsch heraus zu tun, sondern weil unser Guru uns dazu veranlasst hat, ist leichter zu verinnerlichen. Aus diesem Grund rät uns Amma nach einiger Zeit, Seva zu verrichten. Es kann das Reinigen der Küche sein, das Füttern der Kühe, die Säuberung von öffentlichen Plätzen oder Parks, die Mithilfe beim Erstellen des Newsletters unserer lokalen Satsang-Gruppe oder die Arbeit in Ammas Hochschule oder Krankenhaus. Manchmal ist es sogar ein persönlicher Dienst für Amma. Durch solche Tätigkeiten beginnen wir langsam ein Gefühl zu entwickeln, wie handeln zu Karma-Yoga werden kann. Es mag ein Job von 60 Wochenstunden sein oder nur ein oder zwei Stunden an den Wochenenden. Allmählich entwickeln wir die Fähigkeit alles zu Karma-Yoga in allen Bereichen des Lebens umzuwandeln– sei es nun eine bezahlte Position in einem multinationalen Unternehmen oder Hausarbeit.

Guru-Seva oder selbstloser Dienst im Auftrag des Gurus ist keine Form von Sklaverei. Es ist auch nichts, was wir tun, um im Austausch dafür Ammas Lehren und Zuwendung zu erhalten. Der Guru ist eins mit der göttlichen Wahrheit, welche die Schöpfung durchdringt. Amma braucht uns nicht, damit wir auf ihren Programmen Töpfe waschen oder Gemüse schneiden. Sie braucht uns ebenso wenig als Hilfskräfte bei den karitativen Projekten des Āśrams. Tatsächlich braucht Amma unseren Dienst überhaupt nicht. Sie ist in sich selbst erfüllt – mit oder ohne alle diese Dinge. Sie bietet uns einfach die Gelegenheit, diese Dinge zu tun, weil sie weiß, wie viel es bedeutet, wenn man mit Liebe, Sorgfalt und Aufrichtigkeit handelt. Unser Mind wird dadurch von seinen Vorlieben und Abneigungen gereinigt. Wir können Leidenschaftslosigkeit gegenüber vergänglichen Sinnesfreuden kultivieren und stattdessen Leidenschaft für die ewige Glückseligkeit des Selbst entwickeln und wahre Freiheit erlangen.

Es gibt noch ein anderes einzigartiges Mittel, durch welches Amma jedem hilft, Mumukṣutvam und Vairāgya zu entwickeln – und das ist ihr Darśan. In der Zärtlichkeit ihrer Umarmung wird unser Mind plötzlich ruhig, so dass der Frieden und die Glückseligkeit unseres wahren Selbst durchscheinen. Diese Erfahrung öffnet vielen wirklich die Augen – es ist für sie eine Befreiung. Eine solche Erfahrung wandelt unser Denken und lässt uns unsere Lebensziele neu definieren. Ammas Darśan lässt uns eine tiefe Stille erleben, die mit keinem Sinnesobjekt in Verbindung steht, einen Frieden, der von innen kommt. Für den spirituell Suchenden gleicht die Erinnerung an diese Erfahrung der sprichwörtlichen Möhre, die ihn immer weiter vorwärtstreibt. Wie es ein Sannyāsin, der den Āśram einst besuchte, treffend formulierte: „Darśan ist eine Erfahrung, nach der man sich sehnt, dass man nichts anderes mehr erleben möchte."

Ein weiblicher Devotee erklärte die Wirkung des Darśans auf folgende Weise: Als sie noch ein Kind war, wollten ihre Eltern nicht, dass sie Schokolade aß. Stattdessen gaben sie ihr Johannisbrot und sagten ihr, es sei Schokolade. Jahrelang aß sie also Johannisbrot und hielt es für Schokolade. Dann aber gab ihr jemand einmal richtige Schokolade. Seitdem konnte Johannisbrot sie nie mehr zufrieden stellen. So verhält es sich auch mit Ammas Darśan. Amma sagt, dass der erste Darśan für Menschen vergleichbar ist, mit dem ersten Mal kristallklares Quellwasser zu trinken, nachdem sie zuvor ein ganzes Leben lang ihren Durst mit Abwasser gelöscht haben. So hilft uns Amma von Anfang an, unseren Mind und unsere Perspektiven bis zu einem gewissen Grad zu verfeinern.

Die verbleibenden Aspekte der erforderlichen mentalen Reinigung werden zusammengefasst unter dem Oberbegriff Samādi Satkasampatti – die sechsfachen Disziplinen, die mit Mindkontrolle beginnen[9]. Es sind dies: Śama, Dama, Uparama, Titikṣā, Śraddha und Samādhāna.

---

9 Während des *Ārati* wird diese Fähigkeit Ammas, ihren Kindern zu helfen, besagte Eigenschaften zu entwickeln, durch den Namen Sama-Dama-Dāyini zum Ausdruck gebracht: „Diejenige die Sinnes- und Mindkontrolle schenkt."

Dama

Wir beginnen mit Dama –Kontrolle über unsere Sinne zu entwickeln. In den Anfangsstadien unseres spirituellen Lebens ist unser Mind schwach und kann leicht durch die vielen Sinnesobjekte abgelenkt werden. Wir versuchen zwar, entsprechend der Wahrheit zu leben, dass wir selbst die Quelle aller Glückseligkeit sind. Doch nachdem wir in vielen früheren Leben Glück und Glückseligkeit einzig und allein in den Dingen dieser Welt gesucht und genossen haben, ist dies nicht ganz einfach. Dama bedeutet also wörtlich den Kontakt mit Sinnesobjekten zu vermeiden, die den Mind stören. In der Bhagavad Gīta wird das Beispiel einer Schildkröte gegeben:

yadā saṁharate cāyaṁ kūrmo'ṅgānīva sarvaśaḥ |
indriyāṇīndriyārthebhyaḥ tasya prajña pratiṣṭhitā |

„Wenn er, so wie eine Schildkröte ihre Gliedermaßen, seine Sinne von den Sinnesobjekten zurückzieht, dann ist seine Weisheit fest verankert"

Bhagavad Gīta 2.58

Bei Gefahr zieht die Schildkröte blitzschnell ihren Kopf und ihre vier Beine ein. Dadurch ist die Schildkröte von der äußeren Welt abgeschieden und ist nun sicher, bis die mögliche Gefahr vorüber ist. Ebenso muss der spirituell Suchende vermeiden, dass seine fünf Sinnesorgane – Augen, Ohren, Nase, Tastsinn und Geschmack – in Kontakt mit potenziell schädigenden Sinnesobjekten kommen.

Bei einer Diät beispielsweise sollten wir den Weg meiden, der an Ben & Jerrys Eisdiele oder Pizza Hut vorbeiführt. Bei Dama nehmen wir dann einen anderen Weg. Beim Busfahren können wir als spirituelle Aspiranten Kopfhörer tragen und Bhajans oder spirituelle Vorträge anhören, statt den Gesprächen über weltliche Themen zuzuhören. Wir können auch einfach die Augen schließen, um den Kontakt mit bestimmten Sinnesobjekten zu vermeiden. All dies sind Formen der Sinneskontrolle.

Dazu habe ich einen guten Witz gehört von einem Mann, der Dama hatte. In einer Bäckerei schaute sich ein Kunde genau das leckere Gebäck an, das in den Vitrinen ausgestellt war. Als der Verkäufer ihn ansprach und fragte: „Was möchten Sie gerne haben?“, antwortete er: „Ich hätte gerne diesen mit Schokolade bedeckten cremegefüllten Berliner, diesen mit Marmelade gefüllten Krapfen und jenen dänischen Käsekuchen.“ Dann fügte er mit einem Seufzer hinzu: „Aber ich nehme ein Haferflockentörtchen.“

In Amṛtapuri müssen die Bewohner viele Regeln befolgen. Diese sollen ihnen helfen, Kontrolle über ihre Sinne zu erlangen. Was nicht mit den Sinnesorganen in Kontakt kommt, kann nicht so leicht den Mind erreichen. Diese Regeln hat Amma einzig und allein für unser höheres Wohl aufgestellt: Die Menschen sind mit einem speziellen Ziel in den Aśram gekommen und Amma will ihnen helfen, es zu erreichen.

Psychologen kritisieren oft die klösterlichen Beschränkungen und behaupten, dass sie eine Form der Unterdrückung sind. Unterdrückung kann zu gesundheitlichen Problemen und Geisteskrankheiten führen. Damit haben sie teilweise Recht. Unterdrückung kann das bewirken. Doch das Dama des spirituell Suchenden ist keine Unterdrückung. Es ist vielmehr Sublimierung. Dama basiert auf seinem Wissen, dass der Drang, den Sinnen nachzugeben, ein Hindernis für sein höheres Ziel ist. In diesem Zusammenhang sagt Amma, es ist wie ein Schüler, der auf das Ausgehen mit Freunden verzichtet, um für eine Prüfung zu lernen, oder wie ein Diabetiker, der Zucker meidet. Sein Verzicht beruht auf Verständnis und Unterscheidungsvermögen. Deshalb befinden sich Mind und Körper in Harmonie und es gibt keinen Zusammenbruch. Wenn ein Kind glaubt, dass sein Teddybär es vor Monstern im Schrank schützt, und wir es zwingen, den Bären wegzuwerfen, kann dies leicht negative Auswirkungen auf seine Psyche haben. Schläft das Kind aber von sich aus nicht mehr mit dem Stofftier im Bett, weil es daran nicht mehr glaubt, ist das offensichtlich unschädlich. Rechtes Dama beruht auf Verstehen, d.h. dem erkennen, dass Sinnesobjekte an sich wertlos sind und nicht auf der Vorstellung, sie seien im moralischen Sinne „böse".

Eines Tages wurde ein Mönch sehr krank, der Jahrzehnte lang in einer Zelle eingeschlossen war, um asketische Übungen zu praktizieren. Viele Ärzte besuchten ihn, doch niemand konnte eine Diagnose stellen. Schließlich kam ein Psychiater zu ihm. Nach einer kurzen Unterhaltung erklärte ihm der Psychiater, sein Problem beruhe auf Unterdrückung. „Seit zwanzig Jahren haben sie die Welt vergessen und alle weltlichen Vergnügungen zurückgewiesen. Sie müssen lockerer werden und ein wenig das Leben genießen. Ich schlage vor, dass sie ihre Zelle verlassen und eine schöne Fahrt durch das Land machen."

„Das ist nicht möglich", sagte der Mönch. „Ich habe all diesen Dingen entsagt. Ich habe dies Gelübde abgelegt. Mein Leben ist der Askese und nicht Vergnügungsfahrten gewidmet."

Doch der Psychiater blieb hartnäckig. Er stellte den Mönch vor die Alternative, seine Disziplin entweder zu lockern oder zu sterben. Der Mönch schloss seine Augen und sinnierte nach. Zehn Sekunden später öffnete er seine Augen. „Okay", seufzte er. „Aber besorg mir ein Mercedes Cabrio mit luxuriösen Ledersitzen und einer Wahnsinns Stereoanlage."

Unsere Sinneskontrolle muss auf Verständnis beruhen. Wenn wir bloß unsere Wünsche unterdrücken, werden sie nur intensiver und überwältigen uns am Ende.

Śama

Die nächste Disziplin ist Śama – Kontrolle über den Mind. Natürlich ist es unmöglich, sich vollständig von allen potenziell gefährdenden Sinnesobjekten fernzuhalten. Ob wir wollen oder nicht, einige von ihnen werden unseren Mind durch die Sinnesorgane erreichen und einen Eindruck hinterlassen. Sobald so ein

Eindruck in uns entsteht, taucht er von Zeit zu Zeit in unserem bewussten Mind auf. Selbst wenn wir es irgendwie vermeiden, spirituell unerwünschte Dinge zu sehen und zu hören, sind unsere Gedanken voll fähig, Negativität aus eigener Kraft zu erzeugen. Wir alle sind schon Opfer von negativen Gedanken geworden. Angenommen, wir entdecken plötzlich, dass wir negativ über einen Bekannten, Kollegen oder Verwandten denken. Vielleicht sind wir übermäßig kritisch bezüglich seiner Persönlichkeitsmerkmale. Hier kommt Śama ins Spiel: Obwohl wir solche impulsiven Gedanken nicht verhindern können, so lassen sie sich doch im Keim ersticken. Eine Methode von Śama ist, negatives Denken einfach durch positives zu ersetzen. Wir können unser Mantra rezitieren, uns an eine Begegnung mit Amma erinnern oder ganz bewusst an eine positive Eigenschaft dieser betreffenden Person denken.

Eine andere von Amma empfohlene Methode ist, den negativen Gedanken bewusst aus unserem Kopf hinauszuwerfen und uns zu fragen: „Wird dieser Gedanke mir oder der Gesellschaft wirklich im Leben helfen? Trägt ein solches Denken dazu bei, mein Lebensziel zu erreichen? Wenn ich nur die negativen Eigenschaften anderer Menschen sehe, wie kann ich dann jemals das Eins-Sein mit der ganzen Schöpfung erfahren?" Dadurch können wir potenziell schädliches Denken ebenfalls verringern und ablegen.

Nun zur Frage, wie Ammas Guru-Bhāva uns hierbei helfen kann. Bei Dama scheint es möglich zu sein. Amma kann Einschränkungen auferlegen. Doch in der Privatsphäre unseres Kopfes – kann sie da intervenieren? Die Antwort lautet: Ja. Beim Seva der Āśrambewohner kann Amma ein strenger „Arbeitgeber" sein. Bei nachlässig ausgeführten Arbeiten wird sie die Verantwortlichen ganz sicher zu sich kommen lassen. Werden diese dann von ihr gescholten, hinterlässt das bei den Betroffenen einen nachhaltigen Eindruck, so dass sie künftig mit mehr Achtsamkeit handeln. Oder Amma bestraft sich selbst, anstatt sie auszuschimpfen – normalerweise indem sie fastet. Durch die Liebe für Amma, haben solch herzzerreißende Situationen eine weitaus stärkere Wirkung als Schelte haben würde.

Als ich damals noch in der Bank arbeitete, rauchte ich manchmal, hauptsächlich um mich während der Arbeit in der Bank wachzuhalten, nachdem ich die ganze Nacht über bei Ammas Devī-Bhāva und Kṛṣṇa-Bhāva wach war. Trotzdem wurde es langsam zu einer Gewohnheit. Eines nachts ging ich während der kurzen Pause zwischen zwei Bhāva-Darśans beim nahegelegenen Chai-Shop eines Devotees eine Tasse Tee für Amma holen. Während ich draußen stand, kam mir die Idee, schnell eine Zigarette zu rauchen. Also tat ich das. Nachdem der Tee fertig war, drückte ich die Zigarette aus, wusch meine Hände, spülte meinen Mund aus und trug die Tasse zu Amma. Als ich ihr den Tee reichte, sagte sie sofort: „Du hast eine Zigarette geraucht, nicht wahr?" Ich gab es zu. Amma schaute mich mit einem unbehaglichen Gesichtsausdruck an und sagte: „Dann will ich den Tee nicht." Ich fühlte mich richtig schlecht. Da diese eine Tasse Tee doch die einzige Nahrung war, die Amma in der ganzen Nacht zu sich nahm. Nun wollte sie wegen meiner Handlungsweise nichts trinken.

Am nächsten Tag bei der Arbeit hatte ich das Verlangen nach einer Zigarette. Doch sofort dachte ich an Amma, wie sie mich angeblickt und gesagt hatte: „Ich will den Tee nicht." Ich dachte auch daran, wie sie die ganze Nacht gefastet hatte. Ich entschied mich dafür nicht zu rauchen. Das passierte aber nicht nur einmal, sondern immer wieder. Jedes Mal, wenn ich ans Rauchen dachte, musste ich an Ammas Fasten denken. Bald schon hatte ich das Rauchen vollständig aufgegeben.

Aktiviert Amma also Guru-Bhāva, indem sie uns ausschimpft oder sich selbst bestraft, hinterlässt das einen tiefen Eindruck in uns. Um weitere solche „Begegnungen" mit Amma zu vermeiden, handeln wir zukünftig besonders bewusst und aufmerksam. Dadurch wird unsere Arbeit zur Meditation. Obwohl wir diese erhöhte Aufmerksamkeit zunächst hinsichtlich äußerer

Einzelheiten entwickeln, steht sie auch in Bezug auf innere Einzelheiten zur Verfügung. Diese innere Bewusstheit ist für erfolgreiches Śama wesentlich. Nur wenn uns ein schädigender Gedanke oder Impuls bewusstwird, können wir ihn durch Mantra-Japa oder unterscheidendes Denken auflösen. So hilft uns Amma als strenge Lehrerin auch in dieser Hinsicht.

Uparama

Uparama ist die unerschütterliche Erfüllung der eigenen Pflicht (Dharma), worin auch immer diese besteht. Das Dharma eines Haushälters ist offensichtlich verschieden von dem eines Brahmacāri oder Sannyāsins. Doch als Ammas Kinder gibt es Dharmas, die für uns alle gleich sind. Etwa das tägliche Arcana, die Rezitation unseres Mantras, Meditation, Seva usw. Zu diesem Dharma hält Amma uns immer an. Im Āśram hat sie ihre eigenen Methoden, den Brahmacāris beizubringen, solche Dinge regelmäßig zu üben. Hier ein Beispiel: Kürzlich erfuhr Amma, dass einige Brahmacāris ihr morgendliches Arcana – das ist die Rezitation des Lalitā Sahasranāma[10], die jeden Morgen um 4.50 Uhr beginnt - versäumt hatten. An jenem Dienstag, als alle Āśrambewohner auf Ammas Prasād warteten, las sie die Namen derjenigen vor, die nicht zum Arcana gekommen waren. Alle Schuldigen wurden aufgefordert sich zu melden. „Dies ist ein *Āśram*“, sagte sie. „Die Regeln und Vorschriften sind zu eurem Nutzen. Nun müsst ihr die Strafe in Kauf nehmen. Ihr müsst jetzt euren Teller nehmen, mit dem Löffel darauf schlagen und singend um das Āśramgelände herumlaufen: ‚Ich werde am *Arcana* teilnehmen. Ich werde diesen Fehler nicht wiederholen! Ich werde am *Ārcana* teilnehmen; ich werde diesen Fehler nicht wiederholen!‘“ Bald war der Āśram erfüllt von den Klängen der Stahllöffel, die auf Stahlteller schlugen und dem schüchternen Gesang von etwa

[10] Die tausend Namen der Göttlichen Mutter

zehn Brahmācaris. Als sie zurückkehrten, sagte Amma: „Wir alle sind Kindergarten-Schüler in puncto Spiritualität. Gewisse Regeln und Vorschriften müssen wir befolgen. Wir sind stolz auf unseren Körper und unsere äußere Erscheinung. An so eine Strafe werden wir uns gewiss erinnern. Das veranlasst uns beim nächsten Mal zu mehr Achtsamkeit. Entwickeln wir Bewusstheit, können wir so achtsam werden, dass selbst der kleinste negative Gedanke nicht ohne unser Wissen in unseren Mind eindringen kann. Dies ist die Ebene der Achtsamkeit, die benötigt wird."

Titikṣa

Titikṣā ist die Fähigkeit, Geduld und Gleichmut zu bewahren, wenn wir durch die unterschiedlichen Erfahrungen des Lebens gehen, wie etwa Hitze und Kälte, Vergnügen und Schmerz usw. Kurz gesagt bedeutet dies, zu lernen, den Mind an die jeweilige Situation anzupassen. Eines der besten Beispiele, wie Amma Titikṣā herbeiführt, lässt sich während ihrer Touren in Indien beobachten. Während dieser Touren reisen die Āśrambewohner in Bussen. Die Sitze lassen zweifellos in Bezug auf Beinfreiheit, Polsterung, und Stoßdämpfung einiges zu wünschen übrig. Manchmal müssen die Āśrambewohner aufgrund von fehlenden Sitzen sogar stehen. Oft sind die Mittelgänge der Busse vollgestopft mit Töpfen, Pfannen, Kisten, Truhen und Lautsprechern. An manchen Orten sind die Straßen ganz okay, aber an anderen fühlt es sich an, als würde man die Krater des Mondes rauf und runter fahren! Die Temperaturen sind am Tage sehr hoch und eine Klimaanlage gibt es nicht. Warum dies alles? Es ist tatsächlich ein Mittel von Amma, ihren Schülern zu einer höheren Toleranzschwelle zu verhelfen. Schmerz ist relativ. Was eine Person als unerträglich schmerzhaft empfindet, wird eine Person mit einem starken Mind einfach erleben. Von sich aus würde niemand eine solche Reise unternehmen. Doch es ist eine unglaubliche Gelegenheit, Zeit mit Amma zu verbringen, darum freuen sich die Āśrambewohner auf diese Tour. Nicht nur die, zusätzlich kommen auch Devotees aus aller Welt um daran teilzunehmen. Sie unterziehen sich solch harten Bedingungen bewusst und sind am Ende der Tour mental abgehärteter.

Śraddha

Śraddha bedeutet Glaube und Vertrauen in die Worte des Gurus und der Schriften. Wir meinen vielleicht, einen starken Glauben zu haben. Doch schauen wir genauer hin, stellen wir fest, dass unser Glaube ziemlich begrenzt ist. Amma sagt: „Heutzutage ist unser Glaube künstlich. Er besitzt keine vitale Lebenskraft. Wir haben keine Herzensverbindung zum Glauben, denn er ist nicht richtig in unserem Leben verankert."

Einst wanderte ein Mann in den Bergen, um die Landschaft zu genießen. Als er zu nahe an den Rand einer Felsklippe geriet begann er abzurutschen. Verzweifelt griff er nach dem Ast eines alten Baumes, der aus einer Felsspalte herausragte. Von Angst erfüllt versuchte der Mann, seine Situation abzuschätzen. Er befand sich jetzt etwa 30 Meter unter der Felsklippe und etwa 300 Meter oberhalb eines Talgrunds. Er schrie: „Helft mir!" Doch es kam keine Antwort. Wieder und wieder rief er um Hilfe, doch es war zwecklos. Schließlich brüllte er: „Ist da oben jemand?"

Plötzlich antwortete eine tiefe Stimme: „Ja, ich bin hier oben."

„Wer ist es?"

„Es ist Gott."

„Kannst du mir helfen?"

„Ja, ich kann dir helfen. Vertraue mir."

„Okay, ich vertraue. Nun hilf mir, bitte!"

Die tiefe Stimme antwortete: „Okay, ich möchte, dass du mir vertraust und den Ast loslässt."

Der Mann schaute umher und geriet in Panik. Er konnte seinen Ohren nicht trauen.

„Wie bitte?"

Die Stimme wiederholte: „Vertraue mir. Lass los. Ich werde dich auffangen."

An diesem Punkt schrie der Mann auf: „Oh, ist da oben vielleicht noch jemand anderer?"

Glaube ist nicht etwas, das durch Disziplin erzwungen werden kann. Amma hilft uns jedoch dabei, unseren Glauben zu entwickeln. Die Worte eines selbstverwirklichten Meisters haben die Kraft einer Autorität, die sonst niemand besitzt. Er verkündet Wahrheiten, die zu hundert Prozent die eigene Erfahrung wiedergeben. Es gibt keine Schrift, keinen Philosophen oder Gelehrten mit einer derartigen Wirkung. Jedes Wort und jede Handlung eines Satgurus spiegeln die Tatsache wider, dass er in der höchsten Wahrheit verankert ist. Jedem von uns ist es möglich, diese Wahrheit auch zu erkennen.

Wir entdecken außerdem, dass im spirituellen Leben Vertrauen zu mehr Vertrauen führt. In der indischen Kultur wird der Glaube des Kindes schon ab seiner Geburt entwickelt. Saṁskāras Geburtsrituale, Zeremonien für die Namensgebung, Rituale für die erste Fütterung, Einschulungszeremonien, Hochzeitsrituale usw. werden während des Lebens auf eine Weise miteinander verknüpft, dass man immer mehr in der Kraft und Bedeutung der religiösen und spirituellen Tradition verankert wird. Kommt man dann zu einem Guru, hatte sich der Glaube an spirituelle Prinzipien bereits infolge eigener Erfahrung vertieft. Unter der Anleitung des Gurus reift dieser Glaube weiter. Oft wird uns der Guru beispielsweise zu einer Aufgabe auffordern, die außerhalb unserer Komfortzone liegt: Vielleicht bittet er uns, eine Aufgabe zu übernehmen, für die wir uns völlig unqualifiziert fühlen. Vertrauen wir dem Guru und handeln ohne Zögern, stellen wir fest, dass unsere Ängste unbegründet waren. Dies verstärkt unseren Glauben noch mehr. Geben wir andererseits unseren Hemmungen nach und lehnen es ab, den Worten des Gurus zu folgen, verstärken sich unsere Ängste. Vom Glauben geführt, ist der Mind ein exzellenter Diener, doch hat er selbst das Sagen, wird er zum Tyrannen.

Samādhāna

Samādhāna bedeutet Vollendung in der fokussierten Konzentration. Dies ist nur durch die spirituelle Praxis möglich, die uns der Guru empfiehlt, wie etwa Meditation, Mantra-Japa sowie andere Formen der Rezitation und Gesang. (Das wird im achten Kapitel ausführlich behandelt.) Bis zum Zeitpunkt wo unsere Sehnsucht nach Befreiung richtig brennt, solange wir uns selbst überlassen sind, kann unsere Praxis manchmal unregelmäßig sein. Im Āśram jedoch stellt Amma strenge Regeln auf, denen alle Schüler folgen müssen, damit sie vollkommene Konzentration erlangen.

Konzentration ist nicht nur erforderlich für die Meditation oder für die Konzentration auf die Worte unseres Gurus. Konzentration ist auch notwendig, um das eigene Lebensziel zu erreichen. Diese Art Konzentration nennt Amma Lakṣya Bodha – unser Ziel ist uns stets gegenwärtig. In Ammas Āśram findet man an mehreren Stellen wie in Aufzügen, auf Computerbildschirmen oder auf Lenkrädern Aufkleber mit der Aufschrift: „Rezitiere dein Mantra!“ Jeder Gedanke an den Guru kann für uns zu solch einem Aufkleber werden vorausgesetzt, wir haben die richtige Einstellung.

Wir sollten nicht denken, dass Amma uns eines Tages verkündet, dass mit dem heutigen Tag unsere Guru-Schüler-Beziehung beginnt. So läuft das nicht. Amma betrachtet die Reife, Hingabe, Leidenschaftslosigkeit und Sehnsucht nach dem Ziel von jedem einzeln und berücksichtigt dabei das Gesamtbild. Dann handelt sie dementsprechend. Einige sind mehr oder weniger sofort bereit. Andere benötigen sozusagen noch etwas Zeit im „Backofen“. Da gibt es kein Schwarz-Weiß. Sind wir bereit eine Disziplinierung zu durchlaufen, wird Amma darauf reagieren. Außerdem ist jeder Mensch anders – nicht jeder braucht Ammas direkte Schulung.

Es gibt Leute, die seit 20 Jahren im Āśram sind und von Amma niemals direkt zurechtgewiesen wurden. Andererseits gibt es Devotees, die vorher niemals einen Fuß nach Amṛtapuri gesetzt haben und mit denen Amma von Anfang an sehr strikt ist. Das alles zeigt uns, dass Amma ein umfassenderes Bild vor Augen hat, als wir wahrnehmen können. Sie berücksichtigt Vergangenheit, Gegenwart und Zukunft jedes Menschen und handelt dementsprechend.

Amma betont, dass wir kein allgemeines Regelwerk aufstellen können, wie ein Guru einen Schüler behandeln wird. „Der Guru leitet den Schüler entsprechend seiner Vāsanas, welche dieser in seinen vielen Leben angesammelt hat. Selbst in ein und derselben Situation kann der Guru sich gegenüber verschiedenen Schülern sehr unterschiedlich verhalten. Das ergibt für uns nicht unbedingt einen Sinn. Nur der Guru kennt den Grund. Er entscheidet, was notwendig ist, um die Vāsanas eines bestimmten Menschen abzuschwächen und ihn zum Ziel zu führen. Es ist ausschlaggebend für den Fortschritt des Schülers, die Entscheidungen des Gurus zu befolgen. Begehen zwei Schüler denselben Fehler, kann der Meister eventuell über den einen verärgert sein und den anderen liebevoll behandeln, als sei überhaupt nichts geschehen."

Letztendlich meißelt der Guru am Ego des Schülers wie ein Bildhauer an einem Stein. Der Stein mag das als sehr schmerzhaft empfinden, doch der Meister kann die wunderbare Statue Gottes erblicken, die im Inneren des Steins auf die Enthüllung wartet. Dieser Prozess kann nicht übereilt vonstattengehen. Der Guru geht behutsam zu Werke – nur ein erfahrener Meister kann hier erfolgreich sein. Andere würden den Stein nur zerbrechen und die im Inneren wartende Schönheit der Statue zerstören.

Der einzige Unterschied zwischen einem Schüler und einem Stein liegt darin, dass der Stein keine andere Wahl hat, als sich zu ergeben. Ein Schüler kann durchaus genug vom Ganzen haben und gehen, was manchmal auch geschieht. Einige der Stellen, die der Guru beim Meißeln trifft, können sehr schmerzhaft sein.

Ein Satguru wie Amma kennt alle richtigen Stellen! In Indien gibt es Menschen, die Mārmikas genannt werden. Sie kennen alle winzigen Druckpunkte des Körpers. Sie können eine Person durch Berührung mit ihrem Finger kampfunfähig machen. In vielerlei Hinsicht ist Amma genauso. Durch einen Satz kann sie uns auf unsere Schwächen aufmerksam machen. Sie sagt ihn so, dass alle anderen Anwesenden nichts bemerken. Es mag dann für die anderen sehr lustig klingen, wie eins von Ammas Līlās (göttlichen Spielen) oder gar wie ein Kompliment. Nur Ammas Zielperson weiß, wie scharf und präzise ihr Pfeil trifft.

Ich erinnere mich an einen Vorfall, der sich vor mehreren Jahren ereignete. Amma gab Darśan, und einer der Devotees stellte die Frage: „Amma, wann immer ich in den Āśram komme, höre ich so viele wunderbare Bhajans, Woher kommen all diese Bhajans? Wer komponiert sie?“

Amma antwortete: „So viele Menschen komponieren die Bhajans – Devotees, Brahmacāris, Brahmacārinīs, Svāmis.“ Und dann zeigte sie auf einen Brahmacāri, der nahe bei ihr saß: „Er zum Beispiel hat so viele schöne Bhajans geschrieben.“

Scheinbar machte Amma dem Brahmacari hier ein Kompliment. Doch in Wahrheit war es ein präziser Schlag ihres Meißels. Der Brahmacāri hatte tatsächlich mehrere Bhajans geschrieben. Doch noch nie hatte sie einen einzigen von ihm gesungen. Eine Woche zuvor hatte er Amma auf dieses Thema angesprochen: „Amma, ich habe dir so viele Bhajans dargebracht, doch nie hast du einen davon gesungen! Andere Leute geben dir Bhajans, die längst nicht so gut sind wie meine und du singst sie sofort. Ich weiß, es liegt daran, dass du sie mehr liebst als mich.“

Amma hatte geantwortet: „Mein Sohn, du sagst, du hättest diese Lieder Amma ‚dargebracht‘, aber hast du das wirklich? Bringt man jemandem etwas dar, dann gehört es dir nicht mehr. Es gehört nun demjenigen, dem man es dargebracht hat. Das ist echte ‚Darbringung‘. Deine ‚Darbringung‘ scheint noch an viele Bedingungen geknüpft zu sein.“

Ästhetisch und technisch mochten die Bhajans, die dieser Brahmacāri komponiert hatte, eine höhere Qualität haben. Doch war es nicht Ammas Hauptanliegen, schöne Bhajans zu singen, sondern ihm als seine Meisterin eine Lektion über das Ego zu erteilen, das sich in seinem Mind manifestiert, er sei der Urheber der Komposition[11]. Stets hat Amma unser höchstes Wohlergehen im Blick. Deshalb sind solche Erfahrungen, so schmerzhaft sie sind, überaus kostbar. Amma nimmt sich die Zeit zu meißeln, zu verbessern und zu polieren.

Ich erinnere mich an einen Vers zum Lobpreis des Gurus, in dem es heißt:

„Wenn du dich wie eine Maus fühlst,
deren Schwanz unter der Pfote
einer Katze gefangen ist,
so sei sicher, dass der Guru dich
zärtlich an sein Herz drückt.“

Dies sollte in uns immer bewusst – präsent sein. Sonst beginnen wir womöglich – wie der Brahmacāri, der Amma die Lieder „darbrachte“ – den Guru zu kritisieren, weil wir glauben, seine Handlungen seien von Vorlieben und Abneigungen und nicht zu unserem Besten bestimmt.

Ich erinnere mich an eine Familie, die eine Zeit lang im Aśram lebte. Äußerlich waren sie Amma sehr nahe, doch als Ammas Guru-Bhāva aktiv wurde, packten sie ihre Sachen und gingen. Anderen erzählten sie: „Guruvāyūrappan[12] reicht uns völlig aus!“ Die Devotees Gottes beten zu Gott, er möge Gestalt annehmen und sie besuchen. Tut er das dann, wünschen sie sich plötzlich, er möge dorthin zurückkehren, wo er hergekommen ist!

---

[11] Ein paar Wochen später begann Amma tatsächlich, einen der Bhajans dieses Brahmacāris zu singen.

[12] Ein Standbild *Śrī* Kṛṣṇas, das in einem bekannten Tempel Keralas in der Nähe von Trissur aufgestellt ist.

Der innere Guru

Der Satguru weist uns nicht nur auf unsere Mängel hin. Er hilft uns auch, sie selber zu erkennen. Allmählich wird die Welt mehr und mehr zum Spiegel, der all unsere negativen Eigenschaften und charakterlichen Mängel reflektiert. Amma sagt, eigentlich ist es Ziel des äußeren Gurus uns zu helfen, den inneren Guru zu erwecken. Haben wir uns darauf eingestimmt, wird die ganze Welt zum Guru. Wir erkennen dann überall die Lehren, die uns der äußere Guru vermittelt hat, wo wir auch hinschauen – in unserer Familie, im Berufsleben, in der Gesellschaft und sogar in der Natur.

So war es bei Amma bereits als Kind. „Alles in dieser Welt ist Ammas Guru", betont sie. „Gott und der Guru sind in jedem Menschen. Doch solange das Ego vorherrscht, sind wir uns dessen nicht bewusst. Das Ego verdeckt den inneren Guru. Habt ihr den inneren Guru einmal entdeckt, könnt ihr ihn im gesamten Universum wahrnehmen. Als Amma den inneren Guru in sich fand, wurden alle Dinge, selbst jedes Sandkorn, zu ihrem Guru. Ihr werdet euch fragen, ob auch ein Dorn zu Ammas Guru wurde. Ja, jeder Dorn war ihr Guru. Wird euer Fuß von einem Dorn gestochen, seid ihr fortan auf dem Pfad achtsamer. So hilft uns dieser Dorn zu vermeiden, von weiteren Dornen gestochen zu werden oder in einen tiefen Graben zu fallen. Auch ihren Körper betrachtet Amma als Guru. Durch die vergängliche Natur des Körpers erkennen wir, dass das Selbst die einzige ewige Realität ist. Alles um Amma herum führen sie zum Guten und deshalb verehrt Amma alle Dinge im Leben."

Es ist die Aufgabe des äußeren Gurus, uns an diesen Punkt zu bringen. Sind wir einmal so weit gekommen, lässt uns der äußere Guru nicht im Stich. Im Gegenteil, er ist dann ständig bei uns – er isst mit uns, geht mit uns, arbeitet mit uns. Sogar während des Schlafens ist er bei uns. Dies kommt daher, dass die Lehren des Gurus eins mit uns geworden sind und unseren

Mind überallhin begleiten. Außerdem lebt in uns die Erkenntnis, dass die Essenz des Gurus - das Bewusstsein - das ganze Weltall durchdringt. Sind wir einmal an diesem Punkt, fühlen wir uns so, als befinden wir uns im Schnellzug. Aus dem können wir nicht mehr aussteigen - unser ganzes Leben wird jetzt in Kommunion mit dem Satguru gelebt.

Viertes Kapitel

Amritapuri-Āśram und seine Rolle

"Ein Āśram ist nicht nur eine Ansammlung von leblosen Gebäuden, Tempeln und Bäumen; vielmehr ist er die Verkörperung der Gnade des Satgurus. Er ist eine vitale, dynamische und lebendige Einrichtung, welche das Streben des aufrichtigen Schülers fördert, den Zustand des Eins-Seins zu erlangen"

Amma

Für jemanden, der an spirituellem Fortschritt interessiert ist, gibt es keinen günstigeren Ort als den Āśram eines selbstverwirklichten Meisters. Amṛtapuri ist wie eine Universität – der perfekte Ort, spirituelles Wissen zu lernen, zu praktizieren und zu assimilieren. Sind wir erst einmal hier, ist es nicht mehr notwendig woanders hinzugehen.

Auch wenn Amṛtapuri oft mehr einem Festplatz als einer Eremitengemeinschaft ähnelt, stellt Amma alles zur Verfügung, was für unser spirituelles Wachstum notwendig ist, sowohl auf physischer wie auch auf nicht-physischer Ebene. In dieser Hinsicht ist Ammas Āśram mit voller Absicht ein Mikrokosmos der „realen Welt", wo wir mit verschiedenen Menschen und Situationen zusammenkommen. Mit der richtigen Einstellung hilft uns dies, spirituell zu reifen. Man kann die Erfahrungen im Āśram damit vergleichen, in einem Swimmingpool schwimmen zu lernen, anstatt sofort ins Meer zu gehen. Unter den wachsamen Augen der „Meister-Rettungsschwimmerin" Amma können wir allmählich die Schwimmzüge verbessern, die wir im Leben brauchen.

Danach können wir überall schwimmen. Wie Amma sagt: „Für jemanden, der schwimmen kann, sind die Wellen des Ozeans nur ein reizvolles Spiel. Doch für jemanden, der nicht schwimmen kann, sind sie schrecklich und könnten tödlich sein."

Für viele ist der erste Besuch in Ammas Āśram wie eine Heimkehr. Niemals zuvor sind sie hier gewesen, doch sie haben zum ersten Mal in ihrem Leben das Gefühl, wirklich nach Hause zu kommen. Zur Zeit der Veröffentlichung dieses Buches gibt es mehr als 3000 permanente Āśrambewohner– eine Mischung aus Sannyāsins, Brahmacāris, Brahmacārinīs und Haushältern. Sie alle leben in Amṛtapuri. Dazu kommt noch, dass Amṛtapuri als einer der insgesamt fünf Campus der Amṛta-Universität auch die Wohnstätte für ungefähr 3000 Studenten ist. Zusätzlich kommen täglich Hunderte von Devotees aus aller Welt zu Besuch. Manche bleiben bis zu sechs Monate. Dann gibt es Tausende von Menschen, die nur für einen Tag kommen, um Ammas Darśan zu empfangen. In vielerlei Hinsicht hat sich hier ein Āśram, der ursprünglich das Haus von Ammas Eltern war, in ein komplettes Dorf verwandelt.

Amma vergleicht den Āśram oft mit einer Großfamilie. In Indien gibt es eine alte Tradition: Heiratet ein Sohn, wohnt seine Frau fortan bei ihm und seinen Eltern, falls nicht im gleichen Haus, so doch im gleichen Wohnkomplex. Manche dieser Wohnkomplexe sind riesig. Ich erinnere mich, dass Amma einen solchen Ort im Jahr 2007 besuchte. Er befand sich in der Nähe des Śrī Ranganāthan-Tempels in Tiruccirapaḷḷi, Tamil Nadu. Es müssen dort an die 70 Verwandte in einem einzigen Wohnkomplex zusammengelebt haben. Aber dies ist noch gar nichts! In Lakkūr in Karnātaka gibt es eine Familie, die aus 170 Mitgliedern besteht und zusammenwohnt. Früher war es bei den meisten Familien in Indien so. Inzwischen wird die Kleinfamilie bevorzugt. Die vorherrschende Auffassung ist nun, dass ein Elternpaar und seine Kinder mehr als genug sind, um unter einem Dach zu leben. Sobald die Kinder alt genug sind, wollen sie ausziehen und ihre eigene Wohnung haben. Doch Amma sagt, dass die Kinder, welche in Großfamilien aufwachsen, normalerweise reifer und höhere mentale Stärke haben als Einzelkinder oder Kinder, die mit ein oder zwei Geschwistern aufgewachsen sind.

Das Leben in Amṛtapuri ist genauso, nur in einem ganz anderen Ausmaß. Im System der Großfamilie sprechen alle dieselbe Sprache und gehören derselben Kultur an. In Amṛtapuri gibt es Menschen aus mehr als 50 verschiedenen Ländern, die Dutzende von Sprachen sprechen! Amma vergleicht diese vielen Menschen, die hier zusammenleben und arbeiten, mit Hunderten von eckigen Steinen in einer riesigen Trommel. Wenn die Steine aneinander reiben, werden ihre rauen Kanten abgeschliffen, am Ende sind alle Steine glatt, poliert und strahlend. In der heutigen Welt sehen wir das Gegenteil. Jedermann versteckt sich vor dem anderen. Der Angestellte versteckt sich vor dem Chef. Der Ehemann versteckt sich vor der Ehefrau und umgekehrt. Die Kinder verstecken sich vor den Eltern und die Eltern vor den Kindern. Wie Amma sagt: „Leben in einem Haus vier Menschen, sind sie alle wie isolierte Inseln."

Dies erinnert mich an eine Karikatur, die mir ein Devotee einmal zeigte. Auf der Zeichnung war eine Ehefrau abgebildet – eine große schwergewichtige Frau mit einem Nudelholz in der Hand. Sie schaute unter das Bett und schimpfte: „Bist du ein Mann, so komm heraus!" Wer war wohl unter dem Bett? – Der Ehemann. Er war klein und dünn und zog sich in die Ecke am entfernten Ende des Bettes zurück. Von dort rief er zurück: „Ich bin der Mann des Hauses! Ich komme heraus, wann immer ich es will!"

Wir glauben, unsere Isolation sei unsere eigene Wahl. Doch in Wirklichkeit erlauben wir nur unserer Unsicherheit und Überempfindlichkeit, überhand zu nehmen und uns zu isolieren. Wir beanspruchen unseren „Platz unter dem Bett" mit großem Siegesgefühl und sehen dabei gar nicht, dass wir uns selbst vom Rest des Hauses abtrennen!

Heute möchte jeder sein eigenes Zimmer, sein eigenes Büro und sein eigenes Auto. Geräte, die Menschen verbinden sollen wie etwa das Handy oder das Internet, isolieren uns mehr als je zuvor. Das Ergebnis ist eine Generation, die völlig unfähig ist, selbst kleine Schwierigkeiten mit mentaler Gelassenheit zu begegnen. Wenn Konflikte auftreten, werden sie entweder depressiv oder wütend. In unserer isolierten Welt gibt es niemanden, der unsere Selbstsucht und unser Ego kontrolliert. Wir werden völlig selbstbezogen und sind unfähig, die Gefühle und Sichtweisen anderer zu berücksichtigen.

Im Jahre 2007 hielt Amma beim Cinéma Vérité Filmfestival in Paris eine Rede mit dem Titel: „Mitgefühl – Der einzige Weg zum Frieden". In dieser Rede sprach sie ausführlich über die fehlende Harmonie zwischen Mensch und Natur. Sie ließ auch eine Liste mit möglichen Aktionen verteilen, die diese Situation verbessern könnten. Einer der Vorschläge war, Fahrgemeinschaften zu bilden. Nachdem sie die Vorteile der Maßnahme – weniger Umweltverschmutzung, weniger Benzinverbrauch, Entlastung des Verkehrs usw. – aufgezählt hatte, fügte sie hinzu: „Das Wichtigste aber ist, dass dadurch Liebe und Zusammenhalt unter den Menschen zunehmen kann." Amma sieht also ganz deutlich den negativen Einfluss dieser Selbstisolierung auf den Mind des Einzelnen und die gesamte Gesellschaft. Das Leben im Āśram funktioniert nach demselben Prinzip: Es ist wie eine große Fahrgemeinschaft."

Der Āśram ist eine ideale Umgebung für unsere spirituelle Praxis. Wir können spirituelle Übungen einteilen in: Karma-Yoga, Meditation und das Streben nach Wissen über das eigene Selbst. Wie wir in Kapitel fünf noch näher erläutern werden, dient Karma-Yoga in erster Linie dazu Vairāgya zu erlangen - d.h. unsere Vorlieben und Abneigungen zu überwinden, so dass wir zumindest ein gewisses Maß an mentaler Gelassenheit entwickeln. Für diese spirituelle Praxis gibt es keinen besseren Ort als Amṛtapuri. Um etwas zu überwinden, muss uns zuerst klar sein, dass es vorhanden ist. Hier im Āśram können wir uns nirgendwo verbergen – es gibt keine „Betten zum Verstecken". Wenn man darauf besteht, an seinen Vorlieben und Abneigungen festzuhalten, ist Amṛtapuri nicht gerade ein angenehmer Ort. Versteht man auf der anderen Seite, dass Vorlieben und Abneigungen uns einschränken und damit letztlich unerwünscht sind, wird Amṛtapuri zu einem idealen Übungsterrain.

Die Gelegenheiten für Tapas (selbst-akzeptierte Einschränkung) ist allgegenwärtig. Man kann lernen, geduldig zu sein, wenn man in der Essensschlange oder in der Schlange zu Ammas Darśan steht. Man kann Titikṣā (Gleichmut gegenüber Schwierigkeiten) an Feiertagen, wie z.B. Onam oder Ammas Geburtstag, praktizieren, wenn man sich durch die Menschenmassen im Āśram einen Weg sucht.

Man kann seine Abhängigkeit von Schlaf überwinden, wenn man mit Amma wach bleibt. Man kann seine Abhängigkeit von wohlschmeckenden Speisen überwinden. Man braucht kein gepolstertes Bett um zu schlafen, sondern kann zusammen mit anderen Leuten wie ein Baby auf einer Strohmatte in einem Raum von 16 Quadratmetern schlafen. Man kann seine Aversion gegen Lärm überwinden und lernen, in jeder Umgebung friedvoll zu bleiben.

Jemand erzählte mir einmal folgenden Witz über ein Land, in dem es besonders lange dauerte, bis irgendetwas erledigt wird. Ein Mann braucht einen Wagen und geht zu einem Autohändler, der ihm zwei Modelle zeigt. Er sucht sich eines aus und bezahlt das Auto. Der Autohändler sagt: „In genau zehn Jahren ab heute gerechnet ist ihr Wagen für sie abholbereit."

Der Mann antwortet: „Vormittags oder nachmittags?"

„Was spielt das für eine Rolle?", fragt der Autohändler.

Der Mann entgegnet: „Nun, vormittags kommt der Klempner."

Der Punkt ist nicht, dass der Āśram wie ein ineffizient geführtes Land ist. Es ist auch nicht nötig, dass wir überflüssig leiden. Aber positive Eigenschaften wie Geduld können entwickelt werden, nutzen wir herausfordernde Situationen als Gelegenheit und begegnen ihnen mit einer positiven Einstellung. Zusätzlich hilft uns Ammas Gegenwart und Schwingung immer, unseren Mind trotz aller Herausforderungen zu konzentrieren.

Was die zweite spirituelle Praxis, die Meditation, betrifft, so ist Amṛtapuri ebenfalls ein gesegneter Ort. Es ist beinahe ein Paradoxon. Wie kann ein Ort, an dem es wie in einem Bienenstock vor Lärm und Aktivität summt, trotzdem für die Meditation förderlich sein? Kommen Menschen zum ersten Male nach Amṛtapuri, zweifeln sie sehr daran. Doch wenn sie ein paar Tage durchhalten, entdecken sie bald, dass sie trotz des äußeren Tumultes inneren Frieden empfinden. Auch wenn 10000 Menschen im Āśram sind, kann man eine Art von beschützter Einsamkeit spüren. Dies ist etwas, was nur auf die Gegenwart Ammas – einer lebenden Meisterin – zurückzuführen ist. Tatsächlich hilft uns ihre Gegenwart, unsere Vorlieben und Abneigungen loszulassen und Karma-Yoga durchzuführen. Die Präsenz eines vollkommen selbstverwirklichten Wesens ist etwas absolut Einzigartiges und Transformierendes.

„Wie sehr wir auch an manchen Orten graben, wir werden kein Wasser finden“, sagt Amma. „Graben wir jedoch in der Nähe eines Flusses, stoßen wir leicht auf Wasser; wir müssen dazu nicht besonders tief graben. Ähnlich wird lediglich die Anwesenheit eines Satgurus die spirituelle Praxis ebnen. Ihr seid in der Lage, die Früchte eurer Übungen ohne große Bemühungen zu genießen.“

Da sie die höchste Wahrheit verwirklicht hat, ist Ammas Mind ständig von Glückseligkeit erfüllt. Er ist so rein, dass er nur Schwingungen des Friedens und der Stille ausstrahlt. Diese Schwingungen dringen nach außen und beeinflussen den Mind der Menschen in Ammas Nähe. Sie durchdringt den ganzen Āśram. Deshalb fühlen sich manche Menschen sofort entspannt und friedvoll, sobald sie das Āśramgelände betreten. Selbst Journalisten ohne jegliche spirituelle Neigung erzählen öfters von solchen

Erfahrungen. Es gleicht dem Phänomen der Resonanzschwingung. Hier schwingt ein Wesen in einer bestimmten Frequenz und bewirkt, dass andere Wesen in derselben Frequenz beginnen zu schwingen. Nichts anderes wird in den Gemälden verschiedener Heiliger symbolisiert, in denen Löwen und Lämmer friedvoll nebeneinander liegen. Die Furcht des Lammes und die Wildheit des Löwen werden durch die kraftvolle friedliche Schwingung eines Mahātmas neutralisiert.

In den Āśram kommen viele verschiedene Menschen. Manche kommen gerade vom Touristenboot, das die Backwaters herunterfährt. Oft tragen solche Menschen das Gewicht der Welt sichtbar auf ihren Schultern. Obwohl sie im Urlaub sind, ist erkennbar, wie die Bürde des Lebens schwer auf ihnen lastet. Sehe ich solche Menschen, ist mein Interesse geweckt. Wieso? Weil ich weiß, dass man nach ein oder zwei Wochen eine enorme Veränderung bei ihnen feststellen kann. Sie gehen, sprechen und lächeln anders, körperlich und mental scheinen sie gesünder zu sein. Ein spezielles Licht geht von ihnen aus – von dort, wo sich zuvor hauptsächlich dunkle Wolken befanden. Ich kann das nur Ammas tiefer und kraftvoller Schwingung zuschreiben. Es ist diese kraftvolle Schwingung, die auf natürliche Weise auf unseren Mind meditativ wirkt. Deshalb empfinden es die Leute in Ammas Umgebung viel leichter, ihr Mantra konzentriert zu rezitieren, ihr Meditationsobjekt zu visualisieren und ganz allgemein auf Gott ausgerichtet zu bleiben.

Was Jñāna Yoga betrifft, so stellt Amṛtapuri eine ideale Umgebung dar. Amma hält regelmäßig Ansprachen und führt Frage–und-Antwort–Einheiten durch. Es gibt auch regelmäßig Kurse über heilige Schriften, wie etwa die Upaniṣads, die Bhagavad Gīta und die Brahma Sūtras. Die seltene Schönheit der Frage–und- Antwort–Einheiten liegt darin, dass Amma niemanden davon abhält, eine Frage zu stellen. Außerdem antwortet sie stets im Einklang mit dem Verständnisniveau des Fragestellers. Solche maßgeschneiderten Antworten sind in Büchern nicht zu finden. Amṛtapuri ist der perfekte Ort, um die Schriften zu studieren, Zweifel zu klären und schließlich spirituelles Wissen zu verinnerlichen. Im Frieden von Ammas Āśram kann man sich leichter in einen reflektierenden Zustand versetzen und ist eher in der Lage, aus verschiedenen Facetten des Sākṣi Bhāva (die Haltung eines Zeugen) zu handeln und über die Wahrheit des Selbst zu kontemplieren.

Amma sagt, dass der Boden von Amṛtapuri mit ihren eigenen Tränen geebnet wurde - den Entbehrungen, die sie zum Wohl der Welt vollbrachte und weiterhin vollbringt. Dies hat die Erde hier geheiligt. So ist Amṛtapuri der fruchtbarste Boden, den man finden kann, was die Entwicklung von Bhakti – die Hingabe an Gott betrifft. Amma definiert Bhakti nicht als Hingabe an eine bestimmte Form Gottes, vielmehr, ist es die reinste Form der Liebe – einer Liebe ohne Grenzen, Erwartungen und Einschränkungen. Der Höhepunkt einer solchen Liebe gipfelt in der völligen Hingabe an das Göttliche. Abhängig von der Entwicklungsstufe des Schülers manifestiert sich Hingabe auf verschiedene Weise, doch das innere Gefühl bleibt das gleiche. Es wird nur immer stärker. Viele kommen nach Amrtapuri und verstehen nicht einmal die Bedeutung des Wortes „Hingabe". Dennoch beginnt Bhakti kurze Zeit später in ihnen zu keimen. Hören wir Ammas von Herzen gesungene Bhajans und sehen ihre Verzückung durch die göttlichen Namen, sind wir wie verwandelt und unsere Herzen weiten sich in der Liebe zu Gott. Bhakti hört auf, ein abstrakter Begriff zu sein und wird zum Zentrum unseres Wesens.

Wenn wir einfach nur im Āśram umhergehen, fühlen wir uns inspiriert, spirituelle Übungen auszuführen und beharrlich an ihnen festzuhalten. In fast jeder Hinsicht ist es das genaue Gegenteil unseres eigenen Zuhauses. In der Familie gibt es höchstens einen kleinen Raum, der Gott gewidmet ist. Die anderen Zimmer dienen der Familie. Der Āśram ist wie ein großer Pūja-Raum[13], während ein normales Zuhause für unsere Bequemlichkeit da ist. Die Bilder von Familienmitgliedern an der Wand, die Erinnerungsfotos von unserem Urlaub, Fernsehgerät, Sofa… Alles erinnert uns an unsere begrenzte Persönlichkeit, infiziert durch den Komfort, den wir über die Sinne genießen. In unserem Familienheim sind wir oft die einzigen, die früh aufstehen, Arcana rezitieren, meditieren, die Schriften studieren usw. Befinden wir uns im Schweigen, feiert die Familie eine Party. Versuchen wir zu fasten, wird unser Lieblingsgericht gekocht. Ich erinnere mich, dass mir jemand einmal in diesem Zusammenhang eine Karikatur zeigte. Im Schlafzimmer einer Mittelklassefamilie war ein Teenager im Outfit eines Brahmacāris abgebildet: Gewand, geschorener Kopf und ein Tamburin für Bhajans in der Hand. An der Tür standen seine Eltern, die nicht sehr glücklich schienen über den neuen Lebensweg ihres Sohnes. Der Text dazu lautete: „Dein Vater und ich wollen dich nur wissen lassen, dass wir hundertprozentig hinter dir stehen, solltest du dich entschließen, wieder drogenabhängig zu werden."

Der Āśram ist das genaue Gegenteil. Im Āśram gibt es Bilder von Göttern und Mahātmas. Überall sieht man Menschen in Kleidung, die an Reinheit und Entsagung erinnert. Alles erinnert an Amma. Ihre Fußabdrücke bedecken das gesamte Āśramgelände. Wir schauen auf die Backwaters und erinnern uns an die Zeit, da Amma sie mit einem Boot überquerte oder an die Geschichten, die sie über das Baden mit den Freunden ihrer Kindheit erzählte. Blicken wir auf das Meer, denken wir an Amma, wie sie am Rand des Wassers saß und in glückseliger Stimmung Srṣṭyum Niye sang. Natürlich kann man ihr immer zuschauen, wenn sie Darśan gibt. Bhajans mit Amma gibt es jeden Abend! Es gibt keine inspirierende Atmosphäre als die im Āśram eines lebenden Meisters.

---

[13] In Indien ist traditionell ein Zimmer des Hauses dem Gebet, der Meditation und der Verehrung der Gottheit geweiht.

Hier gibt es die Kraft der Saṅgha – der spirituellen Gemeinschaft. Alle stehen früh auf. Alle meditieren. Alle nehmen an den Bhajans teil usw. Die Menschen helfen einander früh aufzustehen – in Form der Morgenglocke, falls sie noch schlafen sollten. Dies hilft uns, auch in Zeiten durchzuhalten, wo wir – lediglich auf uns selbst gestellt – aufgeben würden. Es ist so, als ob man das Alphabet gemeinsam mit anderen in der Schule lernt, statt für sich allein.

Vier Phasen des Lebens

Der vedische Lebensplan umfasst vier Āśramas oder Lebensabschnitte: Brahmacārya Āśrama, Gṛhastha Āśrama, Vānaprastha Āśrama, Sannyāsa Āśrama[14]. Gemäß diesem System lebten in früheren Zeiten junge Männer zwischen etwa sieben und zwanzig Jahren als Brahmacāris in einem Āśrama. Sie erhielten dort durch den Guru ihre Ausbildung sowohl in weltlichen als auch spirituellen Belangen. Danach entschloss sich die Mehrheit für das weltliche Leben (Gṛhastha Āśrama). Eine kleine Minderheit, die den Mut hatte nicht zu heiraten, wechselte direkt über zur vierten Stufe des Sannyāsa Āśrama (Mönchsleben). Die Lebensstufe des Haushälters wurde nicht gewählt, um sich in den Fesseln der eigenen Wünsche zu verfangen, sondern diese Phase wurde als ein Mittel betrachten, um die Wünsche bis zu einem gewissen Maß zu erfüllen, doch ebenfalls dazu, den Mind durch Karma-Yoga zu reinigen. Dadurch entwickelte man das tiefgehendes Verständnis, dass dauerhaftes Glück nie durch die Erfüllung der eigenen Wünsche entstehen kann. Waren die Kinder erwachsen und die Eltern somit von der Verantwortung befreit, verließen beide ihr Haus, um im Wald ein Leben der Meditation zu führen; dies war die Phase des Vānaprastha Āśrama. Waren sie schließlich

---

[14] Die vier Lebensphasen sind: Schüler, Haushälter, Einsiedler und Mönch.

mental ausreichend vorbereitet, durchschnitten sie auch noch das Band, das sie zu Ehemann und Ehefrau machte, und betraten die letzte Stufe des Sannyāsa Āśrama. Aus verschiedenen Gründen ist dieses System während der letzten Jahrhunderte völlig verfallen. Es wiederzubeleben würde nach Ammas Aussage nur zu einem völligen Fehlschlag führen. Anstatt die Vergangenheit wiederzubeleben, sollten wir vielmehr versuchen, vorwärtszugehen und dabei unsere traditionellen Werte so weit wie möglich zu bewahren. Mit diesem Ziel wurde Ammas Āśram gegründet. Es ist ein Ort, wo Menschen aus allen Bereichen leben und sich den verschiedenen spirituellen Übungen widmen können, die ursprünglich auf die vier Āśramas verteilt waren.

Das Leben in einem Āśram dient nicht dazu, vor unserer Verantwortung davonzulaufen. Haben wir uns einmal für einen bestimmten Lebensweg entschieden, sollten wir ihn auch bis zu seinem Ziel gehen. In Ammas Āśram sind die meisten Menschen, die Brahmacāris und Brahmacārinis werden, junge Leute, die ihren Universitätsabschluss gemacht haben und noch nicht verheiratet sind. Sie sind in den Zwanzigern und haben die Absicht, ihr gesamtes Leben dem spirituellen Pfad zu widmen. Auch ohne ein äußeres Gelübde abzulegen, haben sie diesen Wunsch. Sie schließen sich dem Āśram an, statt das Eheleben zu wählen. Amma empfiehlt oft, dass die Menschen, die an einem solchen Leben interessiert sind, zunächst etwa ein Jahr in einem Āśram verbringen sollten, damit sie sehen, wie ihr Mind auf die Regeln und Vorschriften reagiert. Haben sie danach das Gefühl, dass sie über die erforderliche Leidenschaftslosigkeit verfügen, können sie sich dem Ashram vollumfänglich anschließen. Nachdem sie viele Jahre im Āśram gelebt haben, werden viele formell in Brahmacārya eingeweiht und erhalten von Amma gelbe Gewänder. Die Brahmacāris und Brahmacārinīs sind Mönche im Training. Sie leben gemäß strengen Verhaltensregeln, studieren die Schriften und reinigen ihren Mind durch Seva und Meditation.

Abgesehen von Brahmacāris und Brahmacārinīs bietet Amṛtapuri auch ein Zuhause für Hunderte von Familien aus Indien und dem Ausland. Sie haben sich dazu entschlossen, hier zu leben und ihre Kinder aufzuziehen. Einige von ihnen arbeiten außerhalb. Andere widmen sich vollständig den diversen Seva-Projekten und Institutionen des Āśrams. Auch gibt es viele pensionierte Paare im Āśram. Somit haben Gṛhastha Āśrama (Haushälter, Menschen die ein weltliches Leben führen) und Vānaprastha Āśrama (ältere Bewohner, die ihre Zeit nun dem spirituellen Leben widmen) ebenfalls ihren Platz in Amṛtapuri.

Schließlich gibt es noch die Sannyāsins, d.h. frühere Brahmacāris, die gemäß Ammas Anweisung in ein Leben vollkommener Entsagung eingeweiht wurden. Sie folgen nicht länger eigennützigen Motiven, sondern widmen ihr Leben gänzlich der Welt zu dienen. Amma ist der Auffassung, dass ein Sannyāsin das Gelübde ablegen sollte, der Welt selbstlos zu dienen. Von ihm wird erwartet, dass er verstanden hat, dass er nicht der Körper, Mind und Intellekt ist und dadurch fest im Ātman verankert ist. Als Amma im Jahre 2007[15] vor einer Versammlung von Sannyāsins eine Rede hielt, stellte sie ihre Vision von Entsagung vor: „Ein wirklicher Sannyāsin bleibt auch zufrieden, wenn er eine Handlung ausführt. Ātma Samarpaṇam (Hingabe an das Selbst) ist das Geheimnis vom Glücklich-Sein. Das bedeutet, dass ein Sannyāsin fähig sein sollte, ohne Anhaftung zu handeln. Solche Nicht-Anhaftung ist nur durch Hingabe möglich. Ein mitfühlendes Herz, die Bereitwilligkeit, sich selbst darzubringen und das Glück, das aus Entsagung der eigenen Bequemlichkeit zugunsten anderer erwächst, machen die Handlungen eines Sannyāsins besonders und herausragend. Nur ein wirklicher Sannyāsin kann in anderen Menschen eine grundlegende Veränderung bewirken."

---

15 „Die Sannyāsi-Saṅgha" anlässlich des 75. Jubiläum der *Śrī* Nārāyaṇa Guru Dharma Saṅgha *Śivagiri* Pilgerreise, 24.September 2007, *Śivagiri* Math, Varkkala, Trivandrum, Kerala

In der Tat ist Sannyāsa, zumindest als mentaler Zustand, das höchste Ziel spirituellen Lebens. Auch die Menschen der anderen drei Āśramas streben danach. Es ist der Höhepunkt menschlichen Daseins.

Wir sehen also, dass in Ammas Āśram Platz für alle ist, falls man gereift und sachlich an ein einfaches Leben denkt, das dem spirituellen Fortschritt gewidmet ist. Das heißt indessen nicht, dass alle Devotees von Amma in ihrem Āśram leben müssten. Es mag nicht zur jeweiligen Lebenssituation des Einzelnen passen. Es ist eine persönliche Entscheidung. Viel wichtiger, als nach Amṛtapuri umzuziehen, ist es, das eigene Haus zu einem Āśram zu verwandeln. Lebt euer Leben, kommt euren familiären Pflichten nach und reinigt euren Mind, indem ihr Ammas Lehren in die Praxis umsetzt. Behandelt alle eure Familienmitglieder als Verkörperungen Gottes: dient ihnen und liebt sie! Ein solches Zuhause ist wirklich ein Āśram. Amma sagt: „Ein wahrer Gṛhastha ist jemand, der sein Haus (Gṛham) zu einem Āśram macht."

Immer wieder betont Amma, dass es wichtiger ist, sich mental auf sie einzustimmen als ihr physisch nah zu sein. Sie sagt: „Wo wahre Liebe ist, gibt es keine Entfernung. Die Lotusblume ist Millionen Kilometer von der Sonne entfernt, doch scheint die Sonne, so öffnen sich ihre Blütenblätter. Ein Radioprogramm kann man nur empfangen, wenn die richtige Frequenz eingestellt ist, selbst nicht in der Nähe einer Radiostation. Moskitos finden im Euter einer Kuh nur Blut, keine Milch."

Eins von Ammas Geschenken für uns sind die Tausende von Satsang-Gruppen, die es überall auf der Welt gibt. Durch diese Zentren, Āśrams und Wohnungen von Devotees, die als Treffpunkte dienen, können wir regelmäßig Zeit mit gleichgesinnten Menschen verbringen. Wir können Bhajans singen, die göttlichen Namen rezitieren und uns an gemeinnützigen Projekten beteiligen. Dies hilft uns, die Begeisterung und Inspiration in unserer spirituellen Praxis aufrechtzuerhalten. Auch kann uns das in Zeiten persönlicher Schwierigkeiten und Turbulenzen unterstützen. Doch sollten wir uns bewusst sein, dass die Satsang-Gruppen uns dabei helfen, unser Leben an der Wahrheit (Sat) zu orientieren. Es sollten Orte spirituellen Wachstums sein, wo wir uns vom weltlichen Leben erholen können. Klatsch, weltliches Gerede und Konkurrenzdenken sollten wir daher außerhalb dieser Räume lassen.

Außerdem können alle – und in letzter Zeit hat es den Anschein, dass jedermann es tut – Amṛtapuri besuchen. Ein paar Tage, Wochen oder Monate in Ammas Āśram zu verbringen, ist eine wunderbare Möglichkeit, inspiriert zu werden und die eigene Verbindung mit Amma zu stärken. Kommt, bleibt für ein paar Wochen oder Monate, ladet eure spirituelle Batterie auf und dann nehmt Amma und den Āśram mit zu euch nach Hause zurück.

Fünftes Kapitel

Reinigung durch Karma-Yoga

„Selbstloser Dienst ist die Seife, die unseren Mind reinigt"

Amma

Eine Unreinheit ist etwas Fremdes, ein Fremdkörper, der sich in einem ansonsten homogenen Bereich befindet. Menschen können Unreinheiten nicht akzeptieren – weder auf der physischen noch auf der mentalen Ebene. Weist der Körper auf der physischen Ebene einen Makel auf, wird die Hand ganz natürlich dorthin wandern und wiederholt versuchen, diesen zu entfernen. Auf der Ebene des Mindes ist es das Gleiche. Mentale Unreinheit tritt hauptsächlich in Form von Wünschen und Verlangen auf, d.h. in Gestalt unserer Vorlieben und Abneigungen. In seinem wahren ursprünglichen Zustand ist der Mind wie die klare, stille Oberfläche eines Sees oder auch wie ein völlig durchsichtiger Schleier. Die Glückseligkeit des Selbst kann deutlich durchscheinen. Ein Wunsch ist wie ein Felsbrocken, der in den See geworfen wird. Je stärker das Verlangen desto größer ist der „Stein" und desto größer ist die mentale Störung. Eine Möglichkeit, diese Störung zu unterdrücken, ist den Wunsch zu erfüllen. So leben die meisten Menschen. Sie jagen ewig ihren Vorlieben nach und fliehen vor ihren Abneigungen. Sie erkennen die wahre psychologische Motivation hinter ihren Handlungen nicht – sie wollen nämlich nur Frieden erfahren.

Leider ist es unmöglich, wie Amma sagt, einen Wunsch dauerhaft zu entwurzeln, indem man ihn erfüllt. Beseitigt man diese

Unreinheit im Mind durch Wunscherfüllung, wird der Wunsch lediglich kurzfristig außer Kraft gesetzt. Früher oder später kehrt er mit größerer Intensität zurück und verursacht eine noch stärkere mentale Unruhe. Der Kreislauf ist endlos. Amma vergleicht das mit dem Aufkratzen einer juckenden Wunde: Vorübergehend mag man Erleichterung verspüren. Doch schon bald wird das Jucken intensiver, weil eine Infektion hinzu kommt. Oder wir können sagen, dass das Begehren wie ein Tyrann ist, der immer Geld von uns verlangt. Geben wir dem nach, wird er am nächsten Tag wiederkommen und noch mehr einfordern. Anstatt ihn zu besänftigen, sollten wir ihn verjagen. Ebenso sollten wir den innewohnenden Fehler erkennen: Durch die Erfüllung der Wünsche kann kein dauerhafter Frieden erreicht werden. Stattdessen empfehlen die Schriften, Wünsche zu transzendieren.

Die völlige Transzendierung der Wünsche erreichen wir erst mit Mokṣa (Befreiung). An diesem Höhepunkt des spirituellen Lebens begreift man: „Ich bin weder mit dem Körper noch mit dem Mind noch mit dem Intellekt identisch, sondern ich bin das glückselige und ewige Bewusstsein, das mein wirklicher Wesenskern ist.“ Nur diese Einsicht kann die Wünsche und Begierden völlig auslöschen. Die Wurzel der Begierden liegt in der Unkenntnis dessen, wer wir wirklich sind. Solange wir uns mit dem Körper identifizieren, fürchten wir uns vor Krankheit und Tod. Identifizieren wir uns mit Prāṇa (Lebensenergie), die sich in unserem Körper befindet, fürchten wir krank zu werden. Identifizieren wir uns mit dem Mind (Manas) und seinen Vorlieben und Abneigungen, regen wir uns auf, wenn die äußeren Umstände diesen nicht gerecht werden. Und das alles nur wegen einer einfachen Verwirrung, weil wir nicht wissen, wer wir sind. Der Körper, der Mind und der Intellekt (Buddhi) sind alle endlich und begrenzt. Identifizieren wir uns damit, ist es nur natürlich, dass wir uns auch für endlich und begrenzt halten. Wir versuchen dann, die Lage zu verbessern. Wie machen wir das? Wir sehen uns um, entdecken bestimmte Dinge, die wir nicht haben und denken:

„Ach, wenn ich doch nur dies oder jenes hätte!" So beginnt der Teufelskreis. Keine äußere Medizin kann die innere Krankheit heilen; sie kann uns nur kurzzeitige Erleichterung bringen.

Die vollständige Transzendierung kann nur dadurch entstehen, dass wir unsere wahre Natur verstehen. Das ist ein sehr subtiler Prozess. Er kann als solcher nicht in einem Mind stattfinden, der fortwährend von Wünschen und Begierden gestört wird. Dies klingt also nach einer ausweglosen Situation. Als ob uns die Heiligen und Weisen sagen wollten: „Du kannst die Begierden niemals ohne einen friedvollen Mind überwinden." Fragen wir dann, wie wir einen friedvollen Mind kommen, sagen sie uns: „Überwinde deine Begierden." Gibt es Hoffnung für uns? An diesem Punkt kommt Karma-Yoga ins Spiel. Durch Karma-Yoga können wir unsere Vorlieben und Abneigungen zu einem großen Teil überwinden. So bringen wir unseren Mind in einen Zustand, der den subtilen Prozess der Selbsterkenntnis fördert. Dies ist das letztendliche Ziel von Karma-Yoga. Der Nutzen von Karma-Yoga besteht indes nicht nur darin, ein Sprungbrett für die Selbsterkenntnis zu sein. Karma-Yoga hat auch einige unmittelbare Vorteile.

Karma Yoga bedeutet: „Yoga der Handlung."[16] Er ist eine Methode, bei der wir handeln, um unser Eins-Sein mit Ātman (Selbst) zu erkennen. In der Bhagavad Gīta jedoch nennt Śrī Kṛṣṇa dieses Yoga öfters auch Buddhi-Yoga (Yoga des Intellektes). Karma-Yoga basiert nicht auf einer bestimmten Handlung, sondern auf einer speziellen mentalen Einstellung. Jede Handlung – vom Gassi gehen mit dem Hund über die Ausführung religiöser Riten bis hin zum Bau einer Brücke – alles kann, richtig ausgeführt, zu Karma-Yoga werden. Umgekehrt ist selbst das kunstvollste vedische Ritual oder selbstloses Dienen bloß eine Handlung, falls es nicht mit der Karma-Yoga Einstellung ausgeführt wird.

---

16 Das Wort „Yoga" kommt von der Wurzel „yuj" – „sich verbinden". „Karma" bedeutet Handlung.

Zwei Mitglieder einer Oppositionspartei bestiegen einmal ein Flugzeug für einen kurzen Flug in die Hauptstadt. Einer nahm auf dem Fenstersitz Platz, der andere in der Mitte. Kurz vor dem Abflug betrat ein Angehöriger der Regierungspartei das Flugzeug und setzte sich auf den Sitz am Gang. Nachdem das Flugzeug abgehoben hatte, zog er seine Schuhe aus, wackelte mit den Zehen und machte es sich gerade bequem. Der Angehörige der Oppositionspartei, der am Fensterplatz saß, sagte: „Ich denke, ich stehe auf und hole mir eine Cola."

„Kein Problem", sagte das Mitglied der Regierungspartei. „Ich hole es für sie, quasi als Dienst an unserem Land." Sobald er aufgestanden und gegangen war, hob der Oppositionsangehörige den rechten Schuh des Mannes auf und spuckte hinein.

Als der Angehörige der Regierungspartei mit Cola zurückkam, sagte das andere Mitglied der oppositionellen Partei: „Oh, das sieht aber gut aus. Ich denke, ich nehme auch so ein Getränk." Erneut ging das Mitglied der Regierungspartei bereitwillig los, um ein weiteres Getränk im Dienst des Landes zu holen. Wie sollte es anders sein: Sobald er losgegangen war, wurde der andere Schuh hochgehoben und in ihn hineingespuckt. Nach seiner Rückkehr mit dem Getränk lehnten sich alle drei Männer in ihren Sitzen zurück und genossen den kurzen Flug.

Nach der Landung schlüpfte das Mitglied der Regierungspartei wieder in seine Schuhe und merkte sofort, was geschehen war. Mit einem Hauch von Traurigkeit in seiner Stimme sagte er: „Wie lange muss das noch so weitergehen? Dieser Kampf zwischen unseren Parteien? Dieser Hass? Diese Feindseligkeit? Dieses Spucken in Schuhe und das Urinieren in Getränke?"

Von diesem Witz können wir lernen, dass wir so lange ein beschränktes Verständnis einer Handlung haben, solange wir nicht die Gesamtsituation sehen. So kann nur festgestellt werden, ob eine Handlung Karma Yoga war oder nicht, wenn wir die mentale Einstellung und wahre Motivation kennen, mit der etwas getan wurde.

Amma erinnert uns immer daran, dass Ergebnisse von einer Menge Faktoren abhängig sind. Unsere Handlungen sind nur einer davon. Der Karma Yogi akzeptiert dies, konzentriert sich auf sein Handeln und wartet gelassen auf deren Ergebnisse – egal, wie sie ausfallen. Eine solche Haltung ist es, zu der Śrī Kṛṣṇa Arjuna rät, wenn er sagt:

karmaṇyevādhikāraste mā phaleṣu kadācana

„Strebe danach, deine Pflicht zu erfüllen; aber erhebe keinen Anspruch auf ihre Früchte"

Bhagavad Gīta, 2.47

Die unbestreitbare Logik der Aussage wird uns beim genaueren Nachdenken klar. Falls wir unser Leben danach ausrichten, offenbart dieser Vers eigentlich mehr smarten Pragmatismus als spirituelle Schau.

Wir nehmen ein Vorstellungsgespräch als Beispiel. Wochenlang können wir für das Gespräch üben, da uns ein Freund die üblichen Fragen stellt und wir so unsere Antworten immer weiter verfeinern. Wir haben die völlige Kontrolle darüber, welchen Anzug wir tragen und welche Krawatte wir dazu auswählen. Wir können unser Lächeln im Spiegel trainieren, einen kräftigen Händedruck einüben, ein Paar Schuhe für 300 Euro kaufen und für 100 Euro zum Friseur gehen. Auf der Handlungsebene können wir planen, überlegen und berechnen, so viel wir wollen; wir haben mehr oder weniger die absolute Kontrolle. Sogar nachdem der Personalchef begonnen hat, uns zu befragen, haben wir noch immer die Kontrolle darüber, wie wir antworten. Sobald wir jedoch zu sprechen beginnen, haben wir über das Geschehen keine Kontrolle mehr. Die Handlung wird jetzt nicht mehr nur von uns gesteuert. Wir unterliegen den Gesetzen von Ursache und Wirkung, wie sie von den universalen Kräften gesteuert werden. Der Personalchef kann in guter oder schlechter Stimmung sein, je nachdem wie seine vorherigen Begegnungen verlaufen sind.

Unsere Antworten können gute oder schlechte Erinnerungen in seinem Mind auslösen. Alles ist möglich. Verlassen wir das Büro, ist es sinnlos, sich um das Ergebnis zu sorgen. Wir haben keine Kontrolle darüber. Auch das Nachgrübeln, wie unsere Antworten wohl beurteilt wurden, hat keinerlei Einfluss darauf, wie der Personalchef uns tatsächlich wahrgenommen hat.

Haben wir einmal verstanden, dass wir zwar unsere Handlungen kontrollieren können, nicht aber ihre Ergebnisse, sollten wir uns keine Sorgen mehr darüber machen. Wir konzentrieren uns nur noch darauf, alles so gut wie möglich zu machen. So eine Person ist ein Karma Yogi. Er geht relativ gelassen durchs Leben und bleibt friedvoll im gegenwärtigen Moment.

Die Einstellung beim Karma Yoga

Ein schöner Aspekt vom Karma-Yoga ist, dass man es in verschiedenen, leicht unterschiedlichen Variationen durchführen kann. So lange das essenzielle Prinzip – „Tue dein Bestes und akzeptiere den Rest“ – nicht verändert wird, können wir unser Konzept modifizieren, so dass es für unseren Mind passt. Eine populäre Einstellung ist, Gott oder den Guru als Meister zu betrachten und uns als den Diener. Doch für Karma-Yoga braucht man noch nicht einmal an Gott zu glauben. Solange man die grundlegenden Gesetze des Handelns akzeptiert – wir haben Kontrolle über das, was wir tun, doch wir haben keine Kontrolle über die Ergebnisse unserer Handlungen. Wenn man das akzeptiert, kann sogar ein Atheist Karma-Yoga ausführen. Wie Amma sagt: „Es ist nicht wichtig, ob jemand an Gott glaubt oder nicht, solange er oder sie der Gesellschaft angemessen dient.“ So lange unsere innere Haltung unseren Fokus weg von den Ergebnissen hin zum Handeln lenkt, werden die Vorteile von Karma-Yoga uns erreichen. Innerhalb dieser Parameter sind wir frei, unser Konzept zu wählen.

Wir wissen, dass Amma in ihrer Kindheit alle Arbeiten im Haushalt Śrī Kṛṣṇa[17] weihte. Auf diese Weise verrichtete sie jede Handlung mit Liebe, Sorgfalt und Hingabe, gleich ob es sich nun um Kochen, Fütterung der Tiere oder eine andere Aufgabe handelte. Ich erinnere mich an einen Vorfall vor ein paar Jahren, als Amma einem neuen Brahmacāri half, diese Einstellung zu entwickeln. Eines Tages erzählte er Amma während des Darśans von seinen verschiedenen Seva-Aktivitäten. Da Amma ihn nicht ausdrücklich zu diesen Sevas aufgefordert hatte, wollte er nun sicher gehen, dass alles ihrem Willen entsprach. Amma gab ihm eine bestätigende Antwort und fügte explizit hinzu: „Ich war es, die dich angewiesen hat, all diese Dinge zu tun." Nach diesem Darśan erkannte er, dass die verschiedenen Arbeiten direkt von Amma selbst zu ihm gekommen waren. Daher konnte er sie nun mit der richtigen inneren Haltung durchführen.

Die Bhagavad Gīta betont die Einstellung des Karma-Yogis, alle Handlungen als ein Yajña anzusehen – eine Darbringung für Gott. Dadurch bedanken wir uns für alles, was Er uns im Leben gegeben hat. Beim Nachdenken darüber wird uns klar, wie viel Gott uns gegeben hat. Dennoch halten wir dies normalerweise für selbstverständlich.

Unser Körper, unsere Familie, Haus, Mind, Sinnesorgane, sogar das gesamte Universum sind Gottesgaben, mit denen Er uns gesegnet hat. Indem wir unsere Handlungen als Yajña ausführen, kennen wir diese Wahrheit an.

Ein Devotee erzählte mir von einem Vorfall, der das veranschaulicht. Nach einer Operation verbrachte er eine Woche im Krankenhaus. Als er entlassen wurde, schaute er auf seine Rechnung. Einer der Rechnungsposten über 1500 Dollar – war für

---

[17] Amma sagt, seit ihrer Geburt hatte sie die Überzeugung, dass ihr wahres Wesen ewig seliges Bewusstsein ist. Die eigentliche Motivation hinter der Ausübung ihrer spirituellen Praxis – ob es nun Karma-Yoga, Meditation, oder Kontemplation ist – war und ist, anderen ein Beispiel zu geben.

den Sauerstoff. Er sagte zu mir: „Swamiji, nie war mir bewusst, dass Luft so teuer ist! Ich habe sechzig Jahre lange 24 Stunden am Tag geatmet, doch Gott hat mir immer noch keine Rechnung geschickt!" Tatsache ist, dass alle fünf Elemente – Äther/Raum, Luft, Feuer, Wasser, Erde – Gott alleine gehören. Durch die innere Haltung des Karma-Yoga erkennen wir dies an und verrichten unsere Handlungen als kleine Zeichen unserer Dankbarkeit für alles, was Gott uns gibt.

Traditionell ist Yajña eine Art der Verehrung, bei der man dem Göttlichen oder Gott verschiedene Opfergaben darbringt. Entweder opfert man sie in ein Feuer oder legt sie zu Füßen eines Idols oder eines Bildes. Ist das Yajña beendet, wird ein Teil der geopferten Gaben als Prasād verwendet (geweihte Gabe). Dadurch werden wir dazu geführt, all unsere Handlungen als Yajña anzusehen. Dementsprechend betrachten wir dann alle Ergebnisse unserer Handlungen als Prasād, Gottes Gabe. Amma sagt, dass die wahre Verehrung Gottes sich nicht darauf beschränkt, in einem Pūja-Raum zu sitzen und einem göttlichen Bild oder Idol zwanzig Minuten täglich Blumen darzubringen. Das ganze Leben muss zur Verehrung werden. Die Verehrung im Pūja-Raum ist nur Symbol dafür, wie das gesamte Leben jedes Menschen aussehen sollte. Bei einer Pūja findet sozusagen alles in kleinem Rahmen statt. Der alles durchdringende, allmächtige Gott wird auf ein kleines Standbild reduziert. Das Darbringen unserer Handlungen wird durch die Darbringung von Blumen symbolisiert. Die lebenslange Verehrung wird dadurch ausgedrückt, dass wir ein paar Minuten lang konzentriert und hingebungsvoll handeln. Amma sagt: „Euer Herz ist der wahre Tempel. Dort müsst ihr Gott einen Platz einrichten. Gute Gedanken sind die Blumen, die ihm dargebracht werden. Gute Taten sind die Verehrung. Gute Worte sind die Gesänge. Liebe ist das göttliche Geschenk." Betrachten wir alles, was wir im Leben empfangen als Prasād von Gott, gibt es keinen Platz für Stress, Angst oder Aufregung während dem Handeln. Wir werden bei allem, was uns im Leben widerfahren mag, niemals deprimiert werden. Wir finden Frieden darin es zu akzeptieren: Alles was ich bisher empfing, war ein kostbares Geschenk von Gott. Genauso ist es mit allem, was ich jetzt und zukünftig empfangen werde.

Intellektuell geneigte, spirituelle Sucher sollten verstehen, dass wir auf dem Pfad der Selbstverwirklichung alle Vorlieben und Abneigungen überwinden müssen, dies ist eine Notwendigkeit. Indem der Suchende die Logik dahinter rational akzeptiert, verlagert er seinen Fokus von den Ergebnissen auf die Handlungen, selbst dadurch kann er seinen Mind von Wünschen und Begierden reinigen.

Eine weitere innere Haltung, die Amma oft erwähnt, besteht darin, uns selbst nicht als Handelnder, sondern als Instrument zu betrachten. In diesem Zusammenhang sagt Amma: „Wir sollten uns als Instrumente in den Händen Gottes betrachten, so wie den Stift in den Händen eines Schreibers und den Pinsel in den Händen eines Malers. Wir beten: ‚Oh Herr, lass mich ein reines und immer reineres Instrument in deinen Händen werden.“ Ein Instrument hat keine eigene Meinung, auch kein eigenes Verlangen. Es tut nur das, was der Benutzende wünscht. Lenkt uns Gott, wird es unser einziger Wunsch sein, im Einklang mit dem Dharma zu leben. Wir führen die Handlungen aus, die vom Guru und den Schriften empfohlen werden und unterlassen die verbotenen. Egal wie unsere Haltung auch sein mag, wenn wir aufrichtig sind, wird sich sofort ein gewisses Maß an innerer Gelassenheit einstellen. Daher sagt Śrī Kṛṣṇa zu Arjuna bezüglich Karma-Yoga:

samatvaṁ yoga ucyate

„(Karma-)Yoga ist Gelassenheit“

Bhagavad Gīta 2.48

Dank solcher Einstellung jagt der Mind eines Karma-Yogi nicht länger hinter Sinnesobjekten her oder flüchtet vor ihnen. Das versetzt ihn in die Lage, das Leben klarer zu sehen, seine

Erfahrungen zu überdenken, zu bewerten und rational zu analysieren. Dann werden sich ihm bestimmte Wahrheiten ganz von selbst offenbaren. Wo immer er auch hinblickt, was immer er auch tut, wo immer er auch hingeht, wird er diese Wahrheiten sehen. So eine Erfahrung wird einen radikalen und bleibenden Eindruck auf sein Denken ausüben.

Die Natur der Dinge

Was sind nun einige dieser ungeschminkten Wahrheiten? Zunächst erkennen wir, dass der Erwerb aller Dinge dieser Welt mit Schmerz verbunden ist – wenn wir die Dinge bekommen, sie behalten und natürlich auch verlieren. Zweitens wird uns klar, dass alle Objekte das Potenzial haben, von ihnen abhängig zu werden. Schließlich verstehen wir, dass kein Objekt wahre immerwährende Zufriedenheit geben kann. Dies sind die drei grundlegenden Mängel beim Versuch, Glück durch äußere Objekte zu finden.

Um etwas zu erreichen, ist ein gewisses Maß an Bemühung erforderlich. Je höher das Ziel, desto schwieriger der Weg. Zum Beispiel – nehmen wir etwa die Wahl eines führenden Politikers eines Landes. Neben all der Arbeit, die bereits die bloße Kandidatur mit sich bringt, muss er verreisen, Reden vorbereiten, geduldig sein und sich angemessen verhalten. In manchen Ländern muss man debattieren, Hände schütteln und sogar Babys küssen. Zudem ist es notwendig, bei jedem Wort und jeder Handlung achtsam zu sein, denn selbst der kleinste Ausrutscher kann den guten Ruf zerstören, Presse und die anderen Kandidaten warten nur darauf. Unlängst erzählte mir ein Politiker, dass manche Kandidaten auf Tabletten zurückgreifen müssen, um dem anstrengenden Zeitplan gerecht zu werden! Es gibt also definitiv Mühe und Schmerz auf dem Weg zum Ziel. Hat man das Glück gewählt zu werden, muss man gar noch smarter sein: Kriege, wirtschaftliche Probleme, zivile Unruhen, das Budget... Alle ihre Entscheidungen werden analysiert, überprüft und die Opposition ist immer bereit, denjenigen des Amtes zu entheben. Wenn sie während der Wahl kein Magengeschwür bekommen haben, wird ihnen sicherlich der Kampf um die Aufrechterhaltung des Amtes ein solches bereiten. Naht das Ende der Amtszeit muss man sein Büro wieder verlassen und man ist ungeachtet all der durchgestandenen Kämpfe deprimiert. Es muss kein Ministerium oder keine Präsidentschaft sein, oftmals fällt es den Menschen schon schwer, die Arbeit aufzugeben, um in Rente zu gehen. Sie vermissen die Zweckerfüllung und den Sinn, die ihnen ihre Arbeit gegeben hat. Somit gibt es auch beim Verlieren Schmerzen.

Die nächste Wahrheit ist, die wir durch Karma Yoga und unser erhöhtes Maß an Selbstreflexion erkennen ist: nichts, was wir erreichen, stellt uns wirklich zufrieden. Ist es nicht so, dass wir, sobald wir eine Gehaltserhöhung erhalten, schon an die nächste denken? Früher waren wir mit Kassettenrekordern zufrieden. Danach waren es CD-Player. Dann MP3-Player; danach war es der iPod... iPod Touch... iPhone! Sicherlich wird es bis zum Erscheinungsdatum dieses Buches schon wieder etwas ganz anderes geben. Nichts gegen Technologie und wissenschaftlichen Fortschritt. Das ist nicht der Punkt. Es geht darum, dass wir immer glauben, die Zufriedenheit wartet hinter der nächsten Ecke – nachdem wir unseren Kaffee bekommen haben, die Gehaltserhöhung, die Frau, das Kind, das Traumhaus, die Rente usw. Doch das ist eine Illusion. Kein Ding kann uns immerwährend zufrieden stellen.

Kürzlich habe ich einen Aufsatz von einem Mann gelesen, der gerade seine Auto-Besessenheit überwunden hatte. Er schilderte, wie er nach dem Kauf eines bestimmten Autos diesem einen neuen Anstrich verpasste und ihn mühsam auf Hochglanz polierte. Dann wiederholte er den Vorgang. Das Auto sah noch besser aus. Er machte es erneut und bemerkte definitiv eine Verbesserung. Er beschloss, eine dritte Schicht aufzutragen... eine vierte... eine fünfte... eine sechste... Nach zweiunddreißig Farbschichten wurde dem Mann schließlich klar, dass er auf dem falschen Weg war. Es konnte kein Ende geben. Mit jeder Farbschicht erstrahlte das Auto herrlicher in der Sonne. Er fragte sich: „Wenn 32 Farbschichten so gut aussehen, wie würden dann 132 aussehen?“ Er erkannte, dass er zwei Optionen hatte: sein Leben zu leben mit dem Ziel das Unmögliche zu erreichen oder das Auto zu verkaufen.

Das Bewusstsein, das durch Karma-Yoga entsteht, hilft uns zu erkennen, wie sinnlos es ist, Zufriedenheit durch materiellen Erfolg und Errungenschaften zu suchen. Manche erkennen dies nach zwei Schichten Farbe, andere nach 27, wieder andere tragen bis zu ihrem Tode immer weitere Schichten auf – nur um in ihrem nächsten Leben damit fortzufahren.

Schließlich hilft uns Karma-Yoga zu erkennen, wie leicht wir abhängig von Objekten werden – sei es Kaffee, Fernsehen, Internet, Handy, Smartphone oder Pizza ... Es ist wirklich so, wie das Sprichwort besagt: „Zuerst gehörte es mir; dann gehörte ich ihm.“

Einst lehrte ein Guru einen Schüler die wahre Natur von Besitz. Er sagte: „Du magst glauben, ein bestimmtes Ding oder eine Person zu besitzen. Doch gleichzeitig besitzt das Ding oder die Person dich.“ In der Nähe hielt ein Kuhhirte ein Kalb an der Leine. Der Guru ging hinüber und befreite das Kalb, welches sofort weglief. Der geschockte Kuhhirte rannte dem Kalb hinterher. Der Meister sagte: „Siehst Du? Wer ist an wen gebunden? Die Kuh war mit der Leine an den Kuhhirten gebunden, doch der Kuhhirte ist durch seine Anhaftung an die Kuh gebunden.“

Bei Alkohol und Drogen wird es natürlich ganz offensichtlich. Der Trinker verliert garantiert seine Fähigkeit, auch ohne Alkohol glücklich zu sein. Sogar Beziehungen können das gleiche bewirken. Wie oft haben wir jemanden am Ende einer Beziehung sagen hören: „Ich kann einfach nicht ohne sie/ihn leben!“

Erkennen wir, dass alles in dieser Welt egal ob Mensch oder Objekt, uns nicht dauerhaft glücklich machen kann, erkennen wir dies, dann verliert alles seinen Glanz, ganz von selbst. Vedānta nennt diese Erkenntnis Vairāgya (Leidenschaftslosigkeit). Wie im dritten Kapitel bereits beschrieben, ist dies eine unverzichtbare

Eigenschaft für jemanden, der Selbstverwirklichung erreichen möchte. Wie können wir meditieren, die Schriften studieren und uns in Kontemplation üben, wenn unser Mind von den Objekten der Welt besessen ist? Solange wir nicht leidenschaftslos gegenüber den Objekten der Welt sind, suchen wir niemals nach der wahren Quelle des Glücks. Erst wenn wir des Vergänglichen überdrüssig sind, beginnen wir mit der Suche nach dem Ewigen.

Das Erwachen und Erkennen sowie die Auswirkung auf die Persönlichkeit wird in einem von Amma komponierten Bhajan namens " Īśvarī Jagadīśvarī" schön beschrieben:

Ich habe erkannt,
dass dies Leben der weltlichen Freuden voller Leid ist.
Lass mich nicht leiden,
indem du mich gleich einer Motte ins Feuer fällen lässt.

Was heute sichtbar ist,
ist morgen nicht mehr da.
Verkörperung des Bewusstseins,
oh dein göttliches Spiel!
Was in Wahrheit existiert,
kann nicht zerstört werden.

Was Zerstörung erfährt,
existiert nicht wirklich.
Bitte sei so gütig und zeige mir den Weg zur Befreiung,
oh Ewige Göttin!"

Als spirituell Suchender sollte unser Vairāgya (Leidenschaftslosigkeit) intensiv sein. Um dies zu veranschaulichen, schrieb ein Heiliger aus dem 13. Jh. namens Jñāneśvar in seinem Kommentar zur Bhagavad Gīta: „Wir sollten gegenüber Sinnesfreuden die gleiche Leidenschaftslosigkeit entwickeln, wie wir sie hätten, wenn wir eine Schlange als Kopfkissen verwenden, in die Höhle eines Tigers eintreten oder in eine Grube aus geschmolzenem Eisen springen würden." Das sind nur die weniger drastischen Beispiele! Es geht darum, Sinnesfreuden auf dieser Stufe des spirituellen Lebens nicht nur als sinnlos, sondern als tödlich zu betrachten.

Gemäß den Schriften entsteht richtiges Vairāgya nur dann, wenn wir verstehen, dass die Fehler der Sinnesobjekte, die wir bisher erlebt haben, auch auf alle anderen zutreffen, die wir noch nicht erlebt haben. Man muss nicht einen ganzen Korb voller roter Chilischoten essen, um zu lernen, dass alle Chilischoten scharf sind!

Einst wurde ein Prinz zum König gekrönt. Bei seiner Krönung ernannte er sofort seinen langjährigen intelligenten Freund zum Minister. Der erste Auftrag, den er ihm erteilte, war die Erstellung einer geschichtlichen Analyse. Der Minister machte sich sofort an die Arbeit. Zehn Jahre später kehrte er mit einer 50-bändigen Buchreihe zurück, die alle bekannten Ereignisse seit dem Beginn der Menschheit detailliert beschrieb und kommentierte. Der König befand sich zu diesem Zeitpunkt gerade mit der Königin in seinem Lustgarten und wurden von den besten Musikern des Landes unterhalten. Er warf einen Blick auf die 50 Bände, verzog das Gesicht und sagte: „Das ist zu viel. Kannst du es bitte kürzer fassen?"

Der Minister stimmte zu und verließ den König. Zehn Jahre später kehrte er zurück, diesmal mit einer 10-bändigen Sammlung. Doch der König war erneut sehr beschäftigt, da vor kurzem eine Epidemie das Land heimgesucht hatte und er voll damit beschäftigt war, die Situation zu beheben. „Oh, ich bin so beschäftigt!", sagte er zum Minister „und es ist immer noch so lang. Kannst du es nicht noch weiter kürzen?"

Der Minister stimmte erneut zu und nahm Abschied. Fünf Jahre später kehrte er erneut zurück. Diesmal hatte er nur ein einziges Buch bei sich. „Hier ist es", sagte er, „ein Band, der nur die grundlegende Struktur der menschlichen Geschichte enthält." Aber kürzlich war es zu einer Auseinandersetzung zwischen zwei Gruppen von Untertanen gekommen und der König war damit beschäftigt, das Problem zu lösen. Er schaute zuerst das dicke Buch an, dann seinen Freund und sagte: „Ich bitte um Verzeihung, doch es ist immer noch zu viel. Ich habe einfach keine Zeit. Bitte versuche, es weiter zu kürzen."

Ein Jahr später hatte der Minister die Aufgabe abgeschlossen. Irgendwie hatte er die Geschichte auf ein einziges Kapitel reduziert. Doch als er den Palast erreichte, sah er, wie der König sich für einen Kampf vorbereitete. Ein benachbartes Königreich war in ihr Territorium eingedrungen. „Keine Zeit", sagte der König, als er losgaloppierte. „Versuche es noch mehr zu kürzen!"

Eine Woche später machte sich der Minister auf den Weg zum Lager des Königs, das sich ungefähr eine Meile hinter der Frontlinie befand. Dort fand er den König vor, der tödlich verletzt im Sterben lag. Der Minister schaute auf seinen sterbenden Freund, der so zerbrechlich und vom Leben gezeichnet aussah und sagte: „Ich habe es geschafft, Herr. Ich habe es auf eine Seite reduziert."

Der König schaute zu seinem Minister empor und sagte: „Es tut mir leid, mein guter Freund, aber ich werde jeden Augenblick sterben. Bitte, schnell bevor ich sterbe, nenne mir die Essenz, die du aus all den Jahren des Studiums gezogen hast."

Der Minister nickte zustimmend und sagte mit einer Träne im Auge: „Die Menschen leiden."

Die Geschichte bezeugt diese Wahrheit. Niemals hat jemand etwas erreicht, ohne zuvor den Schmerz des Kampfes durchzustehen. Kein Sinnesobjekt hat jemals irgendeinem Menschen dauerhafte Zufriedenheit gegeben. Niemand hat jemals Freude durch ein Objekt erlebt, ohne Gefahr zu laufen davon abhängig zu werden. Manche von uns lernen diese Lektion rasch, andere brauchen dazu mehr als nur ein Leben.

Sie versuchen, durch die Schule Zufriedenheit zu erreichen und es funktioniert nicht. Dann versuchen sie, Zufriedenheit durch eine Karriere zu erreichen und auch das funktioniert nicht. Sie versuchen dann, Zufriedenheit durch die Ehe zu erlangen und natürlich funktioniert das auch nicht. Danach denken viele immer noch, es liegt nur daran, dass sie nicht den richtigen Ehepartner gefunden haben! Also heiraten sie ein zweites Mal, ein drittes Mal, ein viertes Mal. Einige gehen sogar durch verschiedene Länder auf der Suche danach - amerikanischer Ehepartner, indischer Ehepartner, deutscher Ehepartner, japanischer Ehepartner. Die Heiligen und Weisen sagen uns indessen: „Heirate, wenn du willst, aber suche darin nicht Zufriedenheit. Es gibt nichts in den drei Welten, was dich dauerhaft zufrieden stellen kann. Dazu musst du dich nach innen wenden."

Wie bereits im vorherigen Kapitel kurz erwähnt, geht es beim Überwinden unserer Vorlieben und Abneigungen nicht um Unterdrückung. Die Heiligen und Weisen wissen, dass Unterdrückung niemals funktioniert. Sie führt nur irgendwann zu einem Zusammenbruch. Unsere Überwindung muss durch richtiges Verständnis kommen - auch bekannt als Veredlung.

Einst ging ein spiritueller Anfänger zu seinem Guru und gestand ihm, an Frauen zu denken. Jedes Mal während der Meditation tauchten Visionen verschiedener Models und Filmstars in seinem Kopf auf. Er war sehr verzweifelt. Der Guru hörte still zu, während der Schüler ihm sein Leid klagte, sagte aber nichts. Am nächsten Tag rief der Guru den Schüler jedoch zu sich und übergab ihm etwas Dünnes, das in Zeitungspapier eingehüllt war. Er wies seinen Schüler an, es mit auf sein Zimmer zu nehmen und den Gegenstand links neben das Altarbild zu stellen. Der Schüler verabschiedete sich dann vom Guru um seinen Anweisungen zu folgen. Als er jedoch den Gegenstand auspackte, sah er, dass es das Bild einer schönen und verführerischen Frau war! Er war schockiert, lief gleich zum Guru und sagte: „Was soll das? Ich öffne mein Herz und gestehe dir ein sehr ernstes Problem und du machst dich über mich lustig, indem du mir dieses Foto gibst! Was soll das hier?"

Der Guru reagierte jedoch nicht. Er schloss einfach seine Augen und meditierte. Der Schüler war irritiert, jedoch beruhigte er sich langsam. Nach einer Weile dachte er: „Nun, mein Guru ist ein selbstverwirklichter Meister. Er würde mich niemals in die Irre führen. Vielleicht steckt etwas dahinter." So stellte er das Bild auf seinen Altar.

Beim Meditieren standen jetzt zwei „Götter" vor ihm: der unendliche Gott und ein Filmstar. Er meditierte öfter über die Frau, als ihm lieb war. Er stellte sich vor, mit ihr zu verreisen, zu lachen, ihr sein Herz auszuschütten und sie zu heiraten. Jeden Tag gab es ein neues Abenteuer und er freute sich immer mehr auf seine Meditation.

Aber eines Morgens, als er und seine frisch angetraute Braut am Strand spazieren gingen, wurde ihre Aufmerksamkeit plötzlich von einem gutaussehenden Fremden angezogen! Bald darauf liefen die beiden davon und ließen unseren jungen Schüler allein zurück. Er versuchte sie anzurufen, doch sie ging nicht ans Telefon. Sein Herz war gebrochen und er fühlte sich erbärmlich. Schließlich kontaktierte sie ihn... mit einer Scheidungsklage! Er stellte sich vor, wie die Gerichtsverhandlungen abliefen und wie sie ihm alles nahm. Am Ende war er mittellos, emotional stört und allein. Der Schüler öffnete seine Augen und kehrte zur Realität zurück. Da starrten ihn die beiden nebeneinanderstehenden Idole auf seinem Altar an. Nun verstand er die Vollkommenheit und Selbstlosigkeit göttlicher Liebe und die Selbstsucht weltlicher Liebe. Er erkannte, dass sich der Meister mit dem Foto nicht über ihn hatte lustig machen wollen, sondern auf tiefster Ebene Mitgefühl zeigte. Der Schüler eilte zu seinem Guru und verneigte sich zu seinen Füßen.

Der Guru wollte nicht, dass der Schüler seine Gedanken an Frauen unterdrückt. Er wollte, dass der Schüler sie durch das richtige Verständnis der weltlichen Liebe überwand. Indem er ihn die Fotos nebeneinanderstellen ließ, leitete er den Vergleich und schließlich den Gleichmut im Mind des Schülers hervor.

Der Schüler in der Geschichte war tatsächlich weit entwickelt. Er war in der Lage, durch reine Kontemplation Leidenschaftslosigkeit zu entwickeln ohne seine Begierden zu erfüllen. Viele von uns sind jedoch noch nicht so weit. Wenn Wünsche, Verlangen auftauchen, sollten wir versuchen, sie durch die eigene Unterscheidungskraft zu negieren. Jedoch wenn sie hartnäckig bleiben, müssen wir ihnen möglicherweise nachgeben. So lange sie mit dem Dharma in Einklang sind, ist daran nichts Falsches. Gibt man dem Begehren nach, sollte man sich bewusst die Begrenzungen des begehrten Gegenstandes vor Augen führen und dadurch die mentale Stärke entwickeln, ihn zu überwinden. Wenn dies Verständnis klar in uns verankert ist, endet die Anziehung gegenüber weltlichem Vergnügen ganz natürlich. Wie Amma sagt: „Du badest nicht ewig im Fluss; du badest darin, um frisch und sauber herauszukommen."

Hierzu gibt es einen Vers aus der Muṇḍaka Upaniṣad:

parīkṣya lokān karma-citān
brāhmaṇo nirvedamāyāstyakṛtaḥ kṛtena

„Nachdem man die Mängel von allem, was durch Handeln erworben werden kann, untersucht und erforscht hat, versteht man die Wahrheit, dass durch Handeln nichts Ewiges erreicht werden kann. Ein weiser Mensch sollte daher das selbstsüchtige Handeln aufgeben"

Muṇḍaka Upaniṣad 1.2.12

Bis wir diese Klarheit erlangen, sagen uns die Heiligen, dass wir die Welt testen sollen. Gehe hinaus und untersuche die Freuden und Annehmlichkeiten der Welt, sieh, was sie dir bieten kann. Erlebe es selbst. Doch sobald du die Mängel im Erreichen von Glück durch weltliche Dinge verstehst, begreife, dass alles in der Welt die gleichen Mängel hat. Es ist nicht notwendig, sie alle auszuprobieren! Hör also auf, Handlungen auszuführen, um Glück zu erlangen und strebe stattdessen danach, das Selbst zu erkennen – die wahre Quelle aller Freude. Danach werden immer noch Handlungen ausgeführt (wir müssen schließlich essen, oder?), aber in unserem Mind trennen wir die Verbindung zwischen Handlung und Glück. Dadurch bewegen wir uns von selbstsüchtigen Handlungen zu selbstlosen.

Karma-Yoga Vorteile

Das Hauptziel von Karma-Yoga ist, Leidenschaftslosigkeit gegenüber den weltlichen Objekten und das innere Feuer für die Verwirklichung des Selbst zu entfachen. Wie jedoch schon vorher in diesem Kapitel erwähnt, hat Karma-Yoga ein paar ganz eigene Vorteile. Es ist eine vorteilhafte Einstellung, selbst für sogenannte „nicht-spirituelle" Menschen.

Der erste Vorteil von Karma-Yoga ist, dass es uns tatsächlich dabei hilft, unsere Handlungen besser auszuführen. Nehmen wir das Beispiel des Vorstellungsgesprächs, mit dem wir das Kapitel begonnen haben. Da ein Karma-Yogi versteht, dass er nur sein Handeln, nicht aber das Ergebnis kontrollieren kann, ist er während dem Handeln völlig konzentriert, was in diesem Fall heißt: die Fragen anhören, darüber nachdenken und antworten. Es ist offensichtlich, dass eine Person mit ungeteilter Aufmerksamkeit viel besser abschneidet als eine Person, deren Aufmerksamkeit geteilt ist. Da der „Nicht-Karma-Yogi" sich darum sorgt, wie seine Antwort auf die erste Frage gewirkt haben mag, kann er sich nicht richtig auf die zweite Frage konzentrieren.

Diese Idee hat in der Welt des Sports großen Anklang gefunden. Im Jahre 2000 schrieb ein Sportpsychologe namens H.A. Dorfman ein Buch mit dem Titel: Das mentale ABC des Aufschlags: Ein Handbuch zur Leistungsverbesserung. Es wurde von professionellen Baseballspielern gelesen und sehr gelobt. Dorfman schreibt, dass man beim Aufschlag nur an drei Dinge denken sollte: an die Art des Aufschlages, den Ort des Wurfes und den Fanghandschuh des Fängers, d.h. das Ziel. Treten andere Gedanken auf, sollte er innehalten und einen Moment lang seine Gedanken ordnen, bevor er fortfährt. Dorfman folgert daraus, dass ein Ballwerfer seine Würfe nicht danach beurteilen soll, wie gut die Schläger seine Würfe getroffen haben, sondern ob er selbst die Würfe ausführte, die er werfen wollte.

Warum verkrampfen die Leute im Sport? Weil sie die Möglichkeit in Betracht ziehen zu verlieren. Die meisten von uns können sich an eine Situation in unserer Kindheit erinnern, in der wir ein Spiel spielten und der letzte entscheidende Zug bei uns lag und wir in Panik gerieten und versagten. Basketball liefert uns eines der besten Beispiele. Wird ein Spieler beim Basketball gefoult, bekommt er oftmals zwei oder drei Freiwürfe. Für einen professionellen Basketballspieler ist ein Freiwurf etwas relativ Einfaches. Er bekommt zwei Freiwürfe aus einer Entfernung von viereinhalb Metern, steht direkt gegenüber dem Korb und hat niemanden vor sich, der ihm den Weg versperrt. Der Durchschnitt in der NBA (National Basketball Association) liegt bei 75 Prozent. Doch wie sieht es in Situationen aus, bei denen der Werfer unter hohem Druck steht? Zum Beispiel in den letzten zwei Minuten des Spiels, wenn keine der beiden Mannschaften mehr als 3 Punkte in Führung liegt. Der Druck fühlt sich viel höher an. Warum? Es ist immer noch genau der gleiche Wurf. Nichts sollte anders sein. Doch erlauben wir dem Mind, sich über die Bedeutung des Wurfes, statt über den Wurf an sich zu denken, dadurch wird unsere Performance darunter leiden. Die Statistik zeigt, dass der NBA-Durchschnitt (2003-2006) in solchen Stresssituationen um 2,3 Prozent sinkt. Kurz gesagt: Wir zeigen eine bessere Leistung, konzentrieren wir uns auf die Handlung und nicht auf das Ergebnis.

Das bedeutet nicht, dass wir die Ergebnisse ignorieren sollten. Das Ergebnis sollten wir ruhig und logisch bewerten. Anhand unserer Bewertung – was lief schlecht, was lief gut, etc. – können wir dann beim nächsten Mal unsere Handlungen anpassen.

Ein anderer Vorteil von Karma-Yoga ist, dass es uns wirklich dabei hilft, das Leben zu genießen. Wir handeln ja mehr oder weniger ständig. Die besten Ergebnisse dieser Handlungen zeigen sich jedoch nur gelegentlich. Wenn wir uns auf die Handlung konzentrieren, können wir die Handlung selbst genießen - den Frieden und die Freude eines Minds, der in seiner Aufgabe aufgeht. Nehmen wir als Beispiel das Geschirrspülen, wenn unsere mentale Konzentration darauf ausgerichtet ist, dass alle Teller sauber und trocken und wieder im Schrank sind, werden wir nur dann Freude empfinden, wenn der letzte saubere und trockene Teller an seinem richtigen Platz steht. Konzentrieren wir uns jedoch auf die Handlung, genießen wir die gesamte Dauer der Aufgabe. Ich bin sicher, dass wir schon alle dies erfahren haben. Sind wir jedoch bedacht fertig zu werden, wird die Aufgabe zur lästigen Pflicht. Geben wir uns dem Moment hin, wird alles zu einer beglückenden Erfahrung - sei es das Geschirrspülen, das Graben eines Grabens oder das Bügeln von Kleidung.

In diesem Zusammenhang ist es erwähnenswert, dass selbst beim Genießen der Sinnesfreuden, die das Leben uns bietet, wir zumindest eine relative Kontrolle über unsere Wünsche entwickeln müssen. Andernfalls kann beim Genuss einer Sinnesfreude das Verlangen nach einer anderen unsere Aufmerksamkeit ablenken und die Intensität unseres Genusses mindern. Betrachten wir zum Beispiel ein Hochzeitsessen. All unsere Lieblingsgerichte stehen bereit; Reis, Sāmbār, Dāl, leckere Curries, verschiedene Arten von Pickles, Bananenchips, Pudding, usw. Wir beginnen zu essen und sind sofort in den Himmel der Sinnesfreuden aufgestiegen! Doch plötzlich merken wir, dass das Kichererbsen-Curry ausgegangen ist. Wir essen weiter, aber unser Mind ist jetzt zweigeteilt. Ein Teil ist damit beschäftigt, den Kellner zu finden, der eine zweite Runde vom Kichererbsen-Curry herumträgt. Wir genießen noch immer das Essen vor uns, doch nicht mehr zu 100 Prozent.

Als ich dem Āsram beitrat, waren wir nur eine handvoll Devotees. Außer wenn Amma Darśan gab, hatten wir sie mehr oder weniger für uns alleine. Angesichts der vielen tausend Menschen, die heutzutage zum Darśan kommen, kann man sich das kaum noch vorstellen. Wir konnten stundenlang neben Amma sitzen und frei mit ihr reden, ohne Rücksicht auf andere nehmen zu müssen. Ich erinnere mich daran, wie Amma mich während eines Devi Bhāvas zu sich rief. Sie sprach zu mir über verschiedene Dinge, beantwortete meine Fragen und überschüttete mich mit Liebe. Sie legte sogar meinen Kopf auf ihren Schoß und erlaubte mir so liegen zu bleiben, während sie weiter Darśan gab. Ich glaube, ich blieb über eine Stunde so liegen! Könnte es äußerlich einen höheren Himmel geben? Es gab jedoch ein Problem: Nach etwa 30 Minuten begann ein anderer Brahmacāri, die Tabla (Trommel) zu spielen. Mir wurde klar, dass eigentlich ich an der Reihe gewesen wäre! Damals war ich ein leidenschaftlicher Tablaspieler. Ich fing gerade erst zu spielen an, daher war meine Begeisterung sehr groß. Dieser andere Brahmacāri und ich wechselten uns immer ab (es gab wohl auch ein bisschen Wettbewerb zwischen uns). Während mein Kopf auf Ammas Schoß lag, dachte ich: „Was für ein arroganter Kerl! Er weiß, dass ich an der Reihe bin zu spielen! Er sollte zu mir kommen und um Erlaubnis bitten, meine Runde zu übernehmen." Obwohl mein Kopf am friedlichsten Ort der Welt lag, war mein Mind völlig auf diesen anderen Brahmacāri und sein Tabla-Spiel fixiert! Während ich ihm zuhörte, stellte ich mir vor, dass ich selbst die Tabla spielen würde – und zwar ganz hart auf seinem Kopf! Amma wusste natürlich, was ich dachte. Sobald die Bhajans vorbei waren, bat sie mich, aufzustehen und ließ jemand anderen bei sich sitzen. Durch mein intensives Verlangen, die Tabla zu spielen, hatte ich sowohl die Chance zu spielen als auch die Chance, Ammas Gegenwart zu genießen, vertan. Heute kann ich selbstbewusst sagen, dass mich niemand mehr mit seinem Tabla-Spiel eifersüchtig machen kann – allerdings gibt es nun auch keine Gelegenheit mehr, meinen Kopf eine Stunde lang auf Ammas Schoß zu legen!

Daher sagt Amma, dass die wahre Hölle nicht eine körperliche Ebene, sondern ein Zustand des Minds ist. Mit dem Himmel ist es genau das Gleiche. Ein Mind, der von seinen Vorlieben und Abneigungen wirklich gereinigt ist, kann überall glücklich sein - sei es in einer physischen Hölle oder in einem physischen Paradies. Ebenso kann ein Mind voller unerfüllter Wünsche selbst im physischen Himmel in der Hölle sein.

In der Gīta gibt es einen Vers, der einen weiteren Vorteil von Karma-Yoga aufzeigt:

nehābhikramanāśo'sti pratyavāyo na vidyate

„Im Karma-Yoga ist keine Bemühung vergeblich; und es gibt auch keine schädliche Wirkung"

Bhagavad Gīta, 2.40

Handeln wir mit der Einstellung von Karma-Yoga und machen dabei einen Fehler, verlieren wir nichts. Denn wir lernen aus unserem Fehler und werden dadurch gereinigt. Versagen wir jedoch in einer vorrangig auf das Resultat fixierten Handlung, so ist der Verlust enorm. Man stelle sich nur einen Autor vor, der jahrelang an einem Buch schreibt, nur um am Ende zu merken, dass sich keiner für das Buch interessiert. War sein Hauptziel, als Bestseller-Autor berühmt zu werden, ist sein Verlust enorm. Er fühlt sich völlig frustriert, während er zusieht, wie all seine Jahre harter Arbeit im Abfluss verschwinden. In der Depression seines Scheiterns lernt er noch nicht einmal etwas. Wenn er jedoch das Buch mit der Karma-Yoga-Einstellung geschrieben hätte, hätte er so viel über das Schreiben, Veröffentlichen, die menschliche Natur und sich selbst im Allgemeinen gelernt.

Im Sinn von Karma Yoga zu arbeiten, nützt nicht nur dem Einzelnen, sondern der ganzen Gesellschaft. Da der Karma-Yogi immer nach Perfektion in der Handlung strebt, führt er seine Arbeit immer nach bestem Wissen und Gewissen aus. Leider ist heute oft in der Arbeitswelt die vorherrschende Einstellung: „Das Minimum tun, das Maximum bekommen."

In diesem Zusammenhang erzählte mir jemand von einer Liste voller Tricks, was man tun muss um beschäftigt auszusehen, während man tatsächlich fast nichts tut. Meine drei Favoriten waren:

1) Räume nie deinen Schreibtisch auf, da ein unaufgeräumter Schreibtisch den Eindruck erweckt, dass du keine Zeit hast, dich mit so etwas Unbedeutendem wie Ordnung aufzuhalten.

2) Trägst du eine Brille, lasse ein älteres Exemplar davon auf dem Tisch liegen, so als ob du gleich wieder zurückkommen würdest; dann gehe nach Hause.

3) Kaufe dir eine Halskrause, male sie in deiner Hautfarbe an und schlafe beim Sitzen an deinem Schreibtisch.

Menschen, die immer nur auf ihr Gehalt fixiert sind, werden ständig den einfachsten Weg wählen, die Zeit verschlafen und generell herumhängen. Wenn möglich, kommen sie morgens zu spät, verlängern ihre Mittagspause und gehen 30 Minuten früher. Diese Haltung finden wir häufig in Büros.

Die Karma-Yoga-Einstellung war es, welche die Tsunami-Hilfsarbeit des Āśram von der Arbeit der Regierung abhob. Am Ende war der Āśram die erste Organisation in Indien, die Tsunami-Häuser nach Regierungsstandards fertiggestellte. Ich erinnere mich daran, wie Amma die Geschwindigkeit der Arbeit im Āśram kommentierte: „Die Brahmacāris arbeiteten Tag und Nacht“, sagte sie. „Amma hat oft den verantwortlichen Brahmacari angerufen und ihn gefragt, wie die Arbeit vorangeht und egal zu welcher Uhrzeit Amma ihn angerufen hat, er war da und hat gearbeitet - Mitternacht, zwei Uhr morgens, vier Uhr morgens. Wäre es mit bezahlten Arbeitern genauso? Nein, denn sie arbeiten nur acht Stunden pro Tag, machen drei Mal Essenspause und noch zwei Mal mehr, um Tee zu trinken.“

Man stelle sich vor, wenn unsere ganze Welt die Einstellung des Karma-Yoga in Bezug auf Arbeit annimmt. Man stelle sich eine Welt vor, in der die Menschen nicht für ein Gehalt arbeiten, sondern all ihre Handlungen als Verehrung durchführen. Wie produktiv und effektiv würde die Welt werden!

Selbst wenn wir die Tatsache außer Acht lassen, dass es ein entscheidender Schritt ist, um alle Leiden durch die Selbstverwirklichung zu überwinden, hat Karma-Yoga auch den Vorteil, dass es uns vor dem Leiden auf dem Weg zur Verwirklichung bewahrt. Um dies zu verstehen, kann es hilfreich sein, einen anderen Vers aus der Gīta zu betrachten, in dem Śrī Kṛṣṇa erläutert, warum die Menschen an ihren sündigen Handlungen festhalten, obwohl sie wissen, dass das nicht sehr klug ist:

kāma eṣa krodha eṣa rajoguṇa samudbhavaḥ |
mahā-śano mahā-pāpmā viddhyenam-iha-vairiṇam ||

„Verlangen und Zorn entstehen aus mentaler Erregung (Rajoguṇa); wisse, dass sie unersättlich sind, die Wurzel allen Übels und unser größte Feind in dieser Welt"

Bhagavad Gīta, 3.37

Intensives Verlangen kann uns sogar dazu bringen, in egoistischer Weise zu handeln, selbst auf Kosten des Glücks und der Harmonie unseres Mitmenschen. Gemäß dem Gesetz des Karmas kehren solche Handlungen früher oder später in Form von negativen Erfahrungen zu uns zurück. Auch sind all die widrigen Umstände und schmerzhaften Situationen, denen wir derzeit ausgesetzt sind, das Ergebnis egoistischer Handlungen in unserer Vergangenheit - entweder in diesem Leben oder früheren. Warum haben wir uns zu solchen Handlungen hinreißen lassen; unsere Wünsche sind außer Kontrolle geraten. Durch Karma-Yoga wird unser Verlangen zumindest in Schach gehalten, da wir mehr Kontrolle erreichen und dadurch dem Dharma folgen. Somit begeben wir uns auf einen Pfad, auf dem wir zukünftig nur noch gutes Karma ernten werden.

Karma-Yoga reinigt in unserem Leben nicht nur unseren Mind und bereitet uns für die Verwirklichung des Selbst vor, sondern trägt auch im Hier und Jetzt auf vielfältige Weise zu unserem

Wohlergehen bei: Es hilft uns, das Leben zu lieben, aus ihm zu lernen und dem Leben mehr zurückzugeben als je zuvor.

All unsere Handlungen sollten als Karma-Yoga verrichtet werden (für spirituell Suchende ist dies ein Muss). Amma betont die Wichtigkeit dieser Haltung in Bezug auf Seva – den selbstlosen Dienst. Handlungen können grundsätzlich in drei Kategorien eingeteilt werden:

1. Niśkāma, 2. Sakāma und 3. Niṣiddha.

Sie bedeuten: 1. selbstlose Handlungen, 2. Handlungen gemäß unseren persönlichen Vorlieben und Abneigungen und 3. Handlungen, die verboten sind, weil sie uns selbst, der Gesellschaft und der Natur schaden. Sobald wir verstehen, dass eine Handlung verboten ist, sollten wir aufhören sie auszuführen. Andernfalls werden uns sicherlich früher oder später die negativen Folgen erreichen. Aber ein spirituell Suchender sollte nicht nur von verbotenen Handlungen absehen, sondern auch egoistische Handlungen nach und nach verringern und sie durch selbstlose ersetzen.

Amma empfiehlt einem Anfänger, zu Beginn nur 30 Minuten täglich für das Wohl anderer zu arbeiten. Ob es eine ehrenamtliche Arbeit ist oder ob man einfach einen Teil des eigenen Einkommens spendet – es wird uns auf den richtigen Weg bringen. Dann können wir nach und nach versuchen, öfters selbstlos zu handeln. Auf diese Weise können die 30 Minuten der Beginn einer nachhaltigen Veränderung sein. Viele Menschen merken, dass solch eine Arbeit ihnen immer mehr Freude bereitet. Sie genießen im Rentenalter dann nicht nur die Früchte ihrer lebenslangen Arbeit, sondern arbeiten weiter, um anderen zu helfen. Unsere eigennützigen Wünsche werden allmählich von dem Verlangen ersetzt, den Mind zu reinigen oder der Welt zu dienen. Im Gegensatz zu selbstsüchtigen Wünschen sind solche Wünsche ein Mittel zur Befreiung und sollten deshalb weiter gefördert werden. Es sind diese spirituellen Wünsche, die uns helfen, alle anderen Wünsche zu überwinden.

Sechstes Kapitel

Die Perspektive erweitern

„Wir sollten versuchen, jeden Menschen als Gott zu sehen"

Amma

Im rahmen von Karma Yoga sprechen die Schriften von fünf Arten der Verehrung. Diese sollte man das ganze Leben hindurch ausüben. Sie werden Pañca Mahā-Yajñas genannt – die „fünf großen Formen der Verehrung". Ob wir uns dessen bewusst sind oder nicht – durch all die sozialen und spirituellen Aktivitäten des Āśrams leitet uns Amma in Übereinstimmung mit diesen alten mind-erweiternden Traditionen, die allesamt ideal geeignet sind, die Karma-Yoga-Einstellung in die Praxis umzusetzen.

Das erste Yajña wird Brahma-Yajña genannt (manchmal auch bezeichnet als Ṛṣi Yajña). Es die Dankbarkeit gegenüber all den früheren Weisen und Sehern. Diese Verehrung zeigt uns den Pfad, der vom Leid zur Freiheit führt. Wir tun dies, indem wir die Weisungen unseres Gurus und die der heiligen Schriften in uns aufnehmen und verbreiten. Amma sagt: „Eine Art, den Mahātmas unsere Dankbarkeit zu erweisen, ist zu praktizieren, was sie lehrten und dieses Wissen an andere weiterzugeben." Tatsächlich benötigen Mahātmas wie Amma weder unsere Verehrung noch unsere Dankbarkeit. Sie haben ihr Selbst verwirklicht und sind dadurch vollkommen. Brahma-Yajña nützt dem Verehrer, der Gesellschaft und der gesamten Schöpfung. Derjenige, der die Schriften studiert, lernt alles über das Leben und wie er auf harmonische Weise mit seinen Mitmenschen und der Natur leben kann. Außerdem erfüllen wir das Geburtsrecht anderer, solches Wissen zu lernen, wenn wir mit ihnen teilen, was wir gelernt haben. Sollte diese spirituelle Weisheit aussterben, gibt es keinerlei Hoffnung für zukünftige Generationen.

Als Ammas Kinder sind wir offensichtlich ständig mit diesem Yajña befasst. Wir hören Ammas Vorträge, lesen ihre Bücher und versuchen, ihre Lehren praktisch umzusetzen. Auch wenn die Anweisungen des Gurus abzuwarten sind, bevor man öffentliche Vorträge hält, können wir bereits anderen beschreiben, wie Amma uns im Leben geholfen hat. All dies ist Brahma-Yajña.

Deva-Yajña ist Verehrung der Devas, Gottheiten. Mantra-Rezitation, Meditation, das Singen von Bhajans usw. fallen alle unter diese Kategorie. Spezifisch bedeutet Deva-Yajña jedoch auch, Gott in Gestalt der fünf Elemente zu verehren. Laut Aussage der Sāstras sind alle Naturkräfte von Bewusstsein durchdrungen. Sie werden von bestimmten Halbgöttern (Devatās) beherrscht. Die ganze Schöpfung wird als Leib Gottes angesehen und als solcher verehrt, geachtet und angebetet. Amma sagte in ihrer Rede, die sie 2007 unter dem Titel „Mitgefühl - der einzige Weg zum Frieden" in Paris hielt:

„In früheren Zeiten bestand keine besondere Notwendigkeit, die Umwelt zu bewahren, denn die Natur zu schützen war Teil der Verehrung Gottes und des Lebens selbst. Die Menschen liebten und dienten der Natur und der Gesellschaft. Das war wichtiger, als sich an ‚Gott' zu erinnern. Sie sahen in der Schöpfung den Schöpfer. Sie liebten, verehrten und schützten die Natur als die sichtbare Form Gottes."

Nehmen wir Wind, Regen, Sonne, Erde etc. als Manifestationen des Göttlichen wahr, werden wir ihnen natürlicherweise Respekt und Achtung entgegenbringen. Niemand, der einen Fluss als Varuṇa (Gott des Wassers) sieht, würde giftigen Müll hineinwerfen.

Bereits seit vielen Jahren bittet Amma uns jedes Mal während der Pūja, die dem Devi-Bhāva vorausgeht, für den Frieden in der Welt zu beten. Mutter Natur ist in Aufruhr und nur die kühle Brise der göttlichen Gnade kann die aufziehenden dunklen Wolken vertreiben. Amma sagt, dass die Natur außer Balance ist, weil die Menschen nicht in Harmonie mit ihrer Umwelt leben. Die Naturkatastrophen der heutigen Welt sind das unmittelbare Ergebnis der Ausbeutung der Natur durch den Menschen. Amma weist darauf hin, dass Mutter Natur auf all dies reagiert und die Menschheit mit eben jenen Elementen zerstört, die eigentlich dazu bestimmt wären, unserem Wohl zu dienen. Der Wind, der eigentlich dazu da ist, uns abzukühlen und Samenkörner und Regen überall hinzutragen, erscheint stattdessen in Form von Hurrikans und Tornados. Die Sonne, die dazu da ist, uns zu wärmen, lässt die Pole schmelzen. Das Wasser, das uns Bad und Reinheit gibt, zieht sich aus unseren Brunnen zurück und zerschmettert uns durch Tsunamiwellen. Eben jene Erde, die alles stützt und trägt, erzittert und bebt in Erdbeben.

Pitṛ Yajña besteht darin, uns an unsere verstorbenen Vorfahren zu erinnern und ihnen Respekt zu erweisen. Ohne sie wären wir nicht geboren. Wir können dieses Yajña aber auch als eine Gelegenheit wahrnehmen, unsere lebenden älteren Verwandten zu ehren. Schließlich sagen uns die Schriften:

Mātṛdevo bhava pitṛdevo bhava

„Möge die Mutter Gott für dich sein. Möge der Vater Gott für dich sein”

Taittirīya Upaniṣad, 1.11.2

Was nützt es, unsere verstorbenen Großeltern zu ehren, wenn wir dann unsere lebenden Eltern beschimpfen und respektlos behandeln? Amma sagt: „Unseren Vorfahren für all die Liebe und Fürsorge, die sie uns gaben, dankbar zu sein, ist ein Vorbild für unsere eigenen Kinder. Sehen sie, wie wir unsere Eltern lieben und verehren, werden sie uns auch lieben und verehren.“

Den Kindern sagt Amma immer, dass sie vor dem Verlassen des Hauses den Älteren ihren Respekt erweisen. In Indien bedeutet dies, sich vor ihnen zu verneigen und ihre Füße zu berühren. In anderen Kulturkreisen kann das natürlich andere Formen haben. Ganz allgemein sollten Kinder die Gewohnheit entwickeln, sich von den Eltern zu verabschieden, bevor sie zu Schule gehen usw. In Ammas Schulen findet einmal jährlich eine Zeremonie statt, während der die Kinder für ihre Mütter eine Pāda-Pūja durchführen. Als Zeichen der Verehrung waschen sie ihnen die Füße. Wir dürfen nicht unterschätzen, welchen Einfluss solche Rituale auf den Mind von Kindern (und Eltern) haben. Sie tragen mit dazu bei, das Göttliche in jedem Aspekt der Schöpfung zu sehen. Letztlich versuchen wir doch mit dem Verständnis zu leben, dass die gesamte Schöpfung eine Verkörperung Gottes ist. Wo beginnen, wenn nicht bei unseren Eltern, die ja zumindest auf der relativen Ebene unsere Schöpfer und Unterstützer sind? Leider wird dies heutzutage nicht oft befolgt. Sobald die Eltern alt sind, steckt man sie ins Altenheim, wo man sie vielleicht einmal im Monat für eine Stunde besucht. Das ist weit weg von der vedischen Anweisung, sie als Gott zu sehen.

Das vierte Yajña ist Bhūta-Yajña. Hier geht es darum, mit Pflanzen und Tieren achtsam umzugehen, sie als göttlich zu sehen. Wir sollten uns vor Augen führen, wie sehr wir von der Flora und der Fauna abhängig sind, mit der wir diese Erde teilen. Ohne Pflanzen und Tiere haben die Menschen nichts zu essen. Selbst die Aufrechterhaltung der benötigten Sauerstoffversorgung wäre ohne die Umwandlung von Kohlendioxid in Sauerstoff durch Pflanzen nicht möglich.

Amma spricht oft von den Umweltkatastrophen, die gegenwärtig den Planeten bedrohen. Sie weist darauf hin, wie chemischer Dünger die Bienen zerstört. Sie erinnert uns daran, dass Bienen entscheidend sind für die Natur und unsere Gesellschaft. Sie bestäuben die Pflanzen, die uns mit Nahrung versorgen. Ebenso profitieren wir von jedem Lebewesen. Alle Lebewesen auf der

Erde sind fürs Überleben voneinander abhängig. Ist der Motor eines Flugzeuges beschädigt, kann es nicht fliegen. Selbst wenn nur eine einzelne wichtige Schraube kaputt ist, kann es auch nicht fliegen. Ganz ähnlich spielt auch das kleinste Lebewesen eine wichtige Rolle für das Ganze. So benötigen alle Lebewesen unsere Hilfe um zu überleben. Wir sind auch für sie verantwortlich.

Schließlich gibt es noch Manuṣya Yajña, manchmal auch als Nṛu Yajña bezeichnet. Dabei geht es darum, unsere Mitmenschen als Verkörperungen Gottes zu ehren und zu respektieren. Eine der traditionellen Arten, dieses Yajña auszuführen, besteht darin, jedem unerwarteten Gast, besonders jenen Personen, die sich auf einer Pilgerreise befinden, Unterkunft anzubieten, Essen und Kleidung zu reichen. Auch noch heute findet man überall in Indien eine unvergleichliche Offenheit und Herzlichkeit gegenüber Gästen. Dies berührt viele Reisende und Ausländer auch heute noch. Manuṣya-Yajña heißt sich zu erinnern, wie sehr wir bei allen Dingen unseren Mitmenschen zu Dank verpflichtet sind, sei es die Nahrung, die den Weg auf unseren Tisch findet oder der elektrische Strom, der unser Haus beleuchtet oder die Schuhe, die wir tragen.

Ich möchte behaupten, dass Amma den größten Wert auf Manuṣya Yajña legt. Sie sagt hierzu: „Es ist Ammas Wunsch, dass alle ihre Kinder Liebe und Frieden in der Welt verbreiten. Wirkliche Liebe und Hingabe zu Gott bedeutet Mitgefühl zu haben für die armen und leidenden Mitmenschen. Meine Kinder, gebt den Hungrigen zu essen, helft den Armen, tröstet die Trauernden und die Leidenden, seid mitfühlend gegenüber allen!" An jedem ihrer Geburtstage betont Amma, dass es ihr lieber wäre, wenn die Devotees den Armen dienen, anstatt ihre Füße zu waschen.

Ggenau dies geschieht auch. Das Waisenhaus, die Krankenhäuser, der Hausbau für Obdachlose, das Rentenprojekt, die Katastrophenhilfe, die Hospize, die Stipendien für Arme – all dies sind Beispiele für Manuṣya--Yajña.

Führen wir solche Yajñas aus, ist es wichtig, daran zu denken, was den Unterschied der Yajña zum gewöhnlichen Dienen ist. Wir verehren auf diese Art Gott. Wie Rāmana Maharṣi in seiner Abhandlung Upadeśa-Sāram schrieb:

Jagat īśādhi yukta-sevanam
Aṣta-mūrti-bhṛd-deva-pūjanam

„Der Welt zu dienen mit der Einstellung, dem Herrn zu dienen, ist (die wahre) Verehrung Gottes, der der Herr der achtfachen Formen ist"

Upadeśa-Sāram, 5

Die achtfachen Formen sind die fünf Elemente Äther, Luft, Feuer, Wasser und Erde sowie die Sonne, der Mond und alle Wesen. Nicht, weil Gott es will, helfen wir unseren Mitmenschen, den Pflanzen und den Tieren, sondern weil wir verstehen, dass sie Gott sind. Das bedeutet die Aussage nara seva nārāyana seva („Dienst am Menschen ist Dienst an Gott"). Genauso verstehen wir dann auch, dass Flüsse, Tiere und Bäume Manifestationen Gottes sind[18], ebenfalls auch unsere Eltern. Diese Einstellung bewirkt, dass unsere Handlungen nicht nur eine Reinigung sind, sondern darüber hinaus den Mind weitet. Dadurch werden allmählich die Begrenzungen aufgehoben, die vorhandenen Konzepte von Welt und Gott.

Hier ein Beispiel dafür, was dies hinsichtlich Bhūta-Yajña – der Verehrung Gottes durch den Schutz von Flora und Fauna – praktisch bedeutet: In einigen von Ammas Schulen wurde eine Form von Bhūta-Yajña ins Leben gerufen, bei der die Lehrer

---

[18] Laut *Śrī Śaṅkarācāryas* Kommentar zum Viṣṇu-Sahasranāma deutet die Etymologie des Wortes „Nārāyana" selbst auf diese Wahrheit hin. Danach bedeutet „Nara" eigentlich "Ātma" (Selbst). Gemäß den Regeln der Sanskritgrammatik bedeutet daher „Nāra" „Wirkung des Ātma", d.h. die fünf Elemente, aus denen das Universum besteht. „Ayana" heißt „Wohnsitz". „Nārāyana" bedeutet daher: „Derjenige, der in den fünf Elementen wohnt".

jedes Kind dazu anhalten, einen Setzling zu pflanzen, ihm einen Namen zu geben und ihn durch tägliches Gießen zu verehren. Wie die Lehrer berichteten, hat dies zu etwas sehr Schönem geführt. Beginnt die Ferienzeit, gehen viele Kinder zu ihren Pflanzen und sprechen mit ihnen: „Ach, während der Ferien bin ich leider nicht hier, um dich zu begießen. Doch sei nicht traurig, in zwei Monaten komme ich wieder. Weine nicht!“ Niemand hat die Kinder dazu aufgefordert, in dieser Weise zu ihren Setzlingen zu sprechen. Für sie ist es offenbar etwas ganz Natürliches. Dadurch, dass sie ihren Pflanzen einen Namen gegeben haben und sie täglich gießen, entwickelten sie eine innige Beziehung zu ihnen. Einige Kinder haben sogar Briefe geschrieben und sie den Pflanzen umgehängt. Darauf steht: „Wenn du traurig bist, lies meinen Brief.” Während ihres ganzen Lebens werden diese Kinder wissen, dass Bäume keine leblosen Objekte, sondern lebende Wesen sind und Gefühle haben. Ihr Verständnis bezüglich der Welt, in der sie leben, hat sich erweitert. Am Ende gelangen sie vielleicht zu der Erkenntnis, dass das gesamte Universum – das innere wie das äußere – von Göttlichkeit durchdrungen ist. Führen wir also die Pañca-Mahāyajñas mit der richtigen Einstellung aus, können sie uns helfen, unser Selbst in anderen und andere in unserem Selbst zu sehen. In diesem Verständnis liegt die wahre Transzendenz.

Siebentes Kapitel

Göttliche Eigenschaften entwickeln

„Kinder, Gott hat uns die erforderlichen Fähigkeiten gegeben, um ihm gleich zu werden. Liebe, Schönheit und alle anderen göttlichen Eigenschaften existieren in uns. Wir sollten unsere Fähigkeiten nutzen, um diese göttlichen Eigenschaften im Leben auszudrücken, sie leben"

Amma

Jede religion betont, wie wichtig es ist, gute Eigenschaften zu entwickeln – freundlich zu sein, die Wahrheit zu sagen, nicht zu stehlen, usw. Kurz gesagt, wir sollten die goldene Regel befolgen: „Was du nicht willst, dass man dir tut, das füg' auch keinem anderen zu." Auf die eine oder andere Weise wird dies in den heiligen Büchern aller Weltreligionen ausgedrückt, einschließlich des Hinduismus. Im Mahābhārata sagt der Guru der Halbgötter (Devatās), Bṛhaspati, zu Yudhiṣṭhira:

na tat parasya saṁdadhyāt pratikūlaṁ yadātmanaḥ |
eṣa saṁkṣepato dharmaḥ kāmādanya pravartate ||

„Man sollte niemals einem anderen etwas zufügen, was man selbst als verletzend empfindet. Dies ist, kurzgefasst, die Regel des Dharma. Jedes andere Verhalten beruht auf selbstsüchtigen Wünschen"

Mahābhārata, 13.114.8

Die Charakterveredelung spielt nicht nur eine Rolle für die soziale Harmonie, sondern auch für die Harmonie in jedem Einzelnen. Tatsächlich sagen die Schriften immer wieder, dass ein spirituell Suchender sein Selbst nur verwirklichen kann, wenn er seinen Charakter reinigt.

> *nāvirato duścaritānnāśānto nāsamāhitaḥ* |
> *nāśantamānaso vā'pi prajñānen-ainam-āpnuyāt* ||
>
> *„Wer nicht ablässt von schlechtem Verhalten, wer seine Sinne nicht unter Kontrolle hat, wessen Mind nicht konzentriert und frei von Angst ist, kann dieses Selbst durch Wissen nicht erreichen"*
>
> Kaṭha Upaniṣad, 1.2.24

Die Schriften führen nahezu endlos viele Eigenschaften auf, die man entwickeln sollte. Dies verdanken wir den Heiligen und Weisen, die das menschliche Wesen in all seinen vielen Facetten ausgiebig erforschten. Das umfangreiche Sanskrit-Lexikon bezeugt, wie präzise und gründlich die großen Gelehrten des antiken Indien waren. Wie viele dutzend Worte für „Sorge" findet man dort, um die diversen feinen Nuancen von „Kummer, Leid" zum Ausdruck zu bringen! Wie viele unterschiedliche Arten von Stolz sind da beschrieben! Wie viele Arten von Liebe! Die großen Gelehrten jener Zeiten teilten sogar das menschliche Lächeln in sechs verschiedene Varianten ein! Allein im 13. Kapitel der Bhagavad Gīta zählt Śrī Kṛṣṇa mehr als 20 Eigenschaften auf, die ernsthaft Suchende entwickeln sollten.

In diesem Kapitel konzentrieren wir uns auf einige der Werte, die Amma besonders hervorhebt – nämlich Geduld, Unschuld, Demut, Achtsamkeit und Mitgefühl. Obwohl diese und andere Eigenschaften universell sind, fällt auf, dass unterschiedliche Schriften und unterschiedliche Meister bestimmte Eigenschaften mehr hervorheben als andere. Das entspricht vermutlich den Bedürfnissen der jeweiligen Zeit oder der mentalen Verfassung ihrer Devotees und Schüler. Was auch immer die Ursache sein mag, Amma sagt, dass es ausreicht, zu Beginn einfach nur eine gute Eigenschaft zu entwickeln: „Greift einfach eine Eigenschaft heraus und kultiviert sie mit größtem Vertrauen und Optimismus; andere Eigenschaften werden automatisch folgen."

Um das zu illustrieren, erzählt Amma die Geschichte einer Frau, die in einem Wettbewerb als ersten Preis einen wunderschönen Kristall-kronleuchter gewinnt. Sie nimmt ihn mit nach Hause und hängt ihn in ihrem Wohnzimmer auf. In der Freude über seine Schönheit fällt ihr plötzlich auf, dass die Wandfarbe im Wohnzimmer verblichen ist. Sie sieht im Kontrast zu dem neuen strahlenden Leuchter schmutzig aus. Also beschließt sie, die Wände frisch zu streichen. Als sie damit fertig ist, schaut sie sich im Raum um und bemerkt, wie unsauber die Vorhänge sind. Das inspiriert sie, alle Vorhänge abzunehmen und gründlich zu waschen. Jetzt fällt ihr auch auf, wie abgenutzt der Teppich ist. Sie ersetzt ihn durch einen neuen. Schließlich sieht das Zimmer vollkommen renoviert aus. Was am Ende zu einer kompletten Verwandlung ihres Heims führte, begann mit einer ganz kleinen Veränderung, nämlich dem neuen Kronleuchter.

Ammas Gleichnis lässt sich auch auf die körperliche Fitness anwenden. Nehmen wir an, jemand bemerkt, dass er nicht fit ist und trainieren möchte. Er beschließt, täglich so viele Liegestützen wie möglich zu machen. Nach etwa einem Monat fühlt er sich anders. Beim Blick in den Spiegel stellt er fest, dass Brustkorb und Schultern schon viel kräftiger aussehen. Doch im Vergleich dazu ist sein Bizeps noch schmächtig. Also nimmt er in sein Trainingsprogramm noch ein Paar Hanteln und einen Satz Expander auf. Außerdem möchte er seine Bauchmuskulatur verbessern und macht Bauchmuskelübungen. Dem folgen Übungen in der Hocke zur Stärkung seiner Beine. Ein Jahr später können wir den Mann nicht mehr wiedererkennen. Er sieht aus wie Arnold Schwarzenegger!

So eine Entwicklung läuft dank einer erweiterten Achtsamkeit ab. Wir entwickeln eine gute Eigenschaft und plötzlich „springen" uns unsere negativen Eigenschaften „ins Auge". Obwohl sie uns durchaus bekannt waren, haben wir sie vorher nicht sonderlich beachtet. Sie waren für andere Menschen offensichtlich – unserer Familie, unseren Freunden und Arbeitskollegen – aber uns selbst blieben sie verborgen, weil wir uns ihrer nicht bewusst waren.

Die Schriften nennen positive Eigenschaften Daivi Sampat – göttliche[19] Eigenschaften und negative Eigenschaften Āsuri Sampat – dämonische Eigenschaften. Im Inneren sind wir weder gut noch böse; wir sind das Bewusstseins das -Substrat, woraus sich die Dualität manifestiert. Doch da der Mind materiell ausgerichtet ist, wird er die eine oder die andere Eigenschaft annehmen. Wo es keinen Tag gibt, kann nur Nacht sein. Wo die Tugend fehlt, wird man generell nur ihr Gegenteil finden. Ist jemand beispielsweise nicht mitfühlend, dann kann er nur teilnahmslos sein. Ist jemand nicht demütig, muss er egoistisch sein. Ist jemand nicht geduldig, muss er ungeduldig sein. Wir haben die Kontrolle über die Verfassung unseres Minds. Wir können zulassen, dass er in dämonischem Sumpf verkommt - oder wir können ihn verfeinern, bis er in göttlicher Herrlichkeit erstrahlt.

Diese Vorstellung finden wir in alten indischen Legenden wie: Ein Weiser namens Kaśyapa hatte zwei Ehefrauen, Aditi und Diti. Aditi gebar die Ādityas (insgesamt Götter) und Diti gebar Daityas (Dämonen). In dieser Allegorie wird betont, dass die mentale Verfassung eines Menschen darüber entscheidet, ob er sich für das Gute oder das Schlechte entscheidet.

Eine göttliche oder dämonische Eigenschaft, die noch keine Gelegenheit hatte sich auszudrücken, existiert trotz alledem in jedem Individuum. Ein Teil des Spektrums schlummert im Unterbewusstsein und wird sich bei geeigneter Gelegenheit offenbaren.

---

[19] Sie sind „göttlich", denn wenn wir sie kultivieren, unterstützen sie den Prozess der Verwirklichung unserer göttlichen Natur.

Einem König, der von Kopf bis Fuß bedient wird, werden sich nicht viele Gelegenheiten bieten, Geduld oder Ungeduld auszudrücken. Doch muss er einmal zu lange aufs Abendessen warten, wird man schon sehen, was zum Vorschein kommt. Ebenso wird ein Mönch, der allein in einer Höhle lebt, nicht oft Anlass haben, Mitgefühl oder Teilnahmslosigkeit zu zeigen. Auch wenn eine der beiden Eigenschaften in ihm vorherrschend ist. Ein Mahātma offenbart natürlich nur göttliche Eigenschaften, da er alle selbstsüchtigen Vorlieben und Abneigungen überwunden- abgelegt hat. Er sieht alles nur als die Erweiterung seines eigenen Selbst. Darüber hinaus folgt er dem Dharma, um anderen ein Vorbild zu sein. Ein durchschnittlicher Mensch handelt einerseits aufgrund seiner persönlichen Vorlieben / Abneigungen und Bindungen, andererseits basierend auf seinem Verständnis von moralischer Pflicht, dem Dharma. Es ist wie eine Waage, in der auf der einen Seite die Bindungen, Vorlieben und Abneigungen liegen und auf der anderen Seite das Dharma. Neigt sie sich zu einer Seite, verhalten wir uns wie ein Dämon und neigt sie sich zur anderen Seite, handeln wir wie Gott.

Wenn jemand sich zur Meditation in die Einsamkeit zurückzieht, bevor er seine persönlichen Vorlieben und Abneigungen überwunden hat, besteht die Gefahr, dass er fälschlicherweise glaubt, diese bereits überwunden zu haben, einfach, weil äußere Reize fehlen, die diese Symptome auslösen. Es ist erst dann möglich, unsere negativen Eigenschaften in positive umzuwandeln, wenn wir uns ihrer bewusstwerden.

Mir wurde erzählt, dieses Prinzip werde sehr gut dargestellt in dem Kinderfilm „Auf der Suche nach Nemo“. In diesem Film gibt es eine Gruppe von Haifischen, die beschließt, keinen Fisch mehr zu fressen. Sie haben sogar eine Gruppe gebildet, genannt ‚Anonyme Fischesser‘. Bei ihren Gruppentreffen erinnern sie sich unermüdlich gegenseitig daran: „Fische sind Freunde - keine Mahlzeit!“ Der Führer der Gruppe ist ein riesiger weißer Hai. Er verkündet ganz stolz, er habe vor drei Wochen seinen letzten

Fisch gefressen. Alles scheint gut zu gehen mit den Haien. Bis zu dem Zeitpunkt, als ein nah vorbeischwimmender Fisch sich verletzt und ein winziger Tropfen Blut langsam vor der Nase des Haifischgruppenführers vorbeifließt. Sobald der Hai das Blut riecht, erwacht sein Verlangen sein Fisch-Vasana (seine Neigung). Plötzlich verliert er die Kontrolle und jagt den Fisch durch den Ozean, um ihn zu verschlingen.

Mit diesem Beispiel will ich nicht sagen, dass wir verlockende Sinnesobjekte vor uns herschieben müssen, aber wir können uns auch ewig vor ihnen verstecken. Wenn wir den spirituellen Weg gehen wollen, ist es wichtig, unsere Sinne zu kontrollieren (Dama). Wir sollten uns von Dingen fernhalten, die unsere Sinne verführen. Aber irgendwann müssen wir stark genug werden um das Bedürfnis nach solcher Isolation zu überwinden. Wie Amma sagt: „Eine Pflanze sollte durch einen Zaun geschützt werden, bis sie groß geworden ist. Danach gibt es kein Problem mehr." Nur wenn wir uns von Angesicht zu Angesicht mit einem Sinnesobjekt auseinandersetzen können, ohne auch nur ein Fünkchen Verlangen nach ihm zu verspüren, kann man sagen, dass das Vāsana wirklich beseitigt ist.

Dämonische Eigenschaften zeigen sich, wenn wir uns mit etwas Begrenztem identifizieren, d.h. mit Körper oder Mind. Göttliche Eigenschaften entstehen, wenn wir uns mit dem Unendlichen identifizieren– dem Bewusstsein. Je mehr wir uns mit Körper und Mind identifizieren, desto dämonischer wird unser Wesen. Je mehr wir uns mit dem Selbst identifizieren, desto göttlicher werden wir. Die wahre Natur des Selbst ist jenseits dieser dualistischen Konzepte von Gut und Böse. Um dies real werden zu lassen, müssen wir jedoch erst unseren Mind reinigen, indem wir gottähnliche Eigenschaften entwickeln. Auf diese Weise werden Rechtschaffenheit und gutes Verhalten zum Sprungbrett beim Übergang von der Selbstsucht zur Selbstlosigkeit.

Lasst uns nun die göttlichen Eigenschaften betrachten, die Amma als besonders bedeutsam erachtet und darüber nachdenken, wie wir sie entwickeln können. Es ist wichtig zu beachten, dass Amma zwar diese Eigenschaften besonders betont, dies jedoch nicht bedeutet, dass die anderen göttlichen Eigenschaften weniger wichtig sind oder wir sie vernachlässigen sollten.

Geduld

Amma betont immer wieder die Bedeutung von Geduld im spirituellen Leben von Anfang bis hin zum Ende. Sie sagt: „Ein spirituelles Leben erfordert viel Geduld, sonst werden wir nur enttäuscht." In der heutigen Zeit sind wir daran gewöhnt, für unser Handeln sofortige Ergebnisse zu erwarten. Werbung überflutet uns mit Begriffen wie „sofortig" - sofortige Darlehen, sofortige Benachrichtigung, sofortige Kreditauskunft und sogar „sofortige Erleuchtung". Amma vergleicht dieses Verlangen, diesen Wunsch nach Geschwindigkeit mit einer Krankheit. Doch alles Wertvolle benötigt Zeit um zu reifen selbst das Gemüse, das heute angebaut wird. Moderne Agrartechnologien können die Wachstumszeit verkürzen, aber dies führt oft zu weniger Nährstoffen im Gemüse.

Um Geduld zu illustrieren, erzählt Amma einen Witz über einen Mann, der zu Gott betet: „Gott, gib mir Geduld - jetzt sofort!" Doch leider funktioniert das nicht so. Das spirituelle Wachstum ähnelt oft dem langsamen Erblühen einer Blume. Es ist ein schrittweiser Prozess, der Aufmerksamkeit und Geduld erfordert. Wir können den Samen nicht zwingen und die Blütenblätter nicht aufreißen. Dennoch erwarten viele Menschen heute eine sofortige spirituelle Inspiration. Amma vergleicht dies mit „das ist wie eine Mutter, die zu ihrem Baby sagt: ‚Ich möchte, dass du sofort erwachsen wirst! Warum musst du so lange Kind bleiben? Beeile dich! Ich habe keine Zeit, zu warten!' Würdet ihr so eine Mutter nicht für äußerst töricht oder etwas geistesgestört halten? Die Menschen erwarten Wunder. Sie haben keine Geduld, zu warten oder sich um etwas zu bemühen. Amma betont, dass das wahre Wunder darin besteht, das Herz für die höchste Wahrheit zu öffnen, dieses innere Erblühen geschieht allmählich, langsam und stetig.

Ohne Geduld können wir nicht hoffen, im spirituellen Leben weiterzukommen. Über Jahrzehnte hin haben wir dem Mind gestattet zu tun, was er mag. Jetzt plötzlich versuchen wir, Kontrolle über ihn zu erlangen. Wir haben nach materiellen Dingen gestrebt und versuchen nun, diese Kurzsichtigkeit zu überwinden. Wir bemühen uns, Negativität durch Werte zu ersetzen, Hass durch Liebe, Gleichgültigkeit durch Mitgefühl. Die tief verwurzelten Vasanas erfordern Hingabe und Ernsthaftigkeit, um sie zu überwinden, bevor wir das höchste Ziel des spirituellen Lebens erreichen können. Wir müssen unser Denken über uns selbst, die Welt und sogar Gott grundlegend revidieren, sie überarbeiten und das geschieht nicht über Nacht.

Unschuld

Amma betont oft die Bedeutung von „Unschuld“ im spirituellen Leben. Für sie ist Unschuld das wahre Ergebnis von Selbsterkenntnis - eine stets frische und freudige Sichtweise auf die Welt, auf alles, was wir wahrnehmen. Auf einer praktischeren Ebene betrachtet Amma Unschuld auch als das Entwickeln von kindlichem Glauben und Offenheit bzw. kindliche Neugierde und die Haltung eines Anfängers. Diese Eigenschaft ist entscheidend für unser spirituelles Wachstum.

Ohne diese Eigenschaften können wir keinen Fortschritt erzielen. Vertrauen in unseren spirituellen Lehrer und die spirituellen Lehren ist der Ausgangspunkt. Ohne Offenheit würden wir alles ablehnen, was unseren gewohnten Vorstellungen widerspricht. Und ohne die Haltung eines Anfängers sind wir schnell frustriert und geben auf. Mit all diesen Eigenschaften sind wir eher fähig, das Leben mit den Augen eines Kindes zu betrachten - sozusagen als ein kleines freudiges Wunder. Das bereichert sowohl unser Leben als auch das der anderen.

„Haben wir immer die Haltung eines Anfängers, können wir aus jeder Situation etwas lernen", sagt Amma. „Ein Anfänger ist immer unwissend und weiß, dass er unwissend ist. Deshalb hört er sehr genau zu. Er ist offen und aufnahmefähig. Sobald du glaubst, etwas zu wissen, hörst du nicht mehr zu und redest nur. Dein Mind ist bereits vollgestopft."

Anfänger zu sein heißt nicht, wir machen keinen Fortschritt oder sollten ständig alles Gelernte wieder vergessen, es bedeutet einfach, völlig offen, aufmerksam und aufnahmefähig zu sein. Amma bezeichnet dies als den einzigen Weg zur Aufnahme von Wissen und Weisheit.

Ein Kind ist in seiner Unschuld immer bereit, zu vergeben und zu vergessen, ohne an so etwas wie „vergeben" überhaupt zu denken. Es geschieht automatisch. Wir aber sind das genaue Gegenteil. Jahrelang halten wir an Groll und Nichtigkeiten fest, manchmal sogar ein Leben lang. Amma sagt, dass manche Menschen sogar dafür beten, wiedergeboren zu werden, um im anderen Leben Rache zu nehmen an Leuten, die ihnen Unrecht getan haben. Ganz anders sind die Kinder - sie können in einem Moment miteinander streiten und im nächsten schon wieder fröhlich miteinander spielen. Amma sagt, wir sollen einen Mind entwickeln, der vergeben und vergessen kann.

In der Unschuld sind wir offen, empfänglich und voller Vertrauen. Erzählst du einem Kind, es sei ein König mit magischen Kräften, akzeptiert es das sofort. Im spirituellen Leben erzählt uns der Guru alles Mögliche über unsere wahre Natur und die wahre Natur der Welt. Er sagt vieles, was wir nicht so einfach annehmen können. In solchen Momenten sollten wir dem inneren Kind in uns Raum geben und dadurch wachsen.

Ein Vorfall, der viele Jahre zurückliegt, zeigt dies sehr deutlich. Eines Nachts in seinem Bett, dachte ein Āśrambewohner sehr intensiv an Amma. Plötzlich fühlte er, wie ein Moskito auf seiner Stirn landete. Da er glaubte, Amma sei in Gestalt eines Moskitos zu ihm gekommen, um ihn zu segnen, ließ er sich stechen und bewegte sich nicht. Der Moskito ließ an der Einstichstelle eine große Beule zurück - genau an der Stelle des „dritten Auges". Als jemand Amma am nächsten Tag von diesem „Darśan" des Āśrambewohners' erzählte, ließ sie ihn rufen und inspizierte seine Beule. Sie lachte schallend über seinen Anblick und umarmte ihn liebevoll. Sie lacht noch immer, wenn sie diese Geschichte erzählt, fügt aber jedes Mal hinzu: „Eine solche Unschuld sollte nie verloren gehen."

Auch wir können darüber lachen und denken: „Mein Gott! Amma nimmt die Gestalt eines Moskitos an? Jetzt hör aber auf! Was für ein Kindskopf!" Doch die Schriften weisen uns darauf hin, dass die fünf Elemente, aus denen die gesamte physische Welt besteht, in ihrer Essenz tatsächlich göttlich sind. Ein echter Vedāntin sollte diese Wahrheit verstehen und selbst ein Moskito als essenziell göttlich betrachten. (Was nicht heißt, dass er ihn nicht verscheuchen darf.) Ein wenig von dieser Unschuld wäre nicht so schlecht.

Demut

Die Beseitigung des Egos findet auf zwei Ebenen statt. Auf der subtilen Ebene bedeutet dies, das Konzept einer separaten Individualität zu zerstören. Auf der groben Ebene bedeutet es, Gefühle der Überlegenheit auszulöschen.[20]

Tatsächlich ist ein stark ausgeprägtes grobes Ego ein sicheres Zeichen dafür, dass man ein starkes subtiles Ego hat. Das grobstoffliche Ego zu beseitigen, ist Ziel des spirituellen Lebens. Dies geschieht nur durch das Verinnerlichen des Wissens, dass wir nicht der Körper, die Emotionen oder der Intellekt sind, sondern das höchste Bewusstsein, das in Wahrheit alldurchdringend und ewig ist. Um dieses Verständnis zu erreichen, müssen wir

[20] Es sei darauf hingewiesen, Minderwertigkeitsgefühle oder Gefühle der Unterlegenheit sind ebenso ein spirituelles Hindernis wie das Gefühl der Überlegenheit.

zumindest bis zu einem gewissen Maße unser grobes Ego beseitigen. Deshalb betont Amma immer wieder, wie wichtig es ist, Demut zu entwickeln. Ohne Demut können wir uns niemals vor unserem Guru verneigen und akzeptieren, dass unsere Vorstellungen von der Realität fehlerhaft sind. Jemand mit großem Ego kann nicht einmal einen Besen in die Hand nehmen, um sich am Guru-Seva zu beteiligen. Amma sagt: „Im Samen schlummert ein großer Baum, doch er kann nur in der Erde wachsen. Denkt der Samen egoistisch: ‚Warum sollte ich mich in diese schmutzige Erde begeben? ', kann sich seine wahre Natur nicht entfalten und der Samen wird vielleicht Rattenfutter. Genauso können wir die höchste Wahrheit, unsere wahre Natur, nur verwirklichen, wenn wir demütig sind."

Leider werden manch spirituell Suchende Opfer ihres Stolzes. Völlig mit ihrem Mind und ihrem intellektuellen Verständnis von Spiritualität identifiziert, entwickeln sie subtile - und nicht so subtile - Gefühle der Überlegenheit. Ādi Śaṇkarācārya warnt in seinem Werk „Sādhana Pañcakam" die Suchenden besonders vor diesem Fallstrick und sagt: „aharahargarvaḥ parityajyatām"–

„Mögest du die Überheblichkeit des Wissens, kontinuierlich aufgeben."

Demut ist ein natürlicher Ausdruck spirituellen Verständnisses. Haben wir wirklich verstanden, dass die Welt und jeder darin göttlich ist, gibt es keine Überlegenheitsgefühle mehr. Verstehen wir, dass wir ohne die fünf Elemente weder essen, trinken noch atmen können, was können wir dann anderes sein als demütig?

Wenn Stolz aufkommt, sollten wir ihn reflektieren und ihn überwinden; wir sollten denken: „Alles, was ich weiß, verdanke ich nur meinem Guru. Welchen Anspruch habe ich darauf? Ich habe nicht einmal Anspruch auf meinen Mind und seine Fähigkeit sich zu erinnern und zu denken!"

Es war einmal ein Guru, der zwei Brüder als Schüler aufnahm. Eines Morgens näherte sich der Jüngere dem Guru und sagte: „Ich weiß, dass du meinen älteren Bruder für den klügeren

Schüler hältst. Aber was ist so großartig an ihm? Alles, was er kann, kann ich ebenfalls."

Der Guru bat den Schüler, seinen Bruder zu holen und bald schon kam er an der Seite seines älteren Bruders zurück. Der Guru sprach: „Geht beide hinaus und wascht die Füße von zehn Menschen, die euch unterlegen sind - und wir werden sehen, wer zuerst zurückkommt."

Beide Brüder verneigten sich vor ihrem Meister und machten sich unverzüglich an ihre Aufgabe. Kaum eine Stunde später kam der jüngere Bruder zurück. „Ich habe es geschafft", sagte er. Der Guru lächelte mitfühlend. Es war bereits nach Einbruch der Dunkelheit, als der ältere Bruder zurückkehrte. Er sprach kein Wort. Er verneigte sich einfach vor den Füßen seines Gurus. „Nun?" fragte dieser.

„Es tut mir leid, Guruji," antwortete er. „Um den Preis meines eigenen Lebens konnte ich niemanden finden, der mir unterlegen ist."

Da schaute der Guru den jüngeren Bruder an und sprach: „Es ist seine Demut, die ihn zum besseren Schüler macht."

Achtsamkeit

Amma sagt, ein spirituell Suchender sollte alle seine Handlungen sehr achtsam tun. Dadurch werden alltägliche Handlungen zu einer Art Meditation. Wenn wir ernsthaft unsere geistige Konzentration entwickeln möchten, sollten wir unser Leben so gestalten, dass selbst sogenannte „weltliche" Aktivitäten ein Mittel der spirituellen Reinigung werden in den Upanischaden wird der spirituelle Pfad sogar mit dem Gehen „auf des Messers Schneide" verglichen, weil wir unseren Mind wie ein Rasiermesser schärfen sollen. Dieser geschärfte Mind sollte kontinuierlich eingesetzt werden, um zwischen Wirklichkeit und der Nicht-Wirklichkeit zu unterscheiden. Wenn wir schon bei einfachen Handlungen nicht achtsam sind, besteht auch keine Hoffnung, dies in Bezug auf unsere Gedanken zu sein.

Ich erinnere mich an einen humorvollen Vorfall mit einem Brahmacāri. Teil seines Sevas war das Korrekturlesen einer Veröffentlichung des Āśrams. Als das Buch erschien, fiel ein schrecklicher Fehler in einem Amma-Zitat auf. Das Zitat lautete: „An was es uns mangelt, ist nicht Buchwissen, sondern Bewusstheit." In der gedruckten Ausgabe stand aber: „An was es uns mangelt, ist nicht Bewusstheit, sondern Buchwissen." Was für ein Unsinn! Seine Art des Korrekturlesens brachte Ammas Satz auf den Punkt. Er kannte Ammas Lehre. Sicherlich hatte er Amma diesen Satz oft sagen hören. Doch ihm fehlte die Achtsamkeit, den Fehler zu erkennen. Nun, als das Buch gedruckt vorlag und der Fehler entdeckt wurde, hatte der Brahmacāri alle Hände voll zu tun. Er musste kleine Papierstreifen mit dem korrekten Satz drucken und sie über den fehlerhaften Satz kleben. Das war sicherlich eine Lektion, die er nie vergessen wird!

Mitgefühl

Amma sagt, Mitgefühl ist Liebe, die sich in Handlungen ausdrückt. Wahre Liebe ist ein Gefühl, das aus der Erfahrung des Eins-Seins entsteht. Leidet jemand, den wir lieben, empfinden wir sein Leid wie unser eigenes. Wir setzen alles daran es zu lindern. „Compassion", das englische Wort für Mitgefühl, kommt aus dem Lateinischen, aus com (miteinander) + patior (erleiden). Während unsere Liebe begrenzt ist und sich nur auf wenige Menschen beschränkt, sieht ein Mahātma wie Amma die ganze Schöpfung als ihr Eins-Sein. So streckt sie ihre Hand aus, um den Armen und Leidenden zu dienen. Ihre Handlungen sind universell, weil ihr Mind allumfassend ist. Ihr Mitgefühl kennt keine Grenzen, denn die Erkenntnis ihres Selbst ist grenzenlos. Amma sagt, wenn wir ein erweitertes Verständnis unseres Selbst entwickeln möchten, sollten wir zuerst unser Herz für das Leid anderer öffnen. Wir sollten uns Zeit nehmen, über sie und ihre Not nachzudenken und ihnen selbstlose Hilfe anzubieten, um ihr Leid zu mindern.

Die Vision eines Mahātmas ist allumfassend und seine Handlungen ebenso. Bei uns kann das wie „Reverse Engineering“ aussehen: Mögen unsere Handlungen also herzlich und expansiv sein, so dass unser Mind ebenfalls herzlich wird und expandiert.

Ammas ganzes Leben ist eine einzige Lehre von Mitgefühl. Handlungen aus Mitgefühl bewirken wiederum mehr Mitgefühl. Es gibt ein wunderschönes Beispiel aus Ammas Waisenhaus, Amṛta Niketan, in Parippaḷḷi, Bezirk Kollam in Keraḷa. Die 500 Waisenkinder essen dreimal täglich miteinander. Nachdem alle Kinder ihr Essen erhalten haben, rezitieren sie das 15. Kapitel der Bhagavad Gīta und bringen zwei Reisbällchen dar.[21]

Das erste ist für Amma; das zweite für all die hungernden Kinder auf der ganzen Erde. Die Kinder schließen ihre Augen und beten aufrichtig für die anderen Kinder, ihre Gesichter strahlen aufrichtige Hingabe aus, dabei fließen oft Tränen über ihre Wangen. Amma sagt, wir alle sollten uns Zeit nehmen, um über das Elend anderer Menschen nachzudenken. Das wird unser Herz öffnen und sich in unserem Handeln ausdrücken. Amma ermutigt uns alle, Zeit darauf zu verwenden, über das Elend anderer nachzudenken, da dies unser Herz öffnet und sich in unseren Taten ausdrückt.

Methoden zur Entwicklung

Wir könnten leicht ein Dutzend guter Eigenschaften aufführen, die wir gerne hätten. Doch wie können wir sie entwickeln?

Die einfachste Methode ist Satsaṅg – Zeit mit Menschen zu verbringen, die diese Eigenschaften haben. Kapitel zwei legte bereits dar: Je mehr wir uns mit dharmischen, d.h. rechtschaffenen

---

[21] Die Reisbällchen werden am Schluss des Essens als *Prasād*, d.h. gesegnetes Opfer, gegessen.

Menschen verbinden, desto mehr übernehmen wir selber ein rechtschaffenes Verhalten. Umgekehrt, je mehr wir uns mit Menschen mit adharmischen (nicht rechtschaffenen) Eigenschaften umgeben, desto wahrscheinlicher ist es, dass wir das adharmisches Verhalten übernehmen. Viele Menschen aus dem Westen, die in Amṛtapuri leben, entwickeln manchmal einen leichten indischen Akzent. Warum? Dass passiert wegen des Umgangs. Suchen wir uns gute Gesellschaft aus, können wir deren Eigenschaften aufnehmen. Das ist zu unserem eigenen Vorteil. Suchen wir uns hingegen schlechte Gesellschaft, zieht uns das rasch herunter. Selbst wenn unser Zugang zu dharmischen Menschen begrenzt ist, können wir immer noch spirituelle Biografien über sie lesen. Auch dies ist Satsaṅg.

Eine andere Möglichkeit ist, einen guten Vorsatz zu fassen bzw. ein Gelübde abzulegen. Haben wir beispielsweise ein Problem mit der Geduld, können wir feierlich geloben, dass wir unsere Geduld nicht verlieren werden. Danach sollten wir besonders wachsam sein, wenn wir in stressige, irritierende oder frustrierende Situationen geraten.

Es gibt einen Āśrambewohner, der ein Problem mit seinem Ärger hatte. Nicht nur dass er oft wütend wurde, er konnte auch oft die Beherrschung verlieren und Menschen mit einer scharfen Zunge angreifen. Nach so einem Vorfall wies Amma ihn an, Tagebuch zu schreiben. Jeden Abend, bevor er sich schlafen legte, sollte er über den Tag reflektieren und aufschreiben, wie oft er die Geduld verloren hatte. Amma forderte ihn auf auch aufzuschreiben, wenn er jemanden glücklich gemacht hat. Sie sagte, auf diese Weise würde er wie ein Geschäftsmann abends in seine Bücher schauen und über Gewinn und Verlust nachdenken. Er würde dadurch nach und nach Achtsamkeit entwickeln. Dies liegt jetzt einige Jahre zurück. Der Āśrambewohner ist inzwischen weitaus freundlicher geworden und spricht viel sanfter als früher - eine echte Transformation. Wir alle können diese Tagebuchtechnik übernehmen. Wählt eine Eigenschaft aus und fangt damit an.

Wenn wir jede Nacht schreiben, können wir dies auch tun, als ob wir direkt an Amma schreiben. Dies wird unsere Bindung zu Amma vertiefen.

Wenn wir einen bestimmten Wert oder eine gute Eigenschaft entwickeln wollen, sollten wir auch Zeit darauf verwenden, über ihre Vorteile sowie Nachteile ihres negativen Gegenstücks nachzudenken. Je klarer unser Mind die Verbindung zwischen dem Wert und seinen positiven Vorteilen erkennt, desto wahrscheinlicher ist es, dass wir entsprechend handeln. Ebenso gilt: Je klarer wir den Nachteil einer negativen Eigenschaft erkennen, desto eher werden wir davon absehen.

Ich erinnere mich einmal daran, dass eine Frau Amma bat, ihr bei ihrer Kaffeekonsumsucht zu helfen. „Warum möchtest du denn aufhören, Kaffee zu trinken?" Die Frau hatte keine klare Antwort. Ammas Punkt schien zu sein: Solange du nicht weißt, warum du dich ändern möchtest, wird keine Veränderung stattfinden. Es gibt viele Gründe, Kaffee aufzugeben - er verursacht Nervosität, Kopfschmerzen, Schlaflosigkeit, Gesundheitsprobleme, Reizbarkeit, etc. Wollen wir eine negative Gewohnheit aufgeben, sollte uns der Grund klar und bewusst sein. Wenn es keine Klarheit im Denken gibt, kann es niemals Klarheit in der Handlung geben.

Als spirituell Suchende sollten wir Zeit darauf verwenden darüber nachzudenken, wie die Entwicklung einer gewünschten Eigenschaft uns auf dem Weg zur Selbstverwirklichung helfen wird. Umgekehrt sollten wir darüber nachdenken, wie ihr negatives Gegenteil dieses Ziel behindern wird. Es ist notwendig, einen „Wert dem Wert zuliebe" zu entwickeln. Dies wird nur geschehen, wenn wir Zeit damit verbringen, über die Wichtigkeit der Eigenschaften nachzudenken. Das können wir in stiller Meditation tun, aber auch zu jeder anderen Tageszeit. Wir können es sogar dann tun, wenn eine negative Neigung, die wir überwinden möchten, auftaucht. Wie es mit allem im Leben ist - wir brauchen Übung.

Achtes Kapitel

Den Mind schärfen

„Welche Form der Meditation wir auch praktizieren, ob wir uns auf das Herz oder auf den Bereich zwischen den Augenbrauen konzentrieren, das Ziel ist dasselbe: eine zielgerichtete Konzentration, Konzentration auf einen Punkt“

Amma

Wenn die meisten Menschen an Spiritualität denken, ist das Erste, was ihnen in den Sinn kommt, Meditation. Leider ist Meditation einer der am meisten missverstandenen Aspekte des spirituellen Lebens. Was genau ist Meditation? Was ist ihr Zweck? Ist sie ein Ziel oder ein Mittel? Wie funktioniert sie? Offenbar ist sie ein so mysteriöser Prozess. Glücklicherweise haben wir in Amma eine lebende Meisterin, die uns auf der Grundlage ihrer eigenen Erfahrung maßgeschneiderte Anleitungen geben kann.

Im Wesentlichen gibt es zwei Formen der Meditation: Meditation über Gott mit einer Gestalt und Meditation über Ātman – dem höchsten Bewusstsein, das unsere Essenz ist. Die beiden werden Saguṇa-Meditation bzw. Nirguṇa-Meditation genannt[22].

Zur Saguṇa-Meditation gehören unterschiedliche Formen wie Ammas Mā-Om-Meditation, die Integrierte Amrta-Meditationstechnik® (IAM-Technik®), mentales Mantra Japa und die Mānasa Pūja (mentale Verehrung). Saguṇa bedeutet, dass

[22] Saguṇa bedeutet ‚mit Eigenschaften‘, Nirguṇa bedeutet ‚ohne Eigenschaften‘.

der Gegenstand der Meditation konkrete Eigenschaften besitzt. Bei diesen Meditationsformen unterscheidet man klar zwischen unserem Selbst – dem Meditierenden – und dem Gegenstand der Meditation. In der Mā-Om-Meditation beispielsweise, der kurzen Meditation mit Amma, zu der alle während ihrer Programme angeleitet werden, meditieren wir über das Ein- und das Ausatmen in Verbindung mit den Silben Mā und Om. Bei der IAM-Technik® gibt es eine vorgegebene Folge von Bereichen unseres Körpers, auf die wir uns nacheinander konzentrieren. Beim Japa oder Arcana konzentrieren wir uns auf ein Mantra bzw. auf viele. Bei der Mānasa-Pūja versuchen wir uns innerlich das Bildnis unserer geliebten Gottheit vorzustellen und es zu verehren.

So wie durch Karma-Yoga unser Mind verfeinert wird, indem wir frei werden von Vorlieben und Abneigungen, soll die Saguṅa-Meditation unsere Konzentrationskraft stärker auf einen Punkt lenken. Amma sagt: „Auf welchen Punkt unseres Körpers wir auch meditieren, das Ziel ist die fokussierte Konzentration." Das haben in der Tat die meisten mentalen spirituellen Übungen zum Ziel.

In diesem Zusammenhang sei eine Geschichte aus der Bibel erwähnt.[23] Als Jesus durch Galiläa reiste, kam er an einen Ort, wo ein Mann lebte, von dem man sagte, er sei von Dämonen besessen. Er hauste in den Grabkammern, redete wirres Zeug und jedem, der sich ihm näherte, jagte er Todesangst ein. Nach geraumer Zeit näherte er sich Jesus, und fragte ihn nach seinem Namen. Der Mann antwortete: „Nenne mich ‚Legion', denn wir sind viele." Die Bibel will damit sagen, der Mann glaubte nicht nur von einem, sondern von einer Vielzahl von Dämonen besessen zu sein. Jesus aber segnete den Mann und die Legion der Dämonen verließ ihn. Manche Menschen schreiben diesem Exorzismus eine symbolische Bedeutung zu. Diese Legion von Dämonen charakterisiert einen verworrenen Mind, dessen widersprüchliche

---

23 Markus, 5.1-20 und Lukas 8.26-39

Impulse und Ideen miteinander im Konflikt sind. Ein solcher Mind besitzt keine fokussierte Kraft und kann sich niemals entspannen. ‚Legion' Beispiel ist extrem, doch blicken wir in unser Inneres, wird deutlich, dass auch wir oft bis zu einem gewissen Grad ‚besessen' sind. Jesus zu begegnen heißt, mit einem Mahātma in Kontakt zu kommen, dessen Lehren uns helfen, unseren Mind zu beherrschen, zu konzentrieren und schließlich friedvoll zu werden.

Um auf irgendeinem weltlichen oder spirituellen Gebiet erfolgreich zu sein, ist Konzentration wichtig. So wie sich ein Börsenanalytiker auf die Börsenberichte konzentrieren muss und ein Baseball- oder Cricketspieler auf den Ball, muss sich ein Programmierer auf das Programm konzentrieren. Ein Schüler muss sich dementsprechend tagtäglich auf die Anweisungen seines Lehrers einstellen können. All dies verlangt Konzentration.

Die Schriften wiederholen immer wieder, dass wir nicht der Mind sind. Er ist vielmehr ein Werkzeug um mit unserer Umwelt zu interagieren. Als solches ähnelt er einem Computer. Wer mit einem Computer vertraut ist weiß, dass man ihn regelmäßig warten muss. Man muss die Festplatte defragmentieren und von unerwünschten Dateien reinigen, die System-Software auf den neuesten Stand bringen, eventuell auch den Arbeitsspeicher vergrößern usw. Außerdem müssen wir regelmäßig das Anti-Virus-Programm aktualisieren. So wie man durch solcherlei Vorkehrungen den Computer vor dem Absturz bewahrt, erhält regelmäßige Meditation den mentalen Computer friedvoll und gesund.

Meditation kann auch mit einem körperlichen Training verglichen werden. Um gesund zu bleiben, müssen wir regelmäßig einige Übungen ausführen. Das ist für jeden Menschen nötig. Für uns als spirituell Suchende kommt noch etwas anderes hinzu. Uns interessiert nicht nur, dass wir unsere mentale und physische Gesundheit aufrechterhalten. Wir wollen vielmehr einen Mind entwickeln, verfeinern, so dass er die höchste Wahrheit realisieren kann – um befreit in der Glückseligkeit des höchsten Selbst aufzugehen.

Es gibt im Śrīmad Bhāgavatam, dass vor vielen tausend Jahren geschrieben wurde, einen Abschnitt, in dem der Weise Śuka darüber spricht, wie materialistisch das kommende Zeitalter sein wird. In dieser Passage stellt er eine lange Liste von Vorhersagen zusammen. Es ist schockierend zu sehen, wie viel sich davon bereits bewahrheitet hat – vor allem, wenn man bedenkt, wie fromm die Zeiten waren, in denen das Bhāgavatam entstand. Śuka sagt über unser Zeitalter u.a. dies:

snānam-eva prasādhanam

„Schon das einfache Baden macht einen bereit"

Śrīmad Bhāgavatam,12.2.5

Das bedeutet, dass sich heutzutage nur sehr wenige Menschen um die innere Reinheit kümmern, die meisten bloß um die äußere. Die Reinigung des Minds ist für sie unwichtiger als die des Körpers.

Amma sagt, unser Mind sollte wie eine TV-Fernbedienung sein, die wir sicher in der Hand halten. Das heißt: vollkommene Kontrolle über den Mind zu haben, die Fähigkeit, in perfekter Übereinstimmung auf jede gegebene Situation zu reagieren. Wenn wir über etwas nachdenken wollen, sollten wir dies mit Konzentration tun können, sei es für fünf Minuten oder fünf Stunden. Wenn wir uns an ein vergangenes Ereignis erinnern möchten, sollten wir das können. Vielleicht ist es am wichtigsten, dass wir in der Lage sind, per Knopfdruck all diese Dinge auszuschalten und zu entspannen! Solche mentale Stärke ist das Ziel von Saguṇa-Meditation. Der Weg ist somit klar: von dem relativen Wahn einer ‚Legion' zu einem kontrollierten Mind.

Saguṇa-Meditation führt nicht unmittelbar zur Verwirklichung des Selbst. Es ist die tiefe Überzeugung, dass wir nicht Körper, Mind oder Intellekt sind, sondern reine Glückseligkeit, ewiges Bewusstsein. Das sagt uns Amma jeden Tag. Sie beginnt sogar jede öffentliche Rede mit: „Amma verneigt sich vor euch allen - die ihr wahrlich die Verkörperungen der reinen Liebe und des höchsten Selbst seid."

Viele von uns haben diese Aussage über unsere Göttlichkeit tausend Mal gehört oder gelesen - und dennoch bleiben wir dieselben mürrischen, gereizten und frustrierten Menschen! Wenn dieses Wissen wirklich befreit, warum leiden wir dann noch immer auf der mentalen Ebene? Amma gibt uns die Antwort: „Kinder, was euch fehlt, ist nicht Wissen, sondern Bewusstsein." Sie meint die Fähigkeit, selbst nicht in den stressigsten, actionreichsten und potenziell gefährlichsten, herausforderndsten Situationen - die Wahrheit über unser wahres Selbst niemals zu vergessen. In der Bhagavad Gīta wird gesagt:

naiva kiṁcit-karomīti yukto manyeta tattvavit
paśyañ-śṛṇvan-spṛśaṇ-jighrannaśnan
gacchan-svapañśvasan
pralapan-visṛjan-ghṛṇannunmiṣan-nimiṣannapi
indriyāṇīndriyārtheṣu vartanta iti dhārayan

„Selbst beim Sehen, Hören, Berühren, Riechen, Essen, Gehen, Schlafen, Atmen, Sprechen, Entleeren, Halten, Öffnen und Schließen der Augen ist der Weise im Selbst zentriert und weiß: ‚Die Sinne bewegen sich wegen den Sinnesobjekten, doch ich tue nichts von alledem.' "

Bhagavad Gīta, 5.8-9

Die meisten von uns können Vedānta intellektuell verstehen, aber wenn der Körper Schmerzen empfindet, vergessen wir die Wahrheit „Ich bin nicht der Körper." Die meisten von uns können intellektuell verstehen, dass wir nicht die Emotionen sind, aber wenn uns jemand Unrecht tut, vergessen wir diese Wahrheit und verlieren die Beherrschung. Die meisten von uns können sogar verstehen, dass das Zentrum dessen, was wir sind, über die intellektuellen Gedanken hinausgeht, die in unseren Köpfen auftauchen und verschwinden, aber wie viele von uns können dieses Bewusstsein den ganzen Tag über aufrechterhalten? Im Wesentlichen liegt das Problem in einem Mangel an Bewusstseinskraft – unserer Unfähigkeit, uns auf diese Lehre zu konzentrieren, während wir unser Leben führen.

Unsere Konzentrationskraft lässt sich durch verschiedene mentale, spirituelle Übungen steigern.

Wenn sie richtig entwickelt ist, können wir diese Kraft nutzen, um das Bewusstsein für unsere wahre Natur während unseres täglichen Lebens aufrechtzuerhalten. Ādi Śaṅkarācārya definiert in seinem Kommentar zur Chāndogya Upaniṣad die Saguṇa-Meditation als „das Erzeugen eines kontinuierlichen Flusses von ähnlichen Gedanken, die sich alle um ein spirituelles Thema drehen,– ein Gedankenfluss, der von keinen anderen fremden Gedanken unterbrochen wird.“ Śaṅkarā erläutert, dass Selbst-Verwirklichung auch lediglich eine weitergeführte mentale Modifikation ist - das Wissen, dass unsere wahre Natur glückseliges, ewiges Bewusstsein ist. Er sagt, der einzige Unterschied zwischen dieser mentalen Modifikation und anderen besteht darin, dass sich das Gefühl der Trennung zwischen uns, der Welt, den Menschen um uns herum und Gott verschwindet. Unsere Gedanken kreisen ständig um unsere wahre Natur um das Selbst. Da jegliche Trennung aufgehoben ist, lösen sich auch daraus entspringende Gefühle wie Ärger, Depression, Einsamkeit, Eifersucht und Frustration auf.

Den Mind durch Saguṅa-Meditation zu schärfen, um anschließend den verfeinerten Mind auf die Lehren der Schriften zu konzentrieren, dies wird in der Muṇḍaka Upaniṣad[24] durch die Metapher von Bogen, Pfeil und Zielscheibe verdeutlicht. Im Wesentlichen wird uns geraten, den Pfeil des Minds durch Saguṇa-Meditation zu schärfen und ihn dann mit dem mächtigen Bogen der spirituellen Weisheit, den die Upanishaden darstellen,

---

24 Muṇḍaka Upaniṣad, 2.1.4-5

auf das Ziel zu richten - das unvergängliche, allgegenwärtige, glückselige Bewusstsein.

Die Gīta beschreibt die Rolle der Saguṇa–Meditation mit diesen Versen:

tatraikāgraṁ manaḥ kṛtvā yata-cittendriya-kriyaḥ |
upaviśyāsane yuñjyād-yogam-ātma-viśuddhaye ||

„Indem er dort auf seinem Sitz sitzt, den Mind auf einen Punkt fokussiert und die Denkkraft sowie die Sinne zügelt, sollte er Yoga zur Selbstreinigung praktizieren"

Bhagavad Gita 6.12

Saguṇa-Meditation ist ein Sprungbrett, ein ‚Schärfen des Pfeiles'. Saguna-Meditation und Karma-Yoga reinigen beide unsere „mentales Werkzeug". Auch wenn Karma-Yoga und Saguṇa-Meditation nicht unmittelbar zur Verwirklichung des Selbst führen, wäre es töricht zu behaupten, sie seien deshalb nicht wichtig. Sie sind wesentlich. Ohne sie können wir niemals das angestrebte Ziel erreichen. Vielleicht ist das, was wir bei einer Pūja (Verehrung) besonders gerne tun, das Essen des Prasād (geweihte Opfergabe). Doch führen wir nicht alle vorhergehenden Schritte aus – Verehrung, Darbringung, Gebete, Arati usw. –, so ist das Prasād kein Prasād, sondern lediglich ein Nahrungsmittel. Ähnlich wird der Segen der Weisheit und nur dann erreichen, wenn wir die vorgesehenen Schritte durgeführt haben. Amma vergleicht oft diese Schritte mit dem Reinigen des Gefäßes (d.h. des Minds), bevor man die Milch (Weisheit) hinzufügt. „Gießen wir Milch in einen schmutzigen Topf, verdirbt die Milch", sagt Amma. „Wir müssen den Topf reinigen, bevor wir Milch hineingießen. Jene, die spirituell sich weiterentwickeln möchten, sollten zuerst versuchen, den Mind zu reinigen, dies bedeutet, negative und unnötige Gedanken zu beseitigen und Selbstsucht und Wünsche zu reduzieren." Manche Menschen sagen, sie seien an der Ausübung der Saguṇa-Meditation nicht interessiert. Sie behaupten, ihre Konzentrationskraft verbessert sich beim Nachdenken über ihr wahres Wesen. Śaṅkara sagt jedoch, es sei vor allem zu Beginn unseres spirituellen Lebens besser, die Konzentrationskraft mit Hilfe von Saguṇa–Meditationen zu stärken, da die Kontemplation über etwas ohne Namen oder Form äußerst subtil ist und daher umso schwieriger. Solange der Mind nicht angemessen verfeinert ist, enden solche Versuche, über die formlose Realität zu kontemplieren, oft nur in Schlaf oder Trance. Die Saguṇa-Meditationen hingegen – als Konzentration auf eine Form oder einen Namen Gottes, auf den Atem oder auf Körperzonen usw. - sind relativ einfach. Deshalb können wir diese Meditationsformen so lange nutzen, bis unsere Konzentrationskraft sich verbessert hat. Wir werden im nächsten Kapitel sehen, dass die Nirguṇa-Meditation (Meditation über das formlose Selbst), wenn man bereit ist, ständig praktiziert werden soll, auch beim Gehen, Sprechen, Essen, Sitzen usw. In diesem Kontext ist es relevant, dass Amma uns dazu anleitet, das Mantra-Japa nicht nur für eine bestimmte Zeit im Sitzen und mit geschlossenen Augen durchzuführen, sondern es gleichfalls „bei jedem Atemzug" zu versuchen. Das ist für den Mind eine Vorbereitung auf die beständige Nirguṇa-Meditation, der ultimativen spirituellen Übung.

Śaṅkara weist darauf hin, dass der durch die Saguṇa-Meditationen gereinigte Mind uns „einen flüchtigen Blick in die Wirklichkeit des Selbst" gewähren kann. Solche Einblicke inspirieren uns dazu, immer intensiver und enthusiastischer zu üben.

Yoga Sūtras

Die wohl bedeutendste Autorität hinsichtlich Saguṇa-Meditation ist der Weise Patañjali. Er schrieb die Yoga-Sutras, eine Anleitung zum schrittweisen erfolgreichen Meditieren. Diesen Sūtras (Aphorismen) entstammt der oft zitierte Ausdruck ‚Aṣṭāṅga Yoga' (Yoga der acht Schritte). Patañjali zufolge sollte man sich Yoga in acht aufeinanderfolgenden Schritten aneignen: Yama,

Niyama, Āsana, Prāṇāyāma, Pratyāhār, Dhāraṇa, Dhyāna und Samādhi. Diese lassen sich übersetzen als die „Dinge, die man tun und nicht tun sollte", dazu Atemkontrolle, Rückzug der Sinne, geistige Konzentration, fortgesetzte geistige Konzentration und völlige Absorption (Samādhi).

Yama

Patañjali zufolge – wenn wir in unserer Meditationspraxis erfolgreich sein wollen – sollten wir zunächst die fünf Yamas (Verbote) und Niyamas (Gebote) befolgen. Die Yamas heißen Ahimsa, Satya, Asteya, Brahmacārya und Aparigraha.

Ahimsa bedeutet ‚Ohne-Gewalt'. Um erfolgreich zu meditieren sollten wir Gewalt vermeiden. Dies ist eine der wichtigsten Regeln, die für alle Menschen gilt. Von wenigen Ausnahmen abgesehen sollten wir stets vermeiden, jemandem Schaden zuzufügen. Das ist nicht nur wichtig für das harmonische Wachstum einer Gesellschaft, sondern ebenso für unser inneres Wachstum. Die höchste Wahrheit, die alle Weisen verkünden, lautet, dass wir in der Essenz alle Eins sind. Wollen wir diese Wahrheit verwirklichen, sollten wir beginnen, einander als Eins zu behandeln. Würde jemand mit klarem Mind sich absichtlich selbst Schaden zufügen? Sollte dies noch nicht Grund genug dafür sein, sich der Gewalt zu enthalten, bleibt die Tatsache bestehen, dass unsere gewalttätigen Handlungen kraft des Karma-Gesetzes zu uns zurückkommen.

Wenn wir versuchen, das Leben ohne Gewalt zu leben, sollten wir das auf drei Ebenen praktizieren – auf der physischen, der verbalen und der mentalen Ebene. Schneidet uns ein Fahrer im Straßenverkehr die Vorfahrt und wir versuchen ihn daraufhin zu rammen, so ist dies physische Gewalt. Die meisten von uns können sich solcher Reaktionen enthalten. (Wie viele von uns drücken aber nach so einem Vorfall auf die Hupe oder zeigen ‚liebevolle' Gesten?) Es wäre verbale Gewalt, eindeutige Worte aus dem Fenster zu rufen. Mentale Gewalt ist die subtilste Gewalttätigkeit und deshalb am schwierigsten zu überwinden. Zu ihr gehört jeder bösartiger Gedanke - etwa die Überlegung, gegen den Betreffenden physische oder verbale Gewalt anzuwenden. Wir tolerieren oft unsere mentale Himsa (Gewalt) und glauben, sie habe keine negative Auswirkung. Doch lassen wir sie unkontrolliert durchgehen, zeigt sie sich vermutlich auf der verbalen oder physischen Ebene. In ihrer Ansprache auf dem Weltfriedensgipfel der UNO im Jahre 2002 in New York sagte Amma zu diesem Thema: „Allein das Verlagerung der Atomwaffen der Welt in ein Museum wird nicht von selbst Weltfrieden bringen. Zuerst müssen die Atomwaffen des Minds beseitigt werden."

Das zweite Yama ist Satyam – die Wahrheit sprechen oder nicht lügen. Wir sollten prinzipiell nur die Wahrheit sagen. Doch bevor wir die Wahrheit aussprechen, sollten wir uns überlegen, wem wir damit helfen oder schaden. Wir können sie aussprechen, wenn sie mehr Menschen hilft als schadet. Ansonsten schweigt man besser. Wie Amma sagt: „Nur weil jemand wie ein Affe aussieht, muss man nicht zu ihm gehen und ihm das sagen." Wird niemandem geholfen, dann lohnt es sich wahrscheinlich gar nicht, es zu sagen. Es besteht keine Notwendigkeit, zur Lärmbelästigung des Planeten beizutragen. Wahrheit ist die Natur des Menschen. Wenn wir lügen, handeln wir gegen unsere Natur. Das ist so, als ob wir unser System verunreinigen.

Das dritte Yama ist Asteya – Nicht-Stehlen. Es gibt den wunderbaren Satz, die einzige Sünde sei das Stehlen. Durch Töten stehlen wir einem Menschen sein Recht auf das Leben. Mit Lügen stehlen wir jemandem das Recht auf die Wahrheit. Durch Betrug stehlen wir jemandem das Recht auf faire Behandlung. Diebstahl findet statt, wann immer wir etwas auf illegitime Weise erwerben. Stehlen ist ein universelles Tabu. Selbst der Dieb weiß, dass es falsch ist, sonst würde es ihm nichts ausmachen, wenn einer seiner Kollegen ihn ausraubt.

Das nächste Yama ist Brahmacārya. Unter Brahmacārya versteht man üblicherweise Zölibat, wobei man nicht in allen

Bereichen der Gesellschaft ein volkommenes Zölibat erwartet. Brahmacārya lässt sich in diesem Zusammenhang definieren als Vermeiden von sexuellem Verhalten, welches für unseren jeweiligen Platz in der Gesellschaft unangemessen ist. Das variiert von Kultur zu Kultur. Natürlich sind den Brahmacāris (spirituelle Schüler) und Sannyāsis (Mönche) derartige Aktivitäten verboten. Es ist nichts Schlechtes daran, bringen verheiratete Paare ihre gegenseitige körperliche Zuneigung zum Ausdruck. Jedoch erwartet man von ihnen, solche Gefühle auf den eigenen Partner zu beschränken. Amma sagt, man solle in die Ehe gehen, um seine Begierden zu überwinden und nicht, um sich weiter darin zu verstricken.

Das letzte Yama ist Aparigraha – Nicht-Horten. Dinge zu besitzen ist in Ordnung, aber wir sollten nicht maßlos sein. Im Allgemeinen rät uns Amma, uns auf das Minimum zu beschränken, insbesondere was Luxus betrifft. Häufig bittet sie Frauen, ihre jährlichen Ausgaben für Kleidung zu reduzieren und Männer, den Konsum von Alkohol und Zigaretten aufzugeben. Das dadurch gesparte Geld, schlägt Amma vor, kann für wohltätige Zwecke gespendet werden.

Diese fünf Yamas gehören zu den menschlichen Grundwerten und sollten wirklich von jedem befolgt werden, nicht nur von Meditierenden. Sie haben jedoch im Hinblick auf erfolgreiche Meditation eine besondere Bedeutung. Verletzen wir nämlich eines der vier ersten Yamas – Gewaltlosigkeit, Wahrhaftigkeit, Nicht-Stehlen und eheliche Treue – gräbt sich das normalerweise tief in unseren Mind ein. Versuchen wir dann zu meditieren, kommt es wieder an die Oberfläche unseres Bewusstseins. Das hindert uns an der fokussierten Konzentration, sei es in Form von Gewissensbissen oder einfach in Form wiederauftauchender Erinnerungen. Dieses letzte Yama, Aparigraha, verstört den Mind, da mit dem Ansammeln von Dingen unsere Wünsche außer Kontrolle geraten. Das manifestiert sich bei unseren Meditationsversuchen entweder als Angst vor Verlust des Angesammelten oder wir grübeln darüber nach, wie wir noch mehr ansammeln können.

Niyama

Als nächstes betrachten wir die fünf Niyamas, die Gebote für Meditierende. Das erste ist Saucam – Sauberkeit. Die Schriften weisen darauf hin, Körper, Kleidung und unmittelbares Umfeld sauber zu halten. Schmutzig zu sein ist nicht nur für uns und andere ungesund, sondern schadet auch unserem Mind. Ist unsere Arbeitssphäre ungeordnet, dann lassen wir uns viel eher ablenken. Je geordneter alles ist, desto konzentrierter können wir sein. Ist ihre Umgebung geordnet, fühlen sich Menschen erst dann mental organisiert. Vor der Meditation sollten wir also für eine aufgeräumte und saubere Umgebung sorgen.

Das zweite Niyama ist Santoṣam – Zufriedenheit. Amma sagt, dass Zufriedenheit eine innere Haltung ist. Wir können nicht ständig die äußere Welt unseren Vorlieben und Abneigungen anpassen, aber die innere Welt sollte unter unserer Kontrolle sein. Wer erfolgreich meditieren möchte, muss unbedingt den festen Entschluss fassen - komme, was wolle, ich werde immer fröhlich und bei guter Laune bleiben. Das bedeutet nicht, dass wir nicht nach Erfolg streben oder uns verändern sollten. Wir sollten uns durchaus bemühen, in unserem Beruf oder in unseren bevorzugten Betätigungsfeldern erfolgreich zu sein, aber wir sollten Erfolg und Misserfolg in diesen Bereichen nicht mit unserem inneren Frieden verbinden. Bemühe dich, aber bleibe bei Erfolg oder Niederlage gleichermaßen zufrieden. Santoṣam geht Hand-in-Hand mit dem Yama Aparigraha. Denn wenn wir lernen, uns mit dem Minimum an Luxus zufrieden zu sein, sind wir in der Lage, den Rest unserer Ressourcen zum Wohle der Gesellschaft zu nutzen. Die Kultivierung von Zufriedenheit ist wichtig, denn wenn wir den menschlichen Mind wirklich analysieren (wie im fünften Kapitel besprochen), werden wir sehen, dass niemand jemals Zufriedenheit durch Besitz erlangen kann. Egal wie viel jemand hat, er wird immer noch mehr wollen. Sobald wir eine Gehaltserhöhung bekommen, denken wir bereits an die nächste. Der Kongressabgeordnete möchte Senator werden, der Senator möchte Präsident werden und der Präsident möchte die ganze Welt beherrschen. Verstehen wir diese Wahrheit, werden wir versuchen, eine nicht auf Geld oder Besitz oder Status beruhende Zufriedenheit zu entwickeln. Ohne ein gewisses Maß an Zufriedenheit kann man sich niemals während der Meditation konzentrieren.

Das dritte Niyama ist Tapas – Verzicht. Nur durch Verzicht können wir den Mind und die Sinnesorgane unter Kontrolle halten. Wenn wir uns keine Grenzen auferlegen, verhalten wir uns wie ein unbeaufsichtigtes Kind in einem Süßwarenenladen. Das Ergebnis ist Chaos und ein krankes Kind! Auf die gleiche Weise, wenn der Mensch sich nicht selbst kontrolliert, schadet er nur der Gesellschaft und sich selbst. Es gibt in Indien ein nettes Sprichwort: „Lass die Ziegen frei im Garten herumlaufen und sie werden ihn verwüsten; binde sie an einen Pfosten und sie werden das Gelände ordentlich abgrasen.“ Nur durch Enthaltsamkeit erlangen wir wirklich mentale Stärke. Dies ist die Bedeutung aller verschiedenen Gelübde, die Menschen im religiösen Leben ablegen. So empfiehlt Amma, einen Tag pro Woche zu fasten und zu schweigen. Wenn wir wissen, dass wir ohne etwas Bestimmtes auskommen können, hat es keine Kontrolle mehr über uns. In der Meditation möchten wir uns hundertprozentig auf ein einziges Objekt konzentrieren; solange wir aber Mind und Sinne nicht wenigstens relativ kontrollieren können, indem wir ihren Wünschen nicht immer nachgeben, werden wir niemals konzentriert meditieren.

Das vierte Niyama ist Svādhyāya, was wörtlich „Selbst-Studium“ heißt. Das Studium der Schriften und Worte unseres Lehrers (Guru) ist keine extrovertierte Handlung. Der Guru und die Schriften sind der Spiegel, mit dem wir in unser Inneres blicken und worin wir erkennen, wer wir wirklich sind. Amma sagt, dass ein ernsthafter Sucher jeden Tag etwas Zeit damit verbringen sollte, die Schriften und die Lehren des Gurus zu studieren. Das ist tatsächlich auch die erste Anweisung in Ādi Śaṅkarācāryas ‚Sādhana Pañcakam': ‚vedo nityam adhīyatām' – „Mögest du die Schriften täglich studieren." Nur wenn wir die Schriften studieren, erkennen wir das höchste Ziel des Lebens und sehen, wie es erreicht werden kann. Außerdem können wir weder richtig meditieren noch den Stellenwert der Meditation auf dem spirituellen Pfad verstehen, wenn wir diese Dinge nicht zuerst aus einer reinen Quelle erlernen – sei es von Amma oder aus den überlieferten Schriften.

Die letzte Regel heißt Iśvara Praṇidhānam – sich Gott hingeben. Das bedeutet, all unsere Handlungen als Verehrung Gottes auszuführen. Dies entspricht im Wesentlichen dem Karma Yoga, bei dem wir all unser Tun Gott übergeben und alle Handlungsresultate als Prasād annehmen. Wie in Kapitel fünf erwähnt, überwinden wir durch Karma Yoga unsere Vorlieben und Abneigungen. Ehe wir keine Kontrolle über sie erlangen, ist unser Mind nie friedvoll genug, um konzentriert meditieren zu können.

Āsana

Der nächste Schritt in Patañjalis System ist Āsana. Āsana bedeutet „Position" oder „Sitzhaltung". Bevor wir unsere Meditation aufnehmen, sollten wir dafür sorgen, aufrecht in guter Haltung zu sitzen. Genauso wie im sechsten Kapitel der Gīta Arjuna von Kṛṣṇa unterwiesen wird, ermahnt uns Amma immer, aufrecht und still zu sitzen, Wirbelsäule, Nacken und Kopf in einer Linie, das Kinn außerdem leicht angehoben. Unsere Hände können wir entweder im Schoß falten oder auf den Oberschenkeln ablegen, die Handflächen nach oben. Diese Position befreit die Lunge vom Gewicht des Brustkorbes und lässt den Atem leicht und frei während der Meditation fließen. Die Lage der Hände und das

Aufrichten der Wirbelsäule lassen außerdem das Prāṇa (Energie) frei strömen. Das ist für die Meditation förderlich. Man kann in jedweder bequemen Position sitzen – die Beine einfach gekreuzt, im halben Lotus oder falls möglich im Padmāsana (Voll-Lotus). Man sollte sich nicht anstrengen und sich zu keiner Position zwingen, aus der man nicht ohne weiteres wieder aufstehen kann. Eine Sitzhaltung, die uns dazu bringt, über Unbequemes zu meditieren, hat keinen Sinn. Man kann auch, falls nötig, in einem Sessel sitzen, doch ohne sich anzulehnen, denn das fördert die Müdigkeit. In der Gīta sagt Kṛṣṇa, das Kissen oder die Matte, auf der wir sitzen, sollte weder zu weich noch zu hart sein. Es wird auch nicht empfohlen, ohne Matte oder Decke auf dem Boden oder auf der Erde zu sitzen. Meister der Meditation sagen, so wie der elektrische Strom durch die Erdung an Kraft verliert, schwächt sich auch die Körperenergie beim direkten Kontakt mit der Erde ab.

Āsana kann sich auch auf die Āsanas des Haṭha-Yoga beziehen - an die man gemeinhin beim Wort „Yoga“ denkt. Regelmäßiges Üben des Haṭha-Yoga ist ein ausgezeichneter Weg, um Gesundheit und Vitalität zu erhalten. Man sollte allerdings von einem wirklichen Meister im Haṭha-Yoga unterrichtet werden. Diese Streckübungen sind recht kompliziert und falsch angewandt können sie negative Folgen haben. Man sollte auch beachten, dass Haṭha-Yoga in Patañjalis Aṣṭāṅga-System nicht als Selbstzweck dient. Es sollte vielmehr als Vorbereitung für die Sitzmeditation ausgeführt werden: zur Lockerung des Körpers, um während der geplanten Meditationsdauer gut sitzen zu können, um das Fließen von Prāna anzuregen und den Mind langsam nach innen zu lenken. Dies ist auch das Ziel von allen Āsanas, die Amma in der IAM-Technik® vorgibt.

Prāṇāyāma

Der nächste Schritt nach Āsana ist Prāṇāyāma, also ‚Atemkontrolle‘. Prāṇāyāma hat genau wie Haṭha-Yoga äußerst subtile

Wirkungen und kann schädlich sein, wenn es nicht richtig unter direkter Aufsicht eines erfahrenen Meisters durchgeführt wird. Heutzutage unterrichten viele Einzelpersonen und Institutionen sehr subtile Prāṇāyāma-Techniken für jeden, der bereit ist, die Gebühren zu zahlen. Amma hält dies für sehr gefährlich und warnt oft davor. Einfaches Prāṇāyāma kann zwar fast jeder praktizieren[25]. Das komplexere Prāṇāyāma jedoch wird traditionellerweise - der jeweiligen Körperbeherrschung und Energie entsprechend - für jeden individuell zusammengestellt.

Amma rät uns zu besonderer Vorsicht und warnt davor, den Atem beim Ein- oder Ausatmen forciert anzuhalten. Sie sagt: „Weihte der Guru in den alten Zeiten jemanden in Prāṇāyāma ein, so hielt er dem Schüler die Faser einer braunen Kokosnussschale oder einen Grashalm oder Faden unter die Nase und beobachtete die verschiedenen Aspekte seines Atems – z.B. Stärke, Dauer, Atemlänge und die Art des Strömens aus jedem Nasenloch. Erst dann unterwies er ihn in dem erforderlichen Stil, in der Dauer und der Zahl der Wiederholungen."

In den Meditationstechniken, die Amma lehrt, finden sich keine Anweisungen zu einem komplizierten Prāṇāyāma. Abgesehen von einem ganz kurzen, kräftigen Prāṇāyāma zu Beginn der IAM-Technik®, empfiehlt Amma vor allem Prāṇa Vīkṣana – normales Atmen mit Achtsamkeit. Das ist tatsächlich das Herzstück der Mā-Om-Technik. Der Atem sollte gleichmäßig und weich fließen. Bei der Mā-Om-Meditation lässt uns Amma beim Einatmen im Mind das Bījākṣara (die Keimsilbe) Mā rezitieren und beim Ausatmen das Om. Diese Form von Prāṇāyāma ist bekannt als Sagarbha Prāṇāyāma, was wörtlich „vom Mantra befruchtet" bedeutet. Erstaunlich ist, wie genau diese von Amma gelehrten Meditationstechniken mit den Übungen, die in verschiedenen traditionellen Schriften überliefert sind, übereinstimmen. Solche

---

25 Menschen mit Herzproblemen, Asthma, Bluthochdruck und Schwangere sollten ihren Arzt konsultieren.

Dinge bestätigen die Aussage, dass ein Satguru eine lebendig heilige Schrift ist.

In Patañjalis System ist Prāṇāyāma, genau wie Āsana, nicht Selbstzweck, sondern ein Schritt auf dem Weg, den Mind mehr und mehr nach innen zu wenden. Haṭha-Yoga lenkt den Fokus des Minds auf den physischen Körper. Beim Prāṇāyāma wird unser Fokus subtiler - auf die eigentliche Lebenskraft im Körper gelenkt. So sehen wir, wie uns Patañjali systematisch Schritt für Schritt nach innen führt und wie dadurch unsere Praxis immer subtiler und somit wirkungsvoller wird.

Pratyāhāra

Der nächste Schritt des Yoga ist Pratyāhāra – Rückzug der Sinne. Das entspricht dem gesunden Menschenverstand. Wir können uns nicht auf etwas konzentrieren, solange unsere Sinne – Augen, Ohren, Nase, Zunge, Haut - noch aktiv nach außen gerichtet sind. Die Augen können wir zwar schließen und es höchstwahrscheinlich auch unterlassen, während unserer Übungen etwas zu essen. Doch stört uns eine Berührung, ein Geruch oder ein Geräusch, fällt es uns schwer zu meditieren. Deshalb schreiben uns die Schriften vor, in zumindest relativer Abgeschiedenheit oder morgens früh zu meditieren, wenn der Rest der Welt schläft. Der Meditationsplatz sollte sauber sein. Unsaubere Orte riechen oft unangenehm und vielleicht tummeln sich dort Fliegen – penetrante Störenfriede für den Meditierenden! So lassen sich unsere, nach außen gerichtete Sinne zügeln. Der Mind kann seinen Fokus auf unseren gewählten Meditationsgegenstand lenken.

Nun sagt aber Amma, wir sollten die Fähigkeit entwickeln, an jedem Ort zu meditieren. Als ich zum ersten Mal den Āśram besuchte, war es üblich, dass die Dorfbewohner Berge von Kokosschalen in den Backwaters zurückließen. Das Salzwasser fördert den Zersetzungsprozess der Schalen, so ließen sie sich leichter zerfasern, um daraus Kokosseile zu flechten. Nun, ich kann wohl sagen, dass kaum etwas übler riecht als ein Haufen verrottender Kokosschalen! Dazu der Lärm der Frauen, die auf die Schalen hämmerten, war ein noch stärkerer Angriff auf die Sinne. Amma ließ uns nun genau dort stundenlang meditieren. Nach Ammas Auffassung sollte man seine Meditation nicht aus Mangel an Stille oder eines „passenden Ortes" verschieben. Zur geplanten Meditationszeit sollten wir uns mental zurückziehen und konzentrieren können, egal wo wir uns befinden. Indem Amma uns ermunterte, in der Nähe von verrottenden Schalen zu meditieren, half sie uns, diese Fähigkeit zu entwickeln.

Dhāraṇa

Der nächste Schritt ist Dhāraṇa – mentale Konzentration. Das heißt, man lenkt den unbelasteten Mind einfach auf den ausgewählten Bereich. Das kann das mentale Bild eines Gottes, einer Göttin oder eines Gurus sein. Es können unser Atem oder ein Mantra oder auch Bereiche unseres Körpers sein. Die Veden zählen Hunderte solcher Objekte für unsere Meditation auf, vorwiegend in den Araṅyaka-Bereichen.

Das können also alle möglichen Gegenstände sein, doch die Schriften weisen darauf hin, dass wir sie mental ganz bewusst mit dem Göttlichen in Verbindung bringen sollen. Aus diesem Grund weist Amma bei der Mā-Om Meditation stets darauf hin, dass der Klang Om ein Symbol für das göttliche Licht, bzw. unser Bewusstsein ist, und der Klang Mā ein Symbol für die göttliche Liebe. Wir denken daraufhin zwar nicht über das Bewusstsein oder die göttliche Liebe nach. Wir lenken jedoch dadurch einfach unsere Konzentration auf den Atem, verbunden mit dem Klang Mā und Om. Ein Saṅkalpa (Entscheidung) hinsichtlich dessen, was sie repräsentieren, wurde getroffen.

Dhyāna

Dhāraṇa ist einfach ein Gedanke. Der nächste Schritt, Dhyāna, ist eigentlich eine Fortsetzung davon oder wie Śaṅkara sagt „Die kontinuierliche Entwicklung ähnlicher Gedanken über etwas, das in den Schriften dargelegt wird, und ohne Unterbrechung durch fremde Ideen." Auf der Stufe von Dhyāna hält der Mind einen einzigen Gedanken fest, was aber nur mit Mühe erreicht werden kann. Es ist ein Kampf. Sicherlich haben wir alle schon ähnliche Erfahrungen gemacht: Wir sitzen in der Meditation und versuchen zum Beispiel, uns auf Devis Gestalt zu konzentrieren. Auf ihre Krone, auf ihr Haar, dann auf ihren Sāri... Bei der bildlichen Vorstellung des Sāris denken wir vielleicht: Oh, Devis Sāri ist so schön, von wunderbar tiefem Blau... Blau wie das Meer ... Dann schaltet sich unser heimtückischer Mind ein: Im letzten Sommer, meine Kreuzfahrt nach Venezuela. Schon denken wir an ein dortiges Restaurant, in dem wir aßen und welche interessanten Leute wir dort trafen. Der Typ in dem Restaurant hatte wirklich eine tolle Uhr. Oh, ich brauche wirklich eine neue Uhr. Ich sollte morgen mal ins Einkaufszentrum gehen. Als ich das letzte Mal dort war, habe ich mich mit meiner Schwester gestritten, mit Devika. Oh je! Plötzlich fällt uns wieder ein, dass wir eigentlich über Devi meditieren wollten.

So funktioniert der Mind – als Fluss von Gedanken. Normalerweise ist dieser Fluss ziemlich wild – ein Gedankenstrom basierend auf Assoziationen und Vāsanas (mentale Tendenzen). Durch Übung können wir die Fähigkeit entwickeln, diesen Gedankenstrom auf ein einziges Objekt zu lenken. Vergleichbar ist das mit dem Legen von Eisenbahngleisen. Sie sorgen dafür, dass wir in der Spur bleiben und unser gewünschtes Ziel erreichen. Mit zunehmender Achtsamkeit wächst auch unsere Fähigkeit, dem Mind auf die Schliche zu kommen, wenn er vom Kurs abweicht. Dhyāna bezieht sich auf die Fähigkeit, sich unablässig auf einen bewusst ausgewählten mentalen Gegenstand zu konzentrieren.

Samādhi

Der Höhepunkt der Saguṇa-Meditation ist Samādhi – ein vollkommen müheloses Aufgehen in einem gewählten Gedanken. Dann fließt der Mind ungehindert und nach traditioneller Analogie so ruhig wie die Flamme einer Öllampe brennt, geschützt von einem Glasgehäuse. Bis hin zu dieser Meditationsstufe gibt es immer zwei – den Meditierenden und den Gegenstand der Meditation. Im Samādhi vergisst der Meditierende sich völlig und das Meditationsobjekt wird seine einzige existierende Realität. Dies ist der Höhepunkt der Saguṇa-Meditation. Selbst in unserem täglichen Leben, in Momenten, während wir Fernsehen oder einen Film ansehen, können wir so in das Geschehen vertieft sein, dass wir uns völlig vergessen. Im Nu sind dann zwei Stunden vergangen! Offensichtlich besteht der Unterschied zwischen Fernsehen und Meditation darin, dass es die natürliche, niedrigere Tendenz des Minds und der Sinnesorgane ist, nach außen zu gehen. In der Meditation trainieren wir diese beiden dazu, nach innen zu gehen. Wir alle kennen Augenblicke, in denen wir in Gedanken verloren sind - in intellektuellen Vorstellungen oder in einem Tagtraum. Doch solange unsere Konzentration unwillkürlich ist, wird sie niemals die geistige Verfeinerung herbeiführen, die wir durch Saguṇa Meditation suchen.

Es ist wichtig zu beachten, dass Samādhi in der Meditation nicht mit Selbstverwirklichung (Ātma-Sākṣakāra) verwechselt wird. Mann nennt diese Erfahrung advaitisch, nicht-dual, da wir ein für alle Mal erkennen, dass es in uns und außerhalb von uns nichts als Bewusstsein gibt. Dieses Verständnis ist dauerhaft und bleibt bei uns, egal ob wir mit geschlossenen Augen in Meditation sitzen oder essen oder schlafen oder gehen oder sprechen. In Patañjalis ‚Samādhi' hängt die Glückseligkeit davon ab, ob der Mind auf einen Punkt ausgerichtet ist. Dadurch wird der Mind so ruhig, dass das Glück des Selbst durch die mentalen Schichten scheint, die es normalerweise verbergen. Śaṅkara sagt, so erhalten wir einen „einen flüchtigen Blick in die Wirklichkeit des Selbst.“ Öffnet man am Ende der Meditation wieder die Augen, kehrt indes die dualistische Weltsicht zurück; der flüchtig erhaschte Einblick ist nicht mehr zugegen und wir sind wieder dieselbe negativ denkende Person. Deshalb wird gesagt, dass dauerhaftes Glück nur durch Wissen kommen kann. Die Ursache für dieses Missverständnis – Samādhi in der Meditation sei dasselbe wie Selbstverwirklichung – besteht darin, dass manchmal die Verwirklichung des Selbst als ‚Samādhi' bezeichnet wird. Die Verwirklichung des Selbst heißt aber Sahaja Samādhi, was ein ‚natürlicher Samādhi' ist, der aus dem Verständnis entsteht, dass alles das Eine ist.

Es ist eigentlich ein wunderschönes, faszinierendes Konzept. Beim meditativen Samādhi beschränken wir uns mental auf nur einen Gedanken und erfahren schließlich Glückseligkeit. Beim Sahaja Samādhi erkennen wir, dass alles, was wir sehen und uns vorstellen, wahrlich dieselbe Essenz ist, wodurch wir Glückseligkeit erfahren. Im ersten Fall reduzieren wir die Pluralität auf das Eine dank der Disziplin. Im letzteren reduzieren wir sie durch tiefes Verständnis auf das Eine. Meditativer Samādhi ist nur vorübergehend; er endet beim Abschluss der Meditation. Samādhi, der auf Verstehen beruht, endet niemals.

Amma sagt oft, dass die meisten Menschen sich während einer stundenlangen Meditation nur ein oder zwei Minuten wirklich konzentrieren können. Sie betont, wahre Meditation bestehe nicht einfach darin, mit geschlossenen Augen dazusitzen – obwohl auch das in Ordnung sei. Es ist „ein Zustand ununterbrochener Konzentration, die wie ein endloser Strom ist“ - genau wie Patañjalis Samādhi. Unsere Konzentrationskraft wird jedoch, wie Amma sagt, mit der Zeit und durch Üben stärker. Amma erklärt das oft so: „Angenommen, wir setzen Wasser auf den Herd, um Tee zuzubereiten. Fragt uns jemand, was wir da gerade kochen, antworten wir: „Tee“. Dabei beginnt das Wasser doch erst sich zu erwärmen. Wir stehen erst am Beginn. Noch haben wir keine

Teeblätter, Milch oder Zucker hinzugefügt. Dennoch sagen wir, dass wir gerade Tee kochen. Genauso sagen wir auch, dass wir meditieren, obwohl wir erst am Anfang davon stehen. Wir haben den Zustand wirklicher Meditation noch nicht erreicht."

Andere spirituelle Übungen

Die Steigerung unserer Konzentrationskraft ist das Ziel der meisten spirituellen Praktiken. Im Unterschied zu den anderen Übungen ist Meditation eine rein mentale Aktivität. Die Konzentration auf das Meditationsobjekt muss mit dem Mind allein erreicht werden. Bei anderen spirituellen Übungen verlassen wir uns auf verschiedene Sinne als Unterstützung.

Amma empfiehlt zum Beispiel häufig die tägliche Rezitation des Lalita Sahasranāma – Die Tausend Namen der Göttlichen Mutter. Bei dieser Praxis denken wir nicht nur an die Mantren, sondern rezitieren sie laut. Dadurch wird sowohl der Karmendriya (Bewegungssinn) der Zunge als auch der Jñānendriya (Wahrnehmungssinn) des Ohres aktiviert. Da wir die Mantren lesen, wird auch die Unterstützung durch die Augen mit einbezogen. Manche bewegen dabei ihre Hände so, als ob sie mit jedem Namen Blütenblätter darbringen. Somit ist auch den Bewegungssinn der Hände aktiv. Je mehr Sinne eingesetzt werden, desto leichter fällt uns die Konzentration auf einen Punkt zu halten. Dieses Prinzip wirkt auch beim Bhajan- Singen. Deshalb bevorzugen Menschen, denen die Konzentration auf einen Punkt schwerfällt, Mantren oder Bhajans. Die generelle Regel lautet: Je mehr Sinne einbezogen sind, desto leichter fällt die Konzentration. Ebenso ist es umgekehrt: Je weniger Sinne wir einsetzen, umso kraftvoller ist die Praxis.

Um das zu verstehen, ist es hilfreich, sich jemanden bei einer körperlichen Anstrengung vorzustellen. Je mehr einzelne Muskeln er zum Heben eines Gewichtes einsetzt, umso leichter fällt ihm das. Je weniger Muskeln er zum Heben einsetzt, desto mehr werden die Muskeln, die er benutzt, beansprucht. In unserer spirituellen Praxis geht es eigentlich nicht darum, unseren Gehör- oder Geruchssinn usw. zu verfeinern. Wir wollen vielmehr die Kraft des Minds schärfen. Je weniger Sinne wir also einsetzen, desto intensiver wird der Mind trainiert. Dazu schrieb Ramaṇa Maharṣi in seiner Abhandlung Upadeśa Sāram:

uttama stavāducca mandataḥ |
cittajaṁ japa-dhyānam-uttamam ||

„Laute Wiederholung ist besser als Lobpreisung; noch besser ist ein schwaches Murmeln. Das Beste aber ist mentale Wiederholung; sie ist wirkliche Meditation“

Upadeśa Sāram, 6

Genau das gleiche empfiehlt Amma, wenn wir von ihr Mantra Dīkṣa (Einweihung) erhalten. Sie sagt: „Sprich am Anfang das Mantra laut, um seinen Klang zu hören. Sobald du das ganz konzentriert kannst, bewege beim Rezitieren nur noch deine Lippen, so wie ein Fisch. Bist du dann völlig vertraut damit, mache es dir zur Gewohnheit, es nur mental zu wiederholen.“ Dies kann im doppelten Sinn verstanden werden. „Am Anfang“ kann sich auf die anfängliche Zeit nach der Einweihung in unser Mantras beziehen oder auf den jeweiligen Anfang unserer täglichen Mantra-Japa-Übung.

So wie wir uns generell im Makrokosmos unseres äußeren Lebens weiterentwickeln, sollten wir auch unsere spirituellen Übungen immer feiner und sorgfältiger ausführen. Dies wird sich sogleich im Mikrokosmos unserer täglichen Praxis widerspiegeln.

So wie ein Mantra wirkungsvoller ist, rezitiert man es mental statt mit lauter Stimme, wird auch gesagt, es sei wirkungsvoller, nur ein einziges Mantra ständig zu wiederholen anstelle einer Vielzahl davon. Der Mind ist immer in Bewegung und sucht ständig nach Neuem. Sobald er die Essenz aus einer Sache herausgezogen hat, möchte er zu etwas Neuem übergehen. Je mehr wir den Mind begrenzen, desto weniger gestatten wir ihm seine extrovertierte Natur. Mit all diesen Übungen ziehen wir sozusagen die mentalen Bremsen. Wir zwingen den Mind auf einen von uns gewählten Kurs. Früher hatten wir ihn nicht unter Kontrolle, es war so, wie Amma sagt, „dass der Schwanz mit dem Hund wedelt." Wenn wir bremsen, entsteht Hitze. Hitze ist ein Zeichen dafür, dass der Mind gereinigt wird. Es ist kein Zufall, dass das Sanskrit-Wort für ‚Hitze' und für ‚Verzicht' dasselbe ist – Tapas. Das heißt nun aber nicht, dass jeder, der gerne rezitiert, damit aufhören soll. Wir müssen ehrlich prüfen, auf welcher Stufe wir stehen und dann versuchen, weiterzukommen, indem wir mit der Zeit unsere Übungen intensivieren.

Amma sagt dazu, es gebe einen besonderen Pluspunkt beim lauten Rezitieren der Lalita Sahasranāma. Im richtigen Rhythmus und Tempo rezitiert, hat es fast die Form von Prāṇāyāma, bei dem der Atem mühelos und gleichmäßig fließt und sich Körper und Mind gleichzeitig entspannen und reinigen.

Meditation und die Hindernisse dabei

Meditation ist eine der schwierigsten spirituellen Übungen. Für die einen ist sie Quelle großer Glückseligkeit, für andere die Ursache großer Frustration. Die Mehrheit bewegt sich irgendwo zwischen diesen beiden Extremen. Der große Parama-Guru von Ādi Śaṅkarācārya, Śrī Gauḍapādācārya, nennt in seinem Kommentar zur Māṇḍūkya Upaniṣad vier bestimmte Formen, die während der Meditation sowohl Hindernis als auch Heilmittel sein können. Die Bezeichnungen dafür sind Laya, Vikṣepa, Kaṣāya und Rasāsvada.

Laya bedeutet Schlaf. Den meisten von uns ist dieses Problem allzu vertraut, insbesondere wenn wir mit der Meditationspraxis beginnen. Das ist völlig normal. Unser ganzes Leben lang haben wir das Schließen unserer Augen und Entspannen mit Schlafen in Verbindung gebracht. Jetzt wollen wir plötzlich die Augen schließen und dennoch wach bleiben. Daher finden wir uns oft schlafend wieder. Um dieses Hindernis zu überwinden, müssen wir nach der Ursache des Schlafes suchen.

Schlaf in der Meditation entsteht normalerweise entweder durch mangelnden Schlaf, zu viel Essen, große körperliche Anstrengung oder Gesundheitsprobleme, wie etwa niedriger Blutdruck usw. Bezüglich dieses Problems ermuntert Amma oft dazu, aufzustehen und etwas herumzulaufen. „Wenn du schläfrig bist, steh auf und geh während des Rezitierens deines Mantras auf und ab; dann wird Tamas (Trägheit) verschwinden. Zu Beginn deiner Meditationspraxis werden all eure tamasischen Eigenschaften auftauchen. Wenn du wachsam bist, werden sie im Laufe der Zeit verschwinden. Wenn du schläfrig wirst, rezitiere das Mantra mit einer Japa-Mala (Gebetskette)." Wenn unser Meditationsobjekt ein Bild ist, empfiehlt Amma, die Augen zu öffnen und sie auf das äußere Bild zu richten. Hat sich die Schläfrigkeit gelegt, können wir unsere Augen wieder schließen und es innerlich visualisieren.

Ich erinnere mich daran, wie Amma in den frühen Tagen des Āśrams während unserer Meditationen bei uns saß und eine Tasche mit Kieselsteinchen neben sich hatte. Schlief jemand ein, warf Amma ein Steinchen auf ihn, immer mit ausgezeichneter Treffsicherheit. Das kann man mitunter noch in Ammas Programmen erleben. Da der Darśan meistens bis morgens um drei oder vier Uhr geht, driften viele Menschen ab, die in Ammas Nähe meditieren. Amma hat dann ihre ganz einmalige Art, die Leute aufzuwecken – sie wirft Prasad-Bonbons nach ihnen.

Das zweite Hindernis ist Vikṣepa (Unruhe). Jetzt ist der Mind nicht schläfrig, sondern befindet sich im genau entgegengesetzten Zustand: Aufgrund mentaler Unruhe sind wir unfähig, uns zu konzentrieren. Die Hauptursache für unsere mentale Unruhe sind unsere Wünsche. Wie bereits erwähnt, stammen Wünsche aus der trügerischen Vorstellung bezüglich der wahren Quelle des Glücks. Aus dem Irrtum, dass die Quelle des Glücks, die Sinnesobjekte sind und nicht das Selbst. Um dieses in der

Meditation auftauchende Problem zu beseitigen, empfiehlt uns Gauḍapādācārya über die Unbeständigkeit der Dinge nachzudenken, die unsere Gedanken zerstreuen und auch darüber, dass sie uns letztlich nur Kummer und Sorgen bereiten. Amma rät uns dasselbe: „Tauchen in der Meditation unerwünschte Gedanken auf, sollten wir uns fragen: ‚Oh, Mind, hat es irgendeinen Nutzen, solche Gedanken zu hegen? Haben diese Gedanken irgendeinen Wert?' Denkst du so, sollten die unnötigen Gedanken verschwinden. Es muss vollkommener Gelassenheit einkehren, Losgelöstheit entsteht. Die Überzeugung, dass die Sinnesobjekte Gift sind, sollte sich in dir fest verankern."

Als nächstes kommt Kaṣāya. In Kaṣāya ist der Mind weder schläfrig noch zerstreut; aber dennoch erreicht man keine tiefe Meditation, weil Begierden immer noch im Unterbewusstsein lauern. Hier ist die einzige Abhilfe, den Mind aus einer Zeugensicht zu beobachten, und wenn die latenten Begierden im bewussten Mind auftauchen, sie durch Unterscheidungsvermögen zu entfernen.

Das letzte von Gauḍapādā erwähnte Hindernis ist Rasāsvada, was wörtlich heißt: ‚Geschmack (Asvadana) der Glückseligkeit (Rasa)'. Geht der Mind in seinem ausgewählten Meditationsgegenstand auf, erfährt man Frieden und Glückseligkeit. Wir sollen uns dann aber nicht erlauben, vom auftretenden Rauschgefühl abgelenkt zu werden, sondern müssen uns weiter auf das Meditationsobjekt konzentrieren. Stets sollte uns bewusst sein, was wir mit unserer Meditation beabsichtigen: unseren Mind zu schärfen! Die Glückseligkeit, die wir in solchen Momenten erfahren, reflektiert tatsächlich die Glückseligkeit des Selbst im Spiegel des Minds. Sie kommt und geht, je nach unserer mentalen Verfassung. Es ist nicht unser Ziel, Glückseligkeit nur zu „kosten". Letztendlich müssen wir darüber hinaus unser Eins-Sein mit Ātma verwirklichen, die einzig wahren Quelle aller glückseligen Erfahrungen. Wie im nächsten Kapitel gezeigt wird, ist das eigentlich keine Erfahrung, sondern ein „Umschalten" auf eine andere Erkenntnisebene. Die

Saguṇa-Meditation stimmt uns mental auf diesen Wechsel ein, ohne ihn selbst hervorzurufen. Dieser vollzieht sich durch Wissen.

Tatsächlich sagt Amma, dass jede Handlung, wenn sie mit der richtigen Motivation und Haltung durchgeführt wird, zu einer spirituellen Praxis werden kann, solange wir sie mit Achtsamkeit durchführen. Gehen kann als spirituelle Praxis ausgeführt werden, Sprechen kann als spirituelle Praxis ausgeführt werden, ebenso Essen oder Hausarbeit. Grundsätzlich ist alles, was wir konzentriert und zielbewusst tun, geeignet, den Mind zu verfeinern.

Ammas ganzes Leben demonstriert dieses Prinzip. Alles, was sie tut, geschieht mit Achtsamkeit und Konzentration. Der flüchtig Hinschauende wird das vielleicht nicht sofort sehen, weil Amma sich so natürlich verhält. Doch bei genauerem Hinschauen wird deutlich, dass alle Dinge – ihre gelegentlichen Blicke, ihr spontanes Lächeln, die verspielte Geste, selbst ihre Tränen – von ihr mit Präzision, Achtsamkeit und vollständiger Konzentration getan werden.

Ich erinnere mich an eine interessante Geschichte, die dies gut illustriert. 2003 kam ein Filmemacher namens Jan Kounen in den Āsram, um einen Dokumentarfilm über Amma zu drehen. Es war das Jahr von Ammas 50. Geburtstag. Er wollte den riesigen Darśans, die in den Tagen um das Fest stattfanden, filmen. Bei solchen Anlässen kann Amma mehr als 2000 Menschen pro Stunde Darśan geben. Das zu beobachten, ist wirklich erstaunlich: Zwei Reihen Menschen – eine kommt von rechts zu Amma, die andere von links. Ein doppeltes Fließband der Liebe! Als Kounen sich überlegte, wie er das filmen sollte, meinte er: „Sie war zu schnell! Das Auge kann das anfangs gar nicht aufnehmen. Es sieht chaotisch aus und irgendwie verschwommen. Es ging einfach zu schnell. Deshalb entschied ich mich zu einer Zeitlupenaufnahme. Erst da begann ich zu erkennen: ‚Dass so viel Anmut und Schönheit hier im Spiel ist. Alles geschieht so bewusst. Es ist wie ein Tanz.‘“ Wie um die Weite ihres Bewusstseins zu beweisen, mit der Amma auch bei solchen Menschenansammlungen handelt, kann sie plötzlich innehalten. Sie kann nach einem Menschen greifen, der gerade zum Darśan kommen will und spielerisch mit ihm schimpfen: „He, du unartiger Bursche! Du kommst schon zum zweiten Mal!" Nur Gott weiß, wie das geht, aber Amma erinnert sich wirklich selbst mitten in einer Riesenmenge an jedes Gesicht.„.

Das heißt, wir sollten uns daran erinnern, dass Ammas Mind reiner als rein ist. Sie braucht ihn nicht zu verfeinern. Sie hat bereits das letzte Ziel erreicht. Die meditative Art ihrer Handlungen entspricht ihrem natürlichen Seins-Zustand und dient nur als Beispiel, um die Welt dazu zu inspirieren, ihren Fußstapfen zu folgen und sich so selbst zu erheben.

Neuntes Kapitel

Leid und seine Wurzeln beseitigen

„Dunkelheit ist nichts, was physisch entfernt werden kann. Doch wenn wir Licht hineinlassen, hört die Dunkelheit automatisch auf zu existieren. Ebenso verschwindet die Dunkelheit der Unwissenheit, wenn wahres Wissen erwacht. Dann erwachen wir zum ewigen Licht"

Amma

Der letzte Schritt auf dem Pfad zur Befreiung ist Jñāna Yoga – Wissen. Alle bisher besprochenen Übungen wie Karma-Yoga, Saguṇa-Meditation, das Entwickeln göttlicher Eigenschaften usw. sind tatsächlich nur vorbereitende Schritte zum Jñāna-Yoga. Wie schon dargelegt, zielt Karma-Yoga darauf ab, uns dabei zu helfen, unsere Vorlieben und Abneigungen sowie Gedanken zu reduzieren, die unseren Mind ablenken, indem sie ihn in verschiedene Richtungen ziehen. Mit Saguṇa-Meditation möchten wir die Konzentrationskraft des Minds erhöhen. Um es zusammenzufassen: Wenn wir die spirituelle Reise mit einer Rakete vergleichen, dann erhöht Meditation die Antriebskraft der Maschine und Karma-Yoga verbessert die Aerodynamik des Raumschiffs. Bei diesem Vergleich fehlt nur eins, nämlich das Reiseziel. Ātma-Jñāna – das Selbst erkennen, ist das Reiseziel. Um dieses Ziel zu erreichen, müssen wir eine sehr merkwürdige Reise unternehmen. Sie ist seltsam, weil wir erst das Ziel erreichen, wenn wir verstanden haben, dass wir schon von Anfang an dort waren! Allein aus dieser Aussage können wir erkennen,

wie subtil das Wissen um Ātma-Jñāna ist und wie wichtig die zweifache geistige Verfeinerung ist, die aus Karma Yoga und Meditation entstehen.

Es gibt nur einen Grund, weshalb sich Menschen der Spiritualität zuwenden: Weil sie nicht so glücklich sind, wie sie es gerne wären. Tatsächlich bestimmt das Streben nach Glück unser gesamtes Leben, genauer gesagt der Wunsch nach mehr Glück oder Angst davor, das bisschen Glück zu verlieren, das wir derzeit haben. Wir arbeiten, weil wir wissen, dass wir Geld brauchen, um zumindest unsere grundlegenden Lebensbedürfnisse wie Nahrung, Kleidung und Unterkunft zu erfüllen. Wir gehen ins Kino, hören Musik und suchen Beziehungen, weil wir glauben, dass sie uns bereichern werden. Selbst das Einhalten moralischer und sozialen Normen oder selbstlosem Handeln zielen darauf ab, ein Gefühl des inneren Friedens und der Erfüllung zu etablieren und aufrechtzuerhalten. All diese Dinge bescheren uns unterschiedlich intensive Formen eines vorübergehenden Glücks, aber es ist immer mit Leid gemischt. Die meisten Menschen leben so in der Hoffnung, eines Tages die vollkommene Form eines immerwährenden Glücks zu finden – den goldenen Topf am Ende des Regenbogens oder sie werden „zufrieden in ihrer Unzufriedenheit". Sie verstehen allmählich, dass das Leben eine Mischung aus Höhen und Tiefen ist und beschließen, die Tiefs auszuhalten – in Vorfreude auf die Hochs zwischendrin.

Die meisten Menschen sind bereit, 90 Prozent Leid für nur 10 Prozent Glück zu akzeptieren. Das Seltsame ist, dass sie niemals eine solche Ineffizienz in Bezug auf irgendetwas anderes im Leben akzeptieren würden. Kannst du dir vorstellen, ein Auto zu behalten, das nur einmal alle 10 Tage anspringt? Der Kern des Problems ist, dass die Menschen meinen, wirklich keine andere Möglichkeit zu haben.

Spirituelle Meister wie Amma sind hier auf der Erde, um uns wissen zu lassen, dass es eine andere Möglichkeit gibt und zwar das Wissen um das Selbst- die Erkenntnis unserer wahren

Natur. Sie sagen uns, dass wir nur dank des Wissens darüber, wer wir wirklich sind, jenes Glück erreichen werden, das wir im Leben ersehnen. Das liegt daran, dass das vorübergehende Glück, und die Freude, die wir durch die Erfüllung unserer Wünsche erleben, tatsächlich von innen aufsteigen. Können wir uns mit dieser eigentlichen Quelle des Glücks identifizieren, werden wir nie wieder auch nur ein Quäntchen Leid erleben.

Ich kann dir jetzt getrost einen der glücklichsten Momente in deinem Leben nennen. Stell dir vor, es ist 22 Uhr und du gehst ins Bett. Du musst um 5 Uhr aufstehen, um rechtzeitig zur Arbeit zu kommen. Deshalb stellst du deinen Wecker. Bald schläfst du. Das Nächste, was du weißt ist, dass du aus irgendeinem Grund wach geworden bist. Der Raum ist stockdunkel. Du kannst nichts sehen und weißt nicht, wie spät es ist. Vielleicht hast du erst eine Stunde geschlafen, es könnte aber auch 4:59 sein! Nach einem kurzen Gebet greifst du zum Nachttisch und tastest nach dem Wecker. Du findest ihn, nimmst ihn in die Hand und hältst ihn dir vor die Augen. Mit einem weiteren Gebet drückst du auf den Lichtknopf des Weckers. Was siehst du? Es ist halb 12! Noch fünfeinhalb Stunden schlafen! Vielleicht der glücklichste Moment deines Lebens.

Was hat es damit auf sich? Im Tiefschlaf gibt es kein köstliches Essen, keine Urlaubsstrände, keine Supermodels, kein Geld, weder Rang noch Namen. Es gibt nicht mal Träume. Einfach nichts. Jedoch wissen wir beim Aufwachen irgendwie, dass es nichts Glückseligeres gibt. Die Heiligen und Weisen sagen, dass die Erinnerung an diese Tiefschlaferfahrung – diese Erinnerung an nichts anderes als an ein glückseliges Gefühl – beweist, dass alles Glück aus uns selbst entspringt. Lediglich unsere Wünsche stehen diesem Glück im Weg. Ich erinnere mich, dass jemand Amma einmal gefragt hat, wie es ist, selbstverwirklicht zu sein, und Amma sagte: „Es ist, als würde man die Glückseligkeit des Tiefschlafes erleben, nur, dass man hellwach ist.“

Durch die Selbstverwirklichung können wir ewig in dieser Glückseligkeit verweilen, unabhängig davon, was in der Außenwelt geschieht. Amma beschreibt es mit den Worten: „ein Gefühl vollkommener Erfüllung, neben dem es absolut nichts mehr im Leben zu erreichen gibt – eine Erkenntnis, die das Leben vollkommen macht." Das ist es, wonach wir als spirituell Suchende streben.

Das geht nur durch Wissen - wahres Verständnis darüber, wer wir sind und was wir sind und was wir nicht sind, nur dadurch werden wir sie erlangen.

Das Erkennen des Erkennenden

Das Erkennen von Ātman gestaltet sich etwas schwierig, da es kein Objekt ist. Deshalb gilt die Selbsterkenntnis als der Komplexeste, der subtilste Zweig aller Wissensgebiete. Bei allem, was wir sonst erlernen und erforschen, handelt es sich um Objekte. In der Astronomie beispielsweise erforsche „ich", das Subjekt, die Objekte der Himmelskörper. In der Geologie erforscht das Subjekt „ich" Gesteine, in der Chemie erforsche „ich" Chemikalien usw. Bei der Selbsterkenntnis hingegen wird das Subjekt selbst erforscht. Dieses Subjekt kann nie zum Objekt werden, das unser Intellekt erfassen kann. Der Beobachter kann niemals das Beobachtete werden. Kann ein Auge sich selbst betrachten? Kann eine Zunge sich selbst schmecken? Unmöglich.

Um das zu erklären, hier ein Beispiel, das ich gehört habe: Eines Tages gibt es einen Stromausfall. Plötzlich befindet sich der Mann im Dunkeln und greift nach seiner Taschenlampe. Er schaltet sie ein und der Lichtstrahl leuchtet und erhellt den Raum. Das Licht ist so stark, dass der Mann wirklich beeindruckt ist. „Wow, was für ein starker Lichtstrahl!", sagt er sich. Die Batterien in dieser Taschenlampe müssen unglaublich sein!" Um die Marke der Batterien zu erfahren, beschließt der Mann, sie herauszunehmen und die Taschenlampe auf sie zu richten. Natürlich erkennt er sofort seine Torheit.

Nichts von dem, was wir in der Vergangenheit studiert haben, ist mit diesem Phänomen vergleichbar. Ātma kann man nicht erlauschen wie Musik, unsere Ohren können ihn nicht hören. Da Er weder Form noch Gestalt hat, können wir ihn auch nicht sehen. Zudem können wir ihn nicht riechen, schmecken oder fühlen. Es ist überhaupt kein Objekt. Er ist das Subjekt. Schließlich bedeutet Ātma wörtlich „Selbst."

Alles, was wir erlernen, können wir normalerweise in der Außenwelt überprüfen. Das ist die typische Reihenfolge. Zum Beispiel lesen wir ein Buch über Jupiter. Das Buch erzählt uns, wie wir ihn mit dem Teleskop finden können. Dann warten wir, bis es dunkel wird, gehen auf unser Dach, stellen das Teleskop in die richtige Position. Dann sehen wir Jupiter und erleben ihn. Ähnlich ist es mit der Musik. Vielleicht lesen wir in der Zeitung etwas über eine Musikrichtung, die wir noch nie gehört haben. Wir sind daran interessiert und möchten sie auch hören, selbst erfahren. Was machen wir? Wir gehen ins Internet, suchen nach bestimmten MP3-Dateien, laden sie herunter und lauschen. Dies ist die Reihenfolge, wie wir objektives Wissen erlangen: zuerst darüber lernen, dann erleben.

Aber Selbstkenntnis, subjektives Wissen, ist nichts von alledem. Denn der Fokus des Wissens bist schließlich du, dein eigenes Selbst. Stell dir vor, du liest in der Zeitung etwas über Menschen und denkst: „Diese Menschen scheinen wirklich interessant zu sein. Ich würde gerne einmal ein solches Wesen kennenlernen!", und du würdest dann auf die Straße laufen, um einen Menschen zu suchen. Eine lächerliche Idee, nicht wahr? So lernen wir bei der Selbsterkenntnis über etwas, das wir bereits „erfahren"[26], etwas, das du hier und jetzt „erfährst", während du diesen Satz liest.

---

26 Streng genommen ist „erfahren" nicht das richtige Wort, da „erfahren" darauf hinweist, dass ein Gegenstand erfahren wird. Amma und andere *Mahātmas* benutzen jedoch dieses Wort oft, da die Sprache begrenzt ist.

Das bist du! Wie könntest du es jemals nicht „erfahren“? Unser Problem liegt also nicht darin, es zu „erfahren“; es ist vielmehr ein Problem des Verstehens, des Wahrnehmens – des Wissens.

Lass mich dir ein Beispiel geben. Sicherlich sind die meisten von euch mit den Filmen Star Wars („Krieg der Sterne“) vertraut. Sie sind in der ganzen Welt bekannt, auch in Indien. Um ehrlich zu sein, ich selbst habe sie nicht gesehen, aber ein Devotee, der ein echter Kenner ist, hat mir von folgendem Vorfall erzählt. Im zweiten Film, „Das Imperium schlägt zurück“, gibt es eine Szene in der die Hauptfigur, Luke Skywalker, nach seinem Guru, Yoda, sucht. Um bei ihm zu studieren, ist Luke zu einem fernen Planeten gereist. Das Problem ist, dass Luke Yoda noch nie zuvor getroffen hat. Er weiß nicht einmal, wie er aussieht. Nach der Landung auf dem fremden Planeten trifft er dieses aufdringliche, lustige kleine grüne Wesen mit großen Ohren. Luke ist ungeduldig, seinen Guru aufzuspüren und sein Schüler zu werden. Aber das kleine grüne Wesen nervt ihn weiterhin, hält ihn auf und irritiert ihn völlig. Luke ist schließlich so frustriert, dass er schreiend mit Sachen um sich wirft und sein Schicksal verflucht. In diesem Moment offenbart ihm die kleine grüne Kreatur, dass sie selbst der gesuchte Yoda ist. Luke fehlte es also nicht an „Yoda-Erfahrung“. Das, was ihm fehlte, war „Yoda-Wissen“. Genauso geht es uns mit Ātma. Wir „erfahren“ Ātma hier und jetzt. Wir haben ihn immer schon und werden ihn auch immer „erfahren“. Wir benötigen einfach jemanden, der ihn uns vorstellt, Wissen vermittelt. Das ist die Rolle des Gurus. Der Guru hält uns den Spiegel der Lehren aus den Schriften vor, damit wir darin unser eigenes Gesicht erblicken. Auf diese Weise macht er uns mit unserem eigenen Selbst vertraut.

Das Problem ist folgendes: Obwohl wir dauernd unser Selbst „erleben“, erleben wir gleichzeitig viele andere Dinge in der inneren und äußeren Welt. Darüber hinaus verwechseln wir ständig Vorgänge in der inneren Welt - unsere Emotionen, Erinnerungen, Gedanken und das Ego - mit dem Selbst. Es ist eine so subtile Unterscheidung, dass wir nur mit Hilfe des Gurus und der vedischen Schriften diese durchführen können. Amma benutzt oft das Beispiel von einem Zuckerhaufen, der mit Sand vermischt ist. Sie sagt, dass es für einen Menschen äußerst schwierig und zeitaufwendig wäre, sie mit der Hand zu trennen, nahezu unmöglich. Einer Ameise dagegen gelingt das mühelos. Der Mensch repräsentiert hier den beschränkten, unreifen Intellekt; die Ameise versinnbildlicht jemanden, dessen Intellekt sich durch spirituelle Übungen und dem Studium des Vedānta unter Anleitung eines lebenden Meisters verfeinert hat. Amma nennt so einen Intellekt Viveka Buddhi – einen unterscheidungsfähigen Intellekt.

Um quasi den Zucker vom Sand zu trennen, liefern uns die Schriften viele systematische Methoden, die äußerst logisch und intellektuell überzeugend sind. Zu ihnen gehören u.a. Pañca-kośa Viveka – Unterscheidung der fünf feinstofflichen Ebenen eines Menschen; Sarīra-traya Viveka – Unterscheidung der drei Körper; Avastha-traya Viveka – Unterscheidung der drei mentalen Zustände; und Dṛg-Dṛśya Viveka – Unterscheidung zwischen dem Wahrnehmenden und dem Wahrgenommenen. Dies sind alles verschiedene Methoden der Selbstanalyse. Man kann sie unter einem Oberbegriff zusammenfassen, nämlich: Ātma-anātma Viveka – Unterscheidung zwischen Ātma und Anātma, d.h. zwischen dem Wahren Selbst und dem, was nicht das Wahre Selbst ist.

Durch diese Methoden wird uns bewusst, dass entgegen unserer Gedanken, nicht der Körper, Mind, Intellekt, sind. Die wesentliche Natur einer Sache sind die Eigenschaften, die sich niemals ändern. Die Wissenschaftler definieren z.B. die Substanz Wassers als H_2O als Molekül, das aus zwei Teilen Wasserstoff und einem Teil Sauerstoff besteht. Verändert man diese Formel nur ein wenig, z.B. – H_3O oder HO_2, – handelt es sich nicht mehr um Wasser. Aber muss H_2O flüssig sein? Nein, auch gefroren ist es immer noch Wasser. Ebenso kann es in Dampfform bestehen. Es kann auch beliebige Formen annehmen; je nachdem, ob man es in einen runden Kelch oder ein schlankes hohes Gefäß gießt oder es sogar in Form eines Elefanten einfriert und es als Dekoration auf einem großen Brunch-Buffet platziert. Keine dieser Modifikationen ändert seine wesentliche Natur als H2O. Es ist nach wie vor Wasser. Bringe es nach Indien, Spanien, Japan oder England … kein Problem. Nenne es pāni, agua, mizu, water, Wasser oder erfinde ein eigenes Wort dafür. Solange es H_2O ist, handelt es sich um dasselbe.

Wenn wir uns den Körper, Mind und Intellekt betrachten, sehen wir, dass sie sich immer verändern. Körpergröße und Gewicht schwanken. Wir können in den Krieg ziehen und dort eines unserer Gliedmaßen verlieren. Unser I.Q. verändert sich. Ebenso verändern sich unsere Vorlieben und Abneigungen; Lebensmittel, die wir als Kind nicht mochten, sind heute unsere Lieblingsspeisen; wir können jemanden lieben und im nächsten Augenblick hassen. Unsere intellektuellen Überzeugungen bezüglich Religion, Politik, über richtig oder falsch - alles verändert sich. Unsere Jobs ändern sich, die Orte, an denen wir leben... In der heutigen Welt kann sich sogar das Geschlecht einer Person ändern. Das bedeutet, Körper, Mind und Intellekt sind nur oberflächliche Aspekte unseres Wesens. Sie sind nicht die unveränderliche Essenz – Ātma.

Frag jemanden, wer er ist, und er wird dir nur Beschreibungen seines Körpers geben. Er wird vielleicht Dinge sagen wie: „Ich bin ein Mann. Ich bin 56 Jahre alt. Ich bin der Sohn von X. Ich arbeite in der Firma Y.“ Betrachtet man all diese Angaben, gibt es nur eins, was sich niemals verändert: das „Ich“. Das „Ich“ ist konstant. Die Schriften erklären dazu, dass wir beim tiefen Versenken in das „Ich“ dies erkennen: Unsere wahre Natur ist darin enthalten. So sagt Amma: „Dieses namenlose, formlose, allgegenwärtige Prinzip, das in allen als das ‚Ich‘ gemeinsam ist, das ist Ātma, Brahman oder Gott.”

Die Natur des Bewusstseins

Ātman hat verschiedene Bezeichnungen – Brahman, Puruṣa, Paramātma, Prajña, Caitanyam, Nirguṇa, Iśvara – doch wie die Veden selbst sagen: ekaṁ sat viprāḥ bahudhā vadanti – „Die Wahrheit ist Eine, doch die Weisen benennen sie unterschiedlich."[27]

Alle hier aufgeführten Begriffe bedeuten im Wesentlichen „reines Bewusstsein" (Suddha Cainanya). Bewusstsein ist unsere wahre Natur. Die Schriften lehren uns, dass Bewusstsein nichts mit Körper oder Mind zu tun hat noch von ihnen erzeugt wird, sondern das Bewusstsein durchdringt, erhellt und erfüllt den Körper und Mind mit Leben. Bewusstsein (Caitanya) seine Natur im Körper ist die eines Zeugen, der alle unsere Gedanken, Gefühle, Emotionen sowie deren Abwesenheit bezeugt. Deshalb heißt es in den Schriften:

yanmanasā na manute yenāhurmano matam |
tadeva brahma tvaṁ vidhi nedaṁ yadidam-upāsate ||

„Das, was mit dem Mind nicht erfasst werden kann,
durch das aber, wie man sagt, der Mind erfasst wird—
das allein erkenne als Brahman und nicht das, was die Menschen hier verehren"

Kena Upaniṣad, 1.6

In der Tat beschränken die körperlichen Grenzen nicht das Bewusstsein. Dies scheint nur deshalb so zu sein, weil Bewusstsein „feiner als das Feinste" und nur wahrnehmbar ist, wenn es ein widerspiegelndes Medium wie den Mind hat. Zum Verständnis dieses Phänomens wird oft das Licht als Beispiel verwendet[28].

Wir können Licht nur „sehen", wenn es von etwas abprallt - einer Wand, einem Gesicht, einer Hand usw. Deshalb erscheint

---

27 Ṛg Veda, 1.164.46

28 Überall in Indien gilt Licht als Symbol des Bewusstseins, erhellen doch beide (also Licht und Bewusstsein) etwas, das sonst unsichtbar bliebe.

der Weltraum - wo es keine Objekte gibt, an denen Licht sich reflektieren könnte - schwarz, d.h. ohne Licht. Dennoch gibt es dort sicherlich Licht, denn die Strahlen der Sonne, die das Leben auf der Erde erleuchten, müssen den Weltraum durchqueren um hier anzukommen. Aber da es kein reflektierendes Medium gibt, können wir sie nicht sehen. Das gleiche gilt für das Bewusstsein. Wie bereits dargelegt, kann Bewusstsein selbst niemals ein Objekt unserer Wahrnehmung sein. Wir können es nur wahrnehmen, wenn es sich in etwas reflektiert– wie dem Mind.

Bewusstsein (Caitanya) wird auch als ewig benannt – ohne Anfang und ohne Ende. Tatsächlich ist es das einzig Ewige. Da es in seinem Wesen nicht auf den Körper, Mind beschränkt ist, existiert es natürlich weiterhin, auch wenn der Körper stirbt. Warum erscheint uns dann ein Körper beim Ableben ohne Bewusstsein? Nochmals: der Körper ist jetzt nicht mehr ein geeignetes Medium, in dem sich das Bewusstsein spiegeln kann.

Das heißt aber nicht, dass das Bewusstsein jetzt nicht mehr da ist. Um dies zu veranschaulichen, gibt Amma das Beispiel der Glühbirne und dem Ventilator und sagt: „Wenn eine Glühbirne durchbrennt oder ein Ventilator aufhört sich zu drehen, bedeutet das nicht, dass es keinen Strom mehr gibt. Wenn wir uns mit einem Handventilator nicht mehr fächern, hört der Luftstrom auf, aber das bedeutet nicht, dass es keine Luft mehr gibt. Oder wenn ein Ballon platzt, bedeutet das nicht, dass die Luft, die im Ballon war, aufhört zu existieren. Sie ist immer noch da. Auf die gleiche Weise ist Bewusstsein überall. Gott ist überall. Der Tod geschieht nicht aufgrund der Abwesenheit des Selbst, sondern weil dessen Instrument, der Körper, zerstört ist. Tritt der Tod ein, manifestiert der Körper nicht länger das Bewusstsein des Selbst. Der Tod markiert also den Zusammenbruch des Instruments und nicht die Unvollkommenheit des Selbst."

Bewusstsein muss demnach auch weiterhin den toten Körper durchdringen, denn die Schriften sagen, es sei allgegenwärtig und alldurchdringend. In Wahrheit sind wir nicht ein menschlicher

Körper, der mit Bewusstsein ausgestattet ist, sondern Bewusstsein mit einem menschlichen Körper. Um dies zu erklären, verwenden die Schriften oft das Beispiel des allexistierenden Raumes gegenüber dem „Raum in einem Gefäß". Raum umfasst den gesamten Kosmos. Doch wenn wir einen Tonkrug nehmen, beginnen wir plötzlich, den Raum im Topf als Getrenntes zu betrachten– als „Topf-Raum". In Wirklichkeit macht diese Bezeichnung keinen Sinn. Der Topf ist im Raum, nicht der Raum im Topf! Lass den Topf einfach auf dem Boden zerschellen. Wo bleibt da der „Topf-Raum"? Kann man wirklich behaupten, er sei mit dem überall existierenden Raum „verschmolzen"? Nein, es gab von Anfang an nur einen Raum. So ist es auch mit dem Bewusstsein. Es ist alldurchdringend. Vorübergehend erfahren wir zwar seine Verbundenheit mit unserem kleinen Körper, doch der ist nicht die ultimative Realität.

Die Wissenschaft hat traditionell angenommen, dass Bewusstsein ein Produkt der Materie ist. Sie glaubt, dass, wenn Sauerstoff durch das Blut strömt und das komplexe und geheimnisvolle System namens Gehirn in Gang setzt, ein bewusstes Wesen entsteht.

Damit einher geht die Befürchtung, dass die Lichter ausgehen und das bewusste Wesen für immer verschwindet, wenn der Sauerstofffluss im Blut stoppt und das Gehirn seinen Betrieb einstellt. Die Heiligen und Weisen behaupten das genaue Gegenteil: Nicht das Bewusstsein ist das Produkt von Materie, sondern Materie ist das Produkt des Bewusstseins. Oder anders ausgedrückt, Materie ist nicht Grundlage des Bewusstseins, sondern Bewusstsein ist Grundlage der Materie. Seit dem Aufkommen der Quantenphysik beginnen einige Wissenschaftler, diese These zu erforschen. Einer von ihnen ist Dr. Amit Goswani, theoretischer Atomphysiker an der US-Universität Oregon. In seinen Forschungsberichten schreibt er u.a.: „Alle Paradoxa der Quantenphysik können aufgelöst werden, wenn wir Bewusstsein als Grund des Seins akzeptieren."

Dies führt uns zum nächsten Punkt. Ist Bewusstsein alldurchdringend wie der Raum, sollte dann nicht das Bewusstsein hinter meinen Gedanken und Empfindungen ein und dasselbe Bewusstsein sein wie das hinter den Gedanken und Empfindungen aller anderen Wesen im Universum? Wenn es so etwas wie Gott gibt - den Schöpfer, Erhalter und Zerstörer des Universums - wäre mein Bewusstsein und sein Bewusstsein nicht dasselbe? Schließlich noch das Letzte: In Wirklichkeit durchdringt Bewusstsein nicht nur das Universum, es ist wahrlich das Universum. Das heißt, Bewusstsein selbst ist sozusagen der ultimative Baustein der Multiversen. Dies sind einige Hauptprinzipien von Vedānta, die genauso wie alle anderen Prinzipien Zeit, Bemühung und langanhaltendes Studium erfordern, um sie richtig zu lernen und zu verinnerlichen.

Drei Phasen des Vedanta Studiums

Das Studium der Selbst-Erkenntnis wird in drei Schritte unterteilt, diese sind als Śravaṇa, Manana und Nididhyāsana bekannt– was so viel heißt wie: 1. den Lehren zuhören; 2. seine Zweifel bezüglich dieser Lehren klären; 3. die Lehren verinnerlichen

Śravaṇa

Śravaṇa heißt wörtlich „Hören." Der erste Schritt besteht also darin, das spirituelle Wissen zu hören, womit nicht „Lesen" gemeint ist. Warum hören und nicht lesen? Das Zuhören erfordert einen lebenden Meister. Die Schriften selbst sagen, dass ein lebendiger Guru für jemanden, der an Selbsterkenntnis interessiert ist, unerlässlich ist. Das ordnungsgemäße Studium der Schriften erfolgt systematisch, beginnend mit den Definitionen aller verschiedenen Begriffe und endend mit der ultimativen Wahrheit von Jīvātma-Paramātma Aikyam – der Lehre, dass Bewusstsein als Essenz des Individuums und Bewusstsein als Essenz Gottes (oder des Universums) ein und dasselbe ist. Kann ein Schüler erfolgreich sein, wenn er seinen ersten Matheunterricht mit der Analysis beginnt? Dies gilt auch für Vedānta. Wir müssen von vorne beginnen und von da Schritt für Schritt vorwärtsgehen.

Nur ein lebender Meister kann das Niveau jedes Schülers abschätzen und sein Verständnis für jeden Punkt bewerten. Nicht nur in seinen Vorträgen geht er auf sie ein, sondern auch im täglichen Leben, da die Schüler traditionsgemäß mit dem Guru im Āśram leben. Auf diese Weise kann er ihre Schwächen und Stärken feststellen und dementsprechend auf sie eingehen.

Wie schon gesagt ist Selbsterkenntnis das subtilste Wissensgebiet. „Feiner als das Feinste", „Subtiler als das Subtilste" sagen die Schriften. Daher muss unser Studium zu einem festen Bestandteil unseres täglichen Lebens werden. Man kann keine genaue Zeitspanne angeben, in der man studieren muss, da es verschiedene Arten von Schülern gibt, aber oft studieren Menschen Vedānta in irgendeiner Form über Dutzende, wenn nicht sogar über viele Jahre. Die Schriften und die Lehren des Gurus müssen ein integraler Bestandteil unseres Lebens werden.

Amma sagt, Śravaṇa bedeute nicht nur oberflächliches Hinhören. Es ist ein vollkommenes, ungeteiltes Zuhören, bei dem man mit seinem ganzen Herzen, mit seinem ganzen Sein dabei ist. Es ist ein Zuhören, bei dem der Mind des Schülers vollkommen mit dem Mind des Gurus identisch wird. Wenn dies geschieht, finden die Gedanken des Gurus buchstäblich im Mind des Schülers statt, während er spricht. Ist das nicht die Essenz von Kommunikation?

Normalerweise sagt man, um ein Guru zu sein, muss man zuerst ein Schüler gewesen sein. Dies liegt daran, weil Selbsterkenntnis durch das vollkommene Zuhören bei einem Guru entsteht. Wie empfing der Guru sein Wissen? Durch genaues Zuhören bei seinem Guru. Woher kam dessen Erkenntnis? Von dessen Guru. Solche Guru-Schüler-Linien bzw. Paramparas kann man Hunderte, bisweilen Tausende von Jahren zurückverfolgen. Tatsächlich heißt es, dass alle wahren Paramparas mit Gott selbst beginnen, da Gott zu Beginn jedes Schöpfungszyklus der erste Guru ist und die Lehren in Form der Veden offenbart.

In Amma haben wir eine Ausnahme. Amma hatte nie einen Guru. Dennoch bleibt die Tatsache bestehen, dass Amma alle Qualifikationen besitzt, die erforderlich sind, um jemanden zur Erlösung zu führen. Zuallererst ist Amma ein Brahma Niṣṭha – ein Wesen, das die letztendliche Wirklichkeit des Selbst und des Universums vollkommen verinnerlicht hat und das für immer darin ruht. Zweitens, obwohl Amma nie von einem Guru unterrichtet wurde, ist sie fähig, selbst die subtilsten spirituellen Wahrheiten anschaulich zu erklären. Amma hat nie die Bhagavad Gīta oder die Upaniṣads studiert. Sie formuliert aber mit der größten Klarheit und Einsicht genau dieselben Gedanken, die sich in diesen heiligen Texten finden. So ist Amma auf jeden Fall eine Ausnahme von dieser Regel.

Wenn wir dies sagen, sollten wir nicht glauben, dass wir auch eine Ausnahme sind. Ausnahmen sind sehr selten. Als sie diesbezüglich danach gefragt wurde, sagte sie: „Ein Mensch mit angeborener Begabung für Musik kann ohne besondere Schulung alle traditionellen Rāgas (Tonfolgen) singen. Aber stellt euch vor, es würde jeder Mensch Rāgas ohne irgendwelche Vorkenntnisse singen! Amma behauptet also nicht, dass ein Lehrer nicht notwendig sei. Sie sagt, dass nur ganz wenige besondere Persönlichkeiten, begabt mit einem ungewöhnlichen Maß an Bewusstsein und Aufmerksamkeit, keinen äußeren Lehrer benötigen."

Eine Pflanze kann sich möglicherweise wundersam auf trockenem Felsen verwurzeln, aber ein Bauer wäre töricht, dort absichtlich Samen zu pflanzen.

Manana

Der nächste Schritt auf dem Weg zu wahrer Erkenntnis ist Manana – das Klären unserer Zweifel. In diesem Schritt ist ein lebendiger Meister die einzige externe Unterstützung für einen

Suchenden. Wir können unsere Fragen nicht an ein Buch stellen! Beim Blick in die Schriften sieht man, dass sie meistens in Form von Frage-und-Antwort zwischen Guru und Schüler verfasst sind. Im Manana stellen wir sicher, dass es keinen winzigen Aspekt von dem gibt, was wir während des Śravaṇa gelernt haben, was wir nicht verstehen und akzeptieren. Sinn und Zweck von Manana ist also, unser Verständnis zu vervollkommnen. Tatsächlich sollte der Schüler ständig über das nachdenken, was der Guru ihm gesagt hat, es immer wieder durchdenken. Ergibt es einen Sinn? Falls nicht, muss er den Guru bitten, es ihm nochmals zu erklären. Er wird nicht nur zu Fragen ermutigt, sie sind im Grunde unerlässlich. Sein Leben sollte zum andauernden wissenschaftlichen Experiment werden, indem er jedes Mal, wenn er eine Handlung durchführt, beobachtet, ob die ihm beigebrachten Prinzipien wahr sind. Nur wenn wir von der Richtigkeit der Lehren vollkommen überzeugt sind, können wir hoffen, das nächste Stadium zu erreichen: Nididhyāsana oder Verinnerlichung des Gehörten.

Die Voraussetzung ist, dass der Schüler Sraddha besitzt – Glauben und Vertrauen in den Guru und seine Lehren. Unsere Prüfung sollte aus der Einstellung heraus geboren werden, dass die Lehre eine göttliche Quelle ist und daher makellos. Unsere Fragen sind vollkommen zulässig, doch wir sollten verstehen, dass sie unserem eigenen falschen Verständnis entspringen; sie sind nicht ein Fehler in der Lehre. Unsere Fragen sollten aus dem Wunsch entstehen, zu lernen und genauer zu verstehen und nicht die Logik des Meisters oder der Schriften in Frage zu stellen. Der Schüler sollte erkennen, dass der Guru unendlich viel weiser ist als er selbst und das Problem in ihm selbst liegt, falls etwas unklar ist. Leider haben viele von uns nicht diese Einstellung.

Ein IT-Berater beschloss der Armee beizutreten. Am ersten Wochenende wurde er auf den Schießplatz geführt und er erhielt eine geladene Waffe mit der Anweisung, 10 Schüsse auf die Zielscheibe am Ende der Schießbahn abzufeuern. Nach den ersten Schüssen kam die Auskunft vom anderen Ende der

Schießbahn, dass kein Schuss die Scheibe getroffen habe. Der IT-Berater schaute zuerst auf sein Gewehr, dann auf die Zielscheibe, schaute nochmals auf sein Gewehr und schließlich wieder auf die Zielscheibe. Daraufhin steckte er seinen Finger in den Lauf und drückte auf den Abzug. Natürlich riss das seinen Finger ab. Nach einigen Flüchen brüllte er über das Gelände: „Hier ist alles in Ordnung, das Problem muss bei euch liegen."

Unsere Logik ist oft genauso fehlerhaft. Wir projizieren unsere Schwächen, unsere fehlende Achtsamkeit und unser mangelndes Verständnis auf den Guru, auf die Lehren und auf die uns empfohlenen spirituellen Übungen. Tun wir das, sind nur wir alleine die Leidtragenden.

Wie in Kapitel Sieben erwähnt, legt Amma Wert darauf, dass wir die Haltung eines Anfängers entwickeln. Diese Haltung ist sehr wichtig, wenn es darum geht, dass wir dem Guru Fragen stellen. Wir sollten kommen, um unsere Zweifel zu klären, nicht mit der Einstellung eines Debattierenden, sondern mit der Einstellung eines Kindes. Nur dann kann man genau hinhören und innerlich annehmen, was der Meister sagt. Der Mind kann sich nur auf eine Sache konzentrieren. Wie können wir innerlich aufnehmen, was gerade gesprochen wird, wenn wir gleichzeitig nach Gegenargumenten suchen. Können wir so das verinnerlichen, was in diesem Moment gesprochen wird?

Wenn wir Vedānta richtig studieren, werden wir zuerst die Zweifel beseitigen, die in uns hochkommen. Aber dann wird der Guru uns oft auch Fragen stellen, die wir nie zuvor bedacht haben. Um des Advocatus Diaboli (Spielteufels) willen könnte er sogar die Argumente anderer Philosophien aufgreifen. Er will damit sicherstellen, dass unser Verständnis seiner Lehren fest und unerschütterlich ist. Wie bereits gesagt, sind wir mit dem Manana erst fertig, wenn jeder einzelne Zweifel und jede Unklarheit von uns bezüglich Ātma beseitigt wurde. Erst dann sind wir bereit für Nididhyāsana – für die Verinnerlichung des Erlernten.

Nididhyāsana

Nididhyāsana ist einer der am meisten missverstandenen Aspekte auf dem spirituellen Weg. Nididhyāsana bedeutet, das Gelernte vollständig zu verinnerlichen und dementsprechend zu leben. Nehmen wir als Beispiel das Erlernen einer fremden Sprache, sagen wir Malayālam. Der Lehrer sagt im Unterricht: „Okay, das Wort unserer ersten Lektion heißt Pustakam. Pustakam bedeutet ‚Buch'." Hören wir nur zu, wie der Lehrer diesen Satz spricht, so ist das Sravaṇam. Das Klären von Zweifeln darüber, wie das Wort ausgesprochen wird oder wie es in einem Satz verwendet wird, wäre Manana. Nididhyāsanam dagegen verankert dieses Wissen in unserem Mind so gründlich, dass ich schon beim zweiten Hören des Wortes Pustakam sofort an ein Buch denke. Außerdem kommt mir jedes Mal, wenn ich ein Buch sehe, „Pustakam" in den Sinn. Falls mir jemand ein Buch gibt und dabei „Pazham" (Banane) sagt oder mir eine Banane schenkt und sie „Pustakam" bezeichnet, sollte ich sofort den Fehler erkennen. Erst dann können wir sagen, dass das Wissen vollständig verinnerlicht wurde.

In der Wissenschaft des Selbst erforschen wir die Natur unseres eigenen Selbst, Ātman. Wie weiter oben im Kapitel dargelegt, lehren uns die Schriften, dass unsere wahre Natur ewiges Bewusstsein (Caitanya) ist und dass dieses Bewusstsein ist die Quelle aller Glückseligkeit. Das Bewusstsein in mir ist das gleiche Bewusstsein wie in allen Wesen - von der winzigen Ameise bis hin zu Gott hin. Schließlich ist dieses Bewusstsein die Essenz des gesamten Universums. Haben wir dies verinnerlicht, sollten wir uns selbst nicht als „Körper, Mind, Intellekt" betrachten, sondern als Bewusstsein. In der Kommunikation mit anderen sollten wir diese nicht als getrennt von uns, sondern als eins mit uns ansehen. Das Bewusstsein in uns und in ihnen ist dasselbe. Bei Betrachtung der Welt um uns herum erinnern wir uns, dass auch Bäume, Flüsse, Gebäude, Tiere, Autos, Berge usw. in Essenz reines Bewusstsein sind. Das wird sich in dem, was wir denken, sprechen und tun, widerspiegeln.

Einmal waren ein Guru und seine Schüler zu Fuß unterwegs, etwa 40 Schüler, die allesamt gekleidet waren wie der Guru – in weißem Gewand mit Schal. Der Kopf und Gesicht des Gurus waren sauber rasiert und genauso waren es die seiner Schüler. Vom Erscheinungsbild her war der Meister von seinen Schülern absolut nicht zu unterscheiden.

Ein paar Stunden vor Sonnenuntergang ließ sich die Gruppe zum Ausruhen nieder. Bald schon saßen der Guru und seine 40 Schüler beieinander und genossen eine Tasse Tee. Da kam ein einsamer Wanderer die Straße entlang. Als er sich dem Feld näherte, wo sich der Guru und seine Schüler niedergelassen hatten, hielt er an und beobachtete sie eine Weile, dann ging er auf den Guru zu und bot ihm seine Ehrerbietung an, indem er sich vor ihm verneigte. Als er sich zu Füßen des Gurus verbeugte, beugte sich dieser zu ihm herunter und segnete ihn mit einer Handberührung. Der Mann stand wieder auf und setzte seine Reise fort.

Ein Schüler, der diese Szene beobachtete, fragte sich zweifelnd: „Wir sind alle gleich gekleidet. Alle haben wir geschorene Köpfe und sind bartlos. Als dieser Mann auf uns zukam, äußerte niemand von uns gegenüber unserem Guru irgendein sichtbares Zeichen der Ehrerbietung. Wie konnte dieser Mann ihn von uns anderen unterscheiden?" Mit dieser Frage im Mind stellte er seine Tasse Tee ab und lief dem Wanderer nach.

Als der junge Mönch ihn eingeholt hatte, trug er seine Frage vor. Der Wanderer lächelte und antwortete: „Als ich euch erblickte, wusste ich, dass ihr alle Mönche seid und zuerst konnte ich nicht feststellen, wer der Guru war. Doch dann sah ich euch zu, wie ihr Tee trankt. Für 40 von euch war das nichts Besonderes – einfach eine Gruppe von Männern, die eine Tasse Tee genießen. Doch als mein Auge auf euren Guru fiel, war mir, als sähe ich etwas vollkommen anderes. Tatsächlich erinnerte mich die Art, wie er seine Tasse hielt, daran, wie eine Mutter ihr Kind hält. Es schien, als gäbe es für ihn nichts Kostbareres im ganzen Universum. Er schien keinen unbelebten Gegenstand in der Hand zu halten, sondern Gott selbst, verkörpert als Metallbecher. Da war mir sofort klar, dass er der Meister sein musste, also ging ich direkt zu ihm und bot meine Ehrerbietung an."

Wenn wir Selbstkenntnis verinnerlichen, das verändert uns radikal. Erkennen wir Andere als eins mit uns – auf wen sollte man dann ärgerlich sein? Auf wen sollte man eifersüchtig sein? Vor wem sollte man sich fürchten? Wer wäre zu hassen oder zu fürchten?

Wie in den Schriften gesagt wird:

yastu sarvāṇi bhūtānyātmanyevānupaśyati |
sarva-bhūteṣu cātāmānaṁ tato na vijugupsate ||

„Derjenige, der alle Wesen im Selbst erkennt und
das Selbst in allen Wesen, empfindet aufgrund dieser
(Erkenntnis) keinen Hass"

Īśā Upaniṣad, 6

Śaṅkarācārya kommentiert das so: „Dies ist lediglich eine Wiederholung einer bekannten Tatsache. Denn es ist eine Erfahrungstatsache, dass Abneigung immer dann entsteht, wenn man etwas als schlecht und anders als sich selbst wahrnimmt. Doch für jenen, der nur das absolut reine Selbst als beständige Einheit sieht, gibt es kein anderes Objekt, das Ursache von Abneigung sein könnte.

Wenn wir also erkennen, dass unser Wesen ewig ist, wie können wir uns dann vor dem Tod fürchten? Wenn wir außerdem wissen, dass wir die Quelle aller Glückseligkeit sind, warum sollten wir dann hinter den diversen Vergnügungen der Welt hinterherjagen? Wir werden von dem, was wir haben, erfüllt und sind damit zufrieden. Wir werden immer noch das nehmen, was für den Erhalt des Körpers notwendig ist – Nahrung, Wasser, Unterkunft usw. –, aber wir werden nicht in die Welt gehen, um nach einer Quelle für Vergnügen, Sicherheit, Glück oder Frieden zu suchen. Wir werden, wie Kṛṣṇa in der Gīta sagt: ātmānyevātmanā tuṣṭaḥ – zufrieden im Selbst durch das Selbst.[29]

Aus verschiedenen Gründen glauben viele Leute, Nididhyāsana (Verinnerlichung der Wahrheit) sei durch eine 24-Stunden-Dauermeditation zu erreichen, womöglich abgeschottet in einer Höhle in den Himālayas. Dem ist nicht so. Natürlich können wir Nididhyāsana in Sitzmeditation mit geschlossenen Augen praktizieren. Doch genauso können wir es im täglichen Leben machen wie beim Arbeiten oder mit unserer Familie, beim Zusammensein mit Freunden, beim Essen, beim Spaziergang oder während wir uns unterhalten. Tatsächlich können wir dies nicht nur tun, sondern müssen es auch. Die Schriften fordern uns dazu auf, „unablässig zu meditieren". Wie im Kapitel 8 erwähnt, bereitet Ammas Empfehlung, unser Mantra „mit jedem Atemzug" zu rezitieren, unseren Mind auf dieses unablässige Nididhyāsana vor.

In Nididhyāsana gehen wir ganz in der Lehre auf, richten uns darin ein. Man kann einfach mit geschlossenen Augen in einen meditativen Zustand gehen und sich im Mind die spirituellen Wahrheiten in ihren Konsequenzen bekräftigen. Nicht besondere Begriffe sind jetzt wichtig, sondern wichtig ist die Konzentration auf einen bestimmten Aspekt der Vedānta-Lehren so das sich diese im Mind vertiefen, verfestigen. Es geht letztendlich darum, in uns zu verankern, was wir in wirklich sind – alles durchdringendes, ewiges, seliges Bewusstsein. Auch geht es darum, das von uns zu weisen, was wir nicht sind – der endliche, sterbliche, von Leiden geplagte Körper und Mind. Der Nididhyāsana-Prozess ist erst abgeschlossen, wenn eine vollständige Umkehr in der Identifikation stattgefunden hat - man betrachtet sich nicht mehr als einen Körper, Mind und Intellekt, der mit Bewusstsein ausgestattet ist, sondern als Bewusstsein, das zufällig gerade „mit" in einem Körper und Mind manifestiert hat. Dieses Verständnis muss unser Unterbewusstsein durchdringen.

---

[29] Bhagavad Gīta, 2.55

Wenn wir in der Welt interagieren, können wir diesen Gedanken weiterverfolgen. So wird es zu der Hintergrundmusik unseres Lebens - ein Lied, das immer in uns erklingt. Ich erinnere mich, wie Amma vor vielen Jahren gefragt wurde, wie es möglich sei, sich bei seinen Tätigkeiten an Gott zu erinnern. Wir standen damals an den Backwaters und Amma zeigte auf einen Mann in einem kleinen Paddelboot, mit dem er Enten den Fluss hinabführte. Amma sagte: „Das ist so ein kleines Boot. Der Mann steht in dem Boot und hält die Balance, rudert mit seinem langen Ruder und führt gleichzeitig die Enten durch die Backwaters, indem er das Paddel auf das Wasser schlägt, bringt er die Enten auf Kurs, sobald sie vom Kurs abkommen. Ab und zu raucht er eine Zigarette. Bei Bedarf wird er seine Füße benutzen, um Wasser aus dem Boot zu schöpfen. Zu anderen Zeiten wird er mit den Menschen am Ufer sprechen. Bei all seinem Tun bleibt sein Mind immer aufs Boot ausgerichtet. Lässt seine Aufmerksamkeit nur einen Moment nach, verliert er die Balance, das Boot wird kentern und er fällt ins Wasser. Kinder, so sollten wir in dieser Welt leben. Welche Arbeit auch immer wir verrichten – unser Mind sollte immer auf Gott ausgerichtet sein. Das ist durch Übung leicht möglich."

Interagieren wir in der Welt, können wir tatsächlich die Herausforderungen des täglichen Lebens dazu nutzen, die vedāntischen Wahrheiten in uns zu aktivieren. Denkt daran, sobald wir die Lehren vollkommen verinnerlicht haben, reagieren wir nie mehr „nicht-vedantisch" auf eine gegebene Situation. Wir müssen nur immer im Einklang mit der Wahrheit handeln, die die Schriften in Bezug auf unsere göttliche Natur, auf die göttliche Natur der anderen Menschen und auf die göttliche Natur der Welt verbreiten. Amma gibt oft das Beispiel eines Menschen, der wütend über uns ist und uns vielleicht mit Schimpfworten überhäuft. Wer Nididhyāsana praktiziert, wird nicht ärgerlich reagieren, sondern sich denken: „Das ‚Ich' in mir und ihm ist dasselbe – auf wen kann ich dann ärgerlich sein? Seine Worte berühren jedenfalls nicht meine wahre Natur, berühren nicht

Ātma." Fühlen wir uns aus irgendeinem Grund einsam, sollten wir denken: „Wohnt wirklich alles Glück im Inneren, wo ist dann noch Raum für Depression und Einsamkeit?"

Sobald irgendwelche negativen mentalen Reaktionen aufkommen, sollten wir gegensteuern und sie durch die verinnerlichten Lehren des Vedānta auflösen. Das ist Nididhyāsanam im täglichen Leben. Haben wir die Lehren wirklich verinnerlicht, löst selbst eine ungünstige Diagnose des Arztes keine Depressionen aus. Vielmehr schöpfen wir aus der Wahrheit Kraft und Mut: „Dieser Körper ist nur wie ein Kleidungsstück. Da ich es einst angezogen habe, ist nun die Zeit gekommen es abzulegen. Ich bin nicht der Körper. Ich bin ewig! Ich bin Glückseligkeit! Ich bin Bewusstsein!"

Im fünften Kapitel haben wir verschiedene Einstellungen des Karma-Yoga besprochen, die angewendet werden können, wenn wir handeln. Eine davon hebt Amma besonders hervor: Wir sehen uns als Instrument der Handlung, nicht als Ausführender der Handlung oder auch nicht als denjenigen, der die Früchte des Handelns genießt. Diese Einstellung bleibt auch in der Nididhyāsana-Phase des spirituellen Lebens relevant. Während Nididhyāsana erinnern wir uns daran, dass wir tatsächlich nicht der Körper, der Mind oder der Intellekt sind, sondern reines Bewusstsein, selbst wenn wir Handlungen ausführen. Wir sehen den Körper und den Mind als träge Instrumente, die gemäß dem Fluss der kosmischen Energie mit der Welt interagieren, als wären sie „in der Hand des Herrn". Wir sind jedoch weder Körper, Mind, noch die kosmische Energie, sondern reines Bewusstsein, das all diese Phänomene wahrnimmt.

Auf diese Weise wird unser gesamtes Leben zu einem Test. Reagieren wir im Einklang mit Vedānta, haben wir den Test bestanden. Wenn dies nicht, der Fall ist, ist es eine Erinnerung daran, dass eine tiefere Verinnerlichung erforderlich ist. Mit „in Übereinstimmung mit Vedānta handeln" meinen wir nicht nur die physische und verbale Ebene. Diese beiden sind wichtig, jedoch am wichtigsten ist die mentale Ebene. Beleidigt uns jemand, sind wir vielleicht äußerlich in der Lage zu lächeln, doch wie reagiert der Mind?

Vor zwei Jahren wurde bei einem älteren Āśrambewohner Krebs im Endstadium diagnostiziert. Er war 79 Jahre alt und lebte seit 1987 in Amṛtapuri. Die Diagnose kam für alle überraschend und die Prognose war klar. Er hatte vielleicht noch zwei Monate zu leben, so zog er in ein Zimmer im „Amṛta Kṛpa" Krankenhaus in Amṛtapuri ein – hunderte Devotees und Bewohnern des Āśram statteten ihm kurze Besuche ab, um sich von ihm zu verabschieden. Was sie in dem Krankenzimmer zu sehen bekamen, war ein leuchtendes Beispiel von Vedānta – ein fröhlicher, glückselig in sich ruhender Mann, der allen sagte, sein einziger Wunsch sei es, ohne Verzögerung wiedergeboren zu werden, um Amma und ihre wohltätige Mission zu unterstützen. Er beschäftigte sich überhaupt nicht mit seinem Körper und der Krankheit. Stattdessen sagte er: „Diese Krankheit bietet mir die wunderbare Gelegenheit, Ammas Lehren zu praktizieren." Auf diese Weise verbrachte er seine letzten Monate, er begrüßte alle freudig und dachte ständig über die höchste Wahrheit nach, dass er keineswegs der Körper war.

Betrachtet man das Leben so, sagt Amma, dann dient uns das Leben selbst als Guru. Während uns das Leben auf natürliche Weise testet, wirft Amma selbst uns von Zeit zu Zeit überraschende Bälle zu um zu sehen, wo wir im Moment stehen! Ich erinnere mich in diesem Zusammenhang an eine westliche Devotee, der Amma einen spirituellen Namen gegeben hatte.[30]

Die spirituelle Praxis dieser Person orientierte sich an dem hier Besprochenen. Der Name, den ihr Amma gegeben hatte, war sehr „vedantisch" und verwies auf die wahre Natur des Selbst. Diesem Buch zuliebe geben wir ihr den Namen ‚Sarva-Vyāpini', was so viel heißt: ‚das alles durchdringende Eine'. Amma beschloss,

[30] Auf Wunsch gibt Amma oft westlichen Devotees spirituelle Sanskritnamen

auch noch eine andere Person Sarva-Vyàpini zu nennen. Als die ursprüngliche Sarva-Vyàpini davon erfuhr, wurde sie wütend. Sie kam voller Ärger und mit Tränen in den Augen zu Amma und sagte: „Als Amma mir diesen Namen gab, war mir so, als hätte sie mich geheiratet. Wenn sie ihn jetzt auch jemand anderem gibt, ist es so, als würde sie eine Scheidung beantragen! “ Als Amma das hörte, musste sie lachen. Sie erklärte dann allen rund um sie sitzenden Devotees, auf welche Weise dieses Mädchen „Selbsterforschung“ betreibt - eine Methode, durch die wir doch eigentlich die Natur des Selbst als alles durchdringend verstehen sollten. Das bedeutet, dass das „Ich“ in mir genau dasselbe „Ich“ ist wie in dir. Trotzdem wurde das Mädchen wütend, als Amma jemand anderen auch „alles durchdringend“ nannte. Sie fragte sich wohl, ob es denn zwei „Alles-Durchdringende“ geben könne. Nein, auf keinen Fall! Nun, hier war offensichtlich etwas mehr Verinnerlichung nötig!

Für eine vollkommene Verinnerlichung sollte es keinen Widerspruch geben zwischen unserem Wissen, wer wir sind, und dem, was wir sagen und tun. Zurück zu dem Beispiel eine Fremdsprache zu lernen: Man hat eine Sprache erst dann gemeistert, wenn die Worte mühelos über die Zunge gehen, ohne dass man in einem Wörterbuch nachschlagen muss. Dann formuliert man auch nicht mehr innerlich den Satz zuerst in der Muttersprache, um ihn dann in die fremde Sprache zu übersetzen. Alles ist ein müheloser, ununterbrochener Fluss. So sollte es auch mit dem Wissen über das Selbst werden. Beherrscht man eine Fremdsprache so, dass sie sogar die Muttersprache ersetzt, dann träumt man sogar in dieser Sprache. Ähnlich soll Nididhyāsana zu einem Bewusstsein unseres wahren Wesens führen, das nicht nur im Wachzustand, sondern auch im Traumzustand aufrechterhalten wird. Es sollte sogar im Tiefschlaf vorhanden sein! Amma sagt, dass dies ihre Erfahrung ist - dass sie selbst im Schlaf einfach ihren Mind beobachtet.

Den Fortschritt feststellen

Amma sagt, es gibt nur zwei Wege, unseren spirituellen Fortschritt zu bestimmen: unsere Fähigkeit, in herausfordernden Situationen Gelassenheit zu bewahren und das Ausmaß an Mitgefühl, das in unseren Herzen für das Leiden anderer aufsteigt. Denn diese beiden sind die direkten Ergebnisse, wenn wir beiden Kernlehren des Vedanta verinnerlichen. Die erste Lehre ist zu erkennen, dass das gleiche Bewusstsein in uns und in allen anderen ist.

Habe ich die erste Lehre richtig verinnerlicht, bleibe ich gelassen, egal was geschieht. Es kann unser Kontostand auf null sinken, unsere Liebsten können uns verlassen, unser Haus kann abbrennen, eine schlimme Krankheit kann uns heimsuchen, wir können unsere Arbeitsstelle verlieren. Was auch immer es sein mag, wir verlieren nicht unsere mentale Gelassenheit. Wir haben vollkommen verinnerlicht, dass unsere wahre Natur nicht der Körper oder der Mind ist, sondern das ewig glückselige Bewusstsein. Was kümmert es das Bewusstsein, wenn es kein Geld hat? Was macht es dem Bewusstsein aus, wenn das Haus abbrennt? Was kümmert es das Bewusstsein, wenn der Körper erkrankt und stirbt? Bewusstsein ist ewig, alles durchdringend und immer glückselig. Es ist von nichts betroffen. Bei völliger Identifikation mit dem Bewusstsein regen uns widrige Umstände in der äußeren Welt niemals auf. Unsere Fähigkeit, ruhig zu bleiben, wenn die Hölle losbricht, entspricht direkt dem Ausmaß, in dem wir diese Wahrheit verinnerlicht haben.

Wenn wir die zweite Lehre ordnungsgemäß assimiliert haben – dass unser Bewusstsein das gleiche ist wie das in allen anderen – haben wir Mitgefühl für andere Menschen. Amma erklärt dies oft mit diesem Beispiel: Wenn wir unsere linke Hand schneiden, kommt die rechte Hand sofort zu Hilfe - sie wäscht die Wunde, trägt Medizin auf und verbindet sie. Die rechte Hand ignoriert die linke Hand nicht mit dem Gedanken: „Oh, das ist die linke Hand! Was kümmert es mich, was mit ihr passiert?“ Nein, sie weiß, dass sie untrennbar mit der linken Hand verbunden ist - dass die linke Hand und die rechte Hand ein und dasselbe Lebewesen sind und reagiert entsprechend. Oder wenn wir uns versehentlich mit dem Finger ins Auge greifen, werden wir den Finger nicht abschneiden. Der Finger streicht dann beruhigend übers Auge. Sobald wir also unser Eins-Sein mit allen anderen verinnerlichen, sollte sich daraus ganz natürlich ergeben, dass wir den Kummer und die Freude der anderen als unser eigen sehen. Je größer unser Mitgefühl mit dem Leid unserer Mitmenschen ist, desto mehr haben wir diese Wahrheit verinnerlicht.

Kṛṣṇa erklärt Arjuna diesen Sachverhalt in der Bhagavad Gīta mit den Worten:

ātmaupamyena sarvatra samaṁ paśyati yor'juna |
sukhaṁ vā yadi vā duḥkhaṁ sa yogī paramo mataḥ ||

„Jener Yogi, oh Arjuna, gilt als das Höchste,
der Vergnügen und Leid, überall nach dem gleichen
Maßstab beurteilt, den er auch auf sich selbst
anwendet"

Bhagavad Gīta, 6.32

Tatsächlich sagt Amma, wir sollten als Teil unserer Assimilationspraxis zumindest äußerlich auf vedantische Art und Weise reagieren. Das bedeutet, dass wir auch dann mitfühlend handeln sollen, wenn wir es innerlich nicht wirklich empfinden. Vielleicht spüren wir den Schmerz eines Leidenden nicht wirklich, aber wir sollten so handeln, als ob wir es täten—indem wir ihnen auf jede erdenkliche Weise helfen. Amma sagt, dass dieses großzügige Handeln nach und nach unseren Mind erweitern wird. Zweifellos ist dies eine der Motivationen hinter Ammas selbstlosen Hilfsprojekten. Amma liegt es am Herzen, den Armen, Kranken und Leidenden zu helfen, aber sie möchte auch Gelegenheiten schaffen, damit ihre Schüler und Devotees sich an Aktivitäten beteiligen können, die ihren Mind transformieren.

Handeln oder Nichthandeln

Viele Menschen glauben fälschlicherweise, dass man im Jñāna-Yoga alle Handlungen aufgeben soll. Selbst in den alten Zeiten gab es diese Verwirrung. In der Gīta sagt Śri Kṛṣṇa ganz deutlich zu Arjuna:

kim karma kim-akarmeti kavayo'pyatra mohitāḥ |

„Was ist Handeln? Was ist Nicht-Handeln? Auch die Weisen sind verwirrt, wenn sie darauf antworten sollen"

Bhagavad-Gìta, 4.16

Kṛṣṇa erklärt dann weiter, „Handeln aufgeben" bedeute, die Vorstellung aufzugeben, dass man der Körper-Mind-Komplex ist; es bedeutet nicht, buchstäblich Handlungen aufzugeben. Kṛṣṇa legt dies in einem etwas rätselhaften Vers dar:

karmaṇya-karma yaḥ paśyedakarmaṇi ca karma yaḥ |
sa buddhimān-manuṣyeṣu sa yuktaḥ kṛtsna-karma-kṛt ||

„Wer in der Handlung das Nicht-Handeln und im Nicht-Handeln die Handlung erkennt, der ist weise unter den Menschen, er ist ein Yogi und erreicht alles"

Bhagavad Gīta, 4.18

Das bedeutet: Wer über tiefes spirituelles Verständnis verfügt, weiß, dass der Körper zwar handelt und der Mind denkt. Das Bewusstsein – also die eigene wahre Natur – bleibt dennoch immer „ohne Handlung". Und umgekehrt weiß er: Scheint jemand auch untätig zu sein – d.h. im Schlaf, bei der Meditation oder beim stillen Sitzen –, so hat er das Handeln nicht transzendiert, solange er sich weiterhin mit Mind und Körper identifiziert.

In Bezug darauf, wie „ohne Handlung" im spirituellen Leben zu verstehen ist, führt Kṛṣṇa weiter aus:

karmaṇyabhipravṛttopi naiva kiṁcit-karoti saḥ ||

„Obwohl er aktiv ist, tut er (der Weise) wahrlich nichts“

Bhagavad Gīta, 4.20

Die falsche Vorstellung, dass der Höhepunkt des spirituellen Lebens darin besteht, nutzlos herumzusitzen oder im Allgemeinen ein Taugenichts zu sein, ist etwas, gegen das Amma energisch vorgeht. So empört sie sich in ihren Vorträgen regelmäßig über sogenannte Vedāntins, die von sich behaupten, Aham Brahmāsmi – „ich bin Brahman “ – doch sich beschweren, wenn sie nicht rechtzeitig ihr Essen oder ihren Tee bekommen. Sie bezeichnet solche Vedāntins als „Bücherwurm-Vedāntins“. Nicht nur ist ihr Wissen auf Bücher beschränkt, sondern durch ihre Heuchelei zerstören sie auch die Seele ebendieser Bücher. Ein wahrer Vedāntin, so heißt es, sollte nicht nur reden, sondern auch entsprechend handeln.

Ohne die Anleitung eines echten Gurus können wir rasch zum Opfer unseres schlauen Egos werden und die Schriften unseren Vorlieben und Abneigungen anpassen. Einmal wurde ein Priester erwischt, als er seinen Wagen mit erhöhter Geschwindigkeit fuhr. Als der Polizist an seine Scheibe klopfte, zitierte der Priester: „Gesegnet sind die Mitfühlenden, denn sie sind gesegnet.“

Während er ihm den Strafzettel aushändigte, konterte der Polizist: „Gehe hin und sündige nicht mehr.“

Amma sagt, der wahre Ātman-Kenner ist demütiger als der Demütigste, da er die innewohnende Göttlichkeit in allem sieht. Ist es nicht genau das, was wir in Amma sehen? Während Devi Bhāva überschüttet sie jeden mit Blütenblättern. Warum? Wir sehen darin eine Form ihres Segens, doch in Ammas Augen ist es einfach eine Verehrung Gottes – ein Blumenopfer für Tausende, in denen sich das Göttliche manifestiert hat. Wie Amma einmal einem Reporter antwortet, der sie gefragt hatte, ob ihre Devotees sie verehren: „Nein, nein, es ist umgekehrt. Ich verehre sie." Ammas Verständnis des Satzes, „nicht nur ich bin Brahman, sondern jeder andere ist es auch", ist die ultimative Quelle von Ammas Demut. Deshalb können wir beobachten, wie sich Amma häufig demütig verneigt – vor ihr dargebrachten Geschenken, vor ihren Devotees und Besuchern, oder vor einem Glas Wasser, den man ihr reicht – einfach vor allem. Leider sieht man indessen viele spirituell Suchende, die sich etwas vormachen und nach jeder durchgelesenen Upaniṣad arroganter werden. Das ist nicht ein Fehler der Schriften, sondern der Suchenden. Amma sagt manchmal scherzhaft, jemanden einen „Vedāntin" zu nennen, der nicht handelt, wie er redet, sei dasselbe, wie einen Krüppel „Nātarāja" oder eine schielende Frau „Ambujākṣi[31] zu nennen.

Ich erinnere mich, wie ein frischgebackener Brahmacāri Amma einmal fragte, ob man an einen Punkt käme, an dem man entscheiden müsse, nicht mehr zu handeln. Oder ob das Handeln von ganz allein aufhören würde. Um die falsche Auffassung dieses jungen Mannes vollkommen zu revidieren, sagte Amma: „Śrī Kṛṣṇa hat niemals aufgehört zu handeln und auch Amma nicht. Es ist nicht die Handlung, die aufgegeben wird. Es ist die Vorstellung, dass man der Körper ist, der die Handlungen ausführt."

Aber mehr als durch Worte untermauert Amma diese falsche Vorstellung durch ihr Leben. In Amma erblicken wir ein Wesen, das wahrhaftig allerhöchstes Wissen mit jedem ihrer Worte, Blicke und Gesten ausstrahlt. Ihr Wissen ist makellos. Für Amma gibt es nichts als göttliche Glückseligkeit. Berge, Himmel, Sonne, Mond, Sterne, Menschen, Tiere und Insekten sind für Amma nichts anderes als die verschiedenen Strahlen des Lichts – eines Lichts, das von den unendlich vielen Facetten des Diamanten des Bewusstseins reflektiert wird, des Bewusstseins, das sie als ihr Selbst kennt. In Wahrheit könnte Amma, wenn sie wollte, leicht die Augen schließen und die Nichtigkeiten ignorieren, die wir als

---

[31] Gebräuchliche indische Namen. Nātarāja, ein Name für Gott *Śiva*, bedeutet „Gott des Tanzes". Ambujākṣi, ein Name für Devi, bedeutet, „Sie, mit den lotushaften Augen".

Name und Form kennen und sie als nicht wichtiger ansehen als die sich verändernden Formen der Wolken am unendlichen Himmel. Doch das hat sie nie getan und wird es auch nie tun. Stattdessen kommt sie auf unsere Ebene herab, auf die Ebene all derer, die Ammas Verständnis noch nicht erreicht haben. Sie umarmt uns liebevoll, trocknet unsere Tränen, hört unseren Problemen zu und so erhebt sie uns– langsam, aber sicher. Für Amma sind solche Handlungen in Wahrheit keine Handlungen. Obwohl sie jeden Moment ihres Lebens darauf verwendet, der Menschheit zu dienen, weiß Amma in ihrem Herzen, dass sie immer war und immer sein wird, ohne Handlung ist. Für Amma ist das Vedānta.

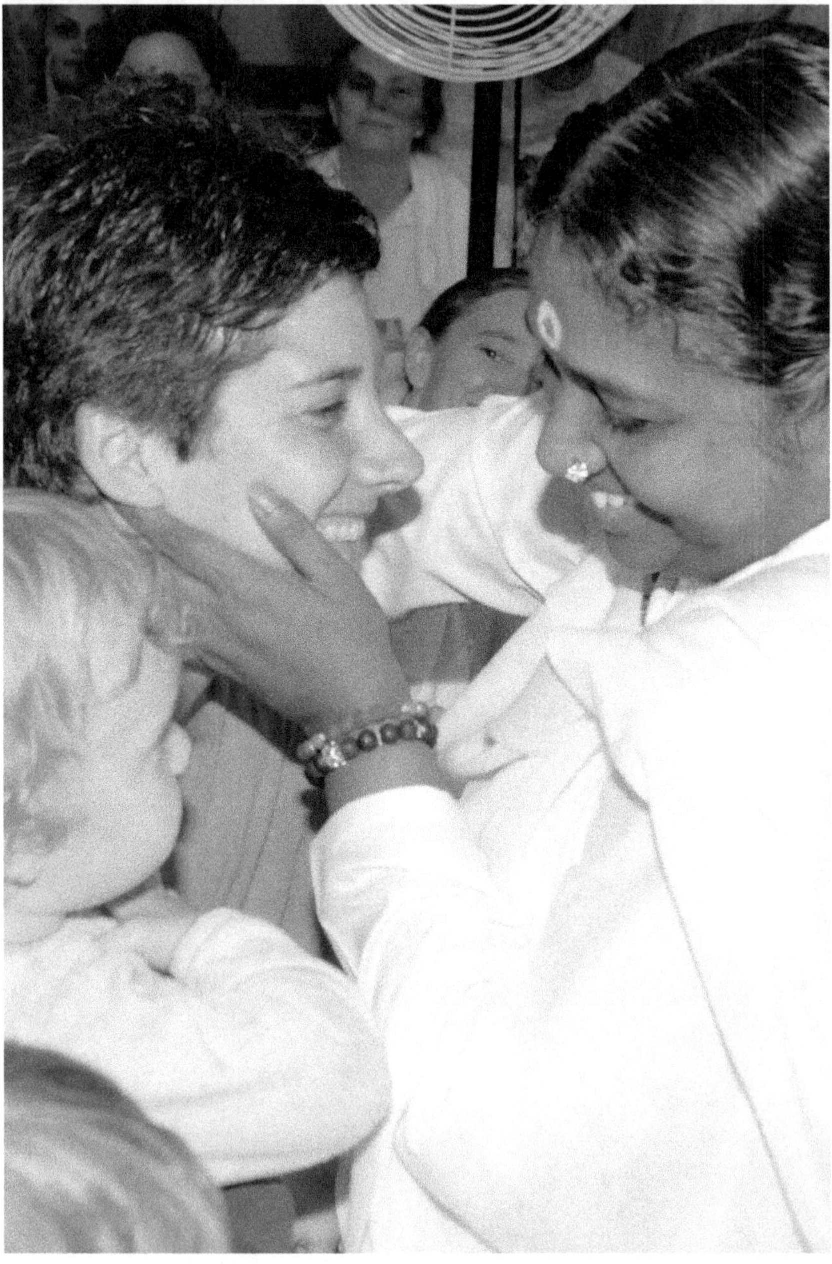

Zehntes Kapitel

Befreiung zu Lebzeiten und danach

„Jīvanmukti ist nicht etwas, das man nach dem Tod erreicht oder etwas, das man in einer anderen Welt erfährt oder das dort geschenkt wird. Es ist ein Zustand des vollkommenen Bewusstseins, der Gelassenheit im Hier und Jetzt in dieser Welt, im lebendigen Körper. Nachdem sie die höchste Wahrheit des Eins-Seins mit dem Selbst erfahren haben, werden solche gesegneten Wesen (Jiva) nicht wiedergeboren. Sie werden Eins mit dem unendlichen Bewusstsein"

Amma

Sobald wir Ātma Jñāna (Wissen über das Selbst) vollständig verinnerlicht haben, ist der Höhepunkt des spirituellen Lebens erreicht - die vollständige Überwindung allen Leids. Verstehen wir, dass wir nicht Körper, Mind und Intellekt sind, sondern all-durchdringendes, ewiges, glückseliges Bewusstsein, gibt es keinen Raum mehr für Leiden, keinen Raum für die vielfältigen mentalen Beschwerden, welche die Plage der Menschheit sind. Haben wir erkannt, dass unser Selbst die Quelle aller Glückseligkeit ist, was können wir dann noch wünschen? Sehen wir alles als Erweiterung unseres eigenen Selbst, auf wen sollten wir dann noch ärgerlich sein? Auf wen sollte man eifersüchtig sein? Es gibt keinerlei Täuschung mehr hinsichtlich der Welt. Wir werden immer freier und glückseliger. Diese Veränderung der Identifikation sollte dauerhaft sein. Danach können wir uns selbst oder die Welt nicht länger so betrachten wie zuvor. Unser ‚Auge der Weisheit' wurde geöffnet und kann sich nie wieder schließen.

Dies lässt sich mit den optischen Trickbildern vergleichen, bei dem ein Bild in einem anderen Bild versteckt ist. Zuerst können wir nur das offensichtliche Bild wie zum Beispiel einen Wald sehen. So sehr wir auch suchen, wir können das Gesicht des Mannes nicht zwischen den Bäumen erkennen. Andere, die hinter uns stehen, sagen vielleicht: „Wieso sagst du, kannst nichts sehen? Es ist doch genau da!" Aber trotzdem sehen wir nur den Wald. Wir versuchen es immer wieder und sehen nur Bäume. Dann plötzlich sehen wir das Gesicht eines Menschen. Von da an jedes Mal, wenn wir das Bild betrachten, sehen wir das Gesicht des Mannes zwischen den Bäumen. Dann kommt eine neue Person und versucht, es zu sehen, aber kann es nicht und jetzt sind wir Teil der Gruppe, die hinter ihm steht und sagt: „Komm schon! Es ist so offensichtlich! Es ist direkt da. Siehst du es nicht?" Genauso ist es mit der Selbstverwirklichung. Wurde das Wissen einmal vollständig assimiliert, gibt es kein Zurück. Wir sind dann auf ewig frei und friedvoll. Dieser Zustand wird bezeichnet als Jīvanmukti - Befreiung zu Lebzeiten.

Jīvanmukti ist eine Veränderung des Verständnisses, nicht des physischen Sehens. Man sieht auch weiterhin die dualistische Welt - Berge, Flüsse, Bäume, alte und junge Menschen, Männer, Frauen usw. aber das Verständnis, dass solche Entitäten lediglich wechselnde Namen und Formen auf dem ewigen Substrat des reinen Bewusstseins sind, bleibt immer erhalten. Es ist wie mit dem ‚Bild im Bild': Nicht etwa, dass wir die Bäume nicht mehr sehen, sobald wir das Gesicht erkennen. Wir sehen das immer noch, doch auch das Gesicht des Mannes ist stets da und blickt uns an. Amma vergleicht diese „Vision" oft damit, dass wir uns der Tatsache bewusst sind, dass jede Art von Goldschmuck essenziell nichts als Gold ist. Wir wissen das und erinnern uns gleichzeitig an den jeweiligen Zweck jedes einzelnen Schmuckstückes. Der Zehenring kommt an den Zeh, die Fußkettchen um die Knöchel, das Halsband um den Hals, die Armbänder um die Handgelenke, die Ohrringe an die Ohrläppchen, der Nasenring in die Nase. Da wir außerdem wissen, dass sie alle aus Gold sind, empfinden wir sie als wertvoll und gehen äußerst sorgsam mit ihnen um. Entspricht das nicht dem, was wir in Amma wahrnehmen? Sie sieht all unsere Unterschiede und behandelt uns entsprechend unserer Persönlichkeit und mentalen Verfassung. Doch sieht sie in jedem von uns stets das Gold. In ihren Augen sind wir alle gleich kostbar. Mit dieser Sichtweise betrachtet ein Jīvanmukta die Welt. Die Sichtweise eines Jīvanmukta zeigt sich in einem Vers der Bhagavad Gīta, der traditionellerweise vor dem Essen gesprochen wird:

brahmārpaṇaṁ brahma havir brahmāgnau brahmaṇā hutaṁ |
brahmaiva tena gantavyaṁ brahmakarma samādhinā ||

„Om Brahman ist die Opferkelle, Brahman ist die Opfergabe. geopfert von Brahman in das Feuer von Brahman, in Brahman geht wahrlich der ein, der in seiner Handlung allein Brahman erkennt“

Bhagavad Gīta, 4.24

Die Schönheit dieses Verses liegt darin, dass durch die Bildsprache eines vedischen Rituals alle Elemente jeder Handlung im Wesentlichen nur Bewusstsein sind: das Instrument des Handelns (hier die Opferkelle), das unmittelbare Objekt des Handelns (die Darbringung selbst), das Subjekt des Handelns (derjenige, der darbringt), der Ort der Handlung (die Feuerstelle, die die Opfergabe aufnimmt) und auch das Ergebnis des Handelns (Verdienst, der durch die Darbringung gewonnen wird). Wir sollen diese Vision auf alle Handlungsinstrumente, Handlungsobjekte, Handelnde, Handlungsorte und Handlungsergebnisse ausdehnen - d.h. auf jeden Aspekt von allem, was unter der Sonne geschieht. Wir rezitieren diesen Vers vor dem Essen als Nididhyāsana

(Verinnerlichung). Wir erinnern uns daran, dass sowohl der Löffel wie das Essen wie der Essende wie das Verdauungssystem wie auch die Zufriedenheit durch das Essen – dass all dies Brahman ist. Millionen von Menschen in der ganzen Welt rezitieren jedes Mal, wenn sie sich zum Essen hinsetzen, dieses Mantra. Aber wie vielen ist dessen Bedeutung eigentlich bewusst? Mit etwas Achtsamkeit werden solche Mantren zu einem machtvollen Mittel, uns an die Herrlichkeit unserer wahren Natur zu erinnern.

Ein Beispiel, das inspiriert

Für uns Kinder von Amma ist es ein großer Glücksfall, dass wir in ihr das lebende Beispiel eines verwirklichten Wesens bei uns haben. Jedes Wort und jede Handlung von ihr kann uns an das letztendliche Ziel des Lebens erinnern und inspirieren, dieses Ziel zu erreichen. Wenn ein Kind in einer Nachbarschaft aufwächst, in der niemand jemals etwas erreicht hat, ist es sehr schwer für ihn zu glauben, dass er selbst etwas erreichen kann. Schafft aber jemand den Durchbruch und wird z.B. Präsident des Landes, ist er für alle die dort leben, eine unglaubliche Quelle der Inspiration. Das ist fast so, wie Roger Bannister die Meile unter vier Minuten schaffte. Vor Bannister glaubte man generell, niemand könne eine Meile in vier Minuten laufen. Aber nachdem Bannister dies 1954 geschafft hatte, folgten bald viele Menschen seinem Beispiel. Daher sollten wir die Kraft lebender Beispiele niemals unterschätzen.

Allein der Anblick eines selbstverwirklichten Wesens kann uns transformieren. Sehen wir Amma – die Liebe, die sie ausstrahlt, ihr mitfühlendes Lächeln, ihre zärtlichen Blicke –da findet eine Veränderung in uns statt. Denn wir stehen dem lebenden Beweis unseres vollen Potenzials gegenüber. Solange wir nicht jemand wie Amma direkt erleben, wer kann es uns verübeln, dass wir glauben, dass der Zustand der Selbstverwirklichung ein Mythos ist?

In Amma sehen wir ein Wesen, das aus der gesegneten Fülle von Ātma-Jñāna lebt – kein Ärger, kein Hass, keine Eifersucht, keine selbstsüchtigen Wünsche, nur Mitgefühl für alle und Frieden und Glück, unabhängig von der äußeren Situation. Dies alles ist das Ergebnis ihres kristallklaren Verstehens dessen, was sie ist und was nicht.

Wahre Freiheit

Heutzutage reden viele Menschen über Freiheit. Niemand möchte sich vorschreiben lassen, was er zu tun hat. Wir möchten kommen und gehen, wie es uns gefällt. Wir möchten entscheiden, wie wir uns anziehen, wie wir unsere Haare schneiden, welche Freunde wir haben, ob wir heiraten oder uns scheiden lassen, usw. In gewisser Weise können wir die freie Wahl zwischen verschiedenen Dingen wohl als Freiheit bezeichnen. Sind wir jedoch wirklich frei? Wenn wir genau hinsehen, werden wir feststellen, dass die Person, die all diese persönlichen Entscheidungen trifft, nichts weiter als ein Sklave ihrer Vorlieben und Abneigungen ist. Wenn unsere wahre Natur jenseits des Minds liegt, ist es dann nicht etwas seltsam, dass wir dem Mind erlauben, unser Leben zu steuern?

Amma weist darauf hin, dass wir zwar ‚frei' sind, entsprechend unseren Vorlieben und Abneigungen zu handeln, aber nicht frei sind, wenn es darum geht, wie wir auf die Ergebnisse dieser Handlungen reagieren. Zum Beispiel sind wir vielleicht frei, unsere Haare zu einem Irokesenschnitt zu rasieren und sie lila zu färben. Aber können wir noch frei entscheiden, wie wir darauf reagieren, falls uns alle auslachen? Nein – wir werden traurig, wütend, verlegen, peinlich berührt usw. Wir haben nicht die Freiheit, auf Spott mit Freude zu reagieren. Also, sagt Amma, ist unsere Freiheit bestenfalls begrenzt. Ein Jīvanmukta hingegen ist frei, sowohl zu entscheiden, wie er handelt, als auch wie er auf die Ergebnisse seiner Handlungen reagiert.

Ich erinnere mich an einen Witz, den Amma zu diesem Thema erzählte. Als Amma einige amerikanische Devotees mit Irokesen-Frisur zum Darśan kommen sah, sagte sie: „Heutzutage schauen die Älteren auf die wilden Haarschnitte der Jugendlichen und lachen. Genauso lachen die jungen Leute, wenn sie bei älteren Leuten traditionelle Haarschnitte sehen, wie zum Beispiel eine Sikha (Haarlocke am Scheitelpunkt des geschorenen Kopfes). Doch beide, Jung und Alt, lachen, wenn sie den geschorenen Kopf eines Sannyāsi sehen! Also sollten wir im spirituellen Leben wie ein kahlgeschorener Kopf werden und uns selbst für das Glück anderer aufopfern."

Erreichen wir Jīvanmukti und identifizieren wir uns nicht mehr mit dem Mind, können wir uns wirklich als frei bezeichnen. In diesem Zustand haben Eindrücke aus der Vergangenheit keine Macht mehr über uns. Es bedeutet nicht, dass wir wie ein Schwachsinniger werden, der sich nicht daran erinnern kann, dass Feuer brennt. Eher ist es so, dass wir allem frisch und vorurteilslos begegnen. Solche Wesen (Jīvanmuktas) zeigen uns deutlich, dass das Lebensziel nicht darin besteht, Dinge für uns selbst, sondern für andere zu erstreben. Es geht um das Geben und nicht um das Nehmen. Früher arbeiteten wir für unseren eigenen materiellen Gewinn. Jetzt arbeiten wir glückselig für andere. Vorher hielten wir uns an Dharma als Mittel auf dem Weg zur Befreiung. Jetzt halten wir uns an Dharma, um ein leuchtendes Beispiel für die Welt zu sein und anderen Frieden und Glück zu bringen.

Wie Kṛṣṇa sagt:

saktaḥ karmaṇyavidvāṁso yathā kurvanti bhārata |
kuryādvidvāṁstathāsaktaḥ cikīrṣurloka-saṁgraham ||

„So wie der Nicht-Erleuchtete aus Anhaftung an die Handlung handelt, oh Arjuna, so soll der Erleuchtete

aus dem Wunsch des Wohlergehens der Welt heraus handeln"

Bhagavad Gīta, 3.25

Tatsächlich sagt Amma, dass sie sich ihrer göttlichen Natur seit ihrer Geburt voll bewusst ist und das spiegelt sich in den Handlungen ihres Lebens wider. Es gibt niemanden, der tiefer im Dharma wurzelt als sie. Schon als kleines Mädchen diente sie den Armen und Kranken, nahm von der Welt so wenig wie möglich und gab selbst ein Maximum. Inzwischen widmet sie ihr Leben vollkommen der Menschheit, nicht nur indem sie die Menschen persönlich mit ihrem Darśan segnet, sondern ebenso durch die Führung einer multinationalen Hilfsorganisation. Sie betreut gemeinnützige Wohltätigkeitskrankenhäuser, Hospize, Waisenhäuser, Altersheime, Bildungseinrichtungen, Wohnprojekte für Obdachlose, Wohlfahrtspläne, medizinische Versorgungscamps, Katastrophenhilfe... die Liste ist endlos. Nichts davon entsteht aus einem leeren Raum in Amma, den sie durch gute Taten zu füllen versucht, sondern alles geschieht einzig und allein aus dem selbstlosen Wunsch, die Welt mit ihrem Beispiel zu inspirieren. So verbringt der Jīvanmukta sein Leben damit, seinen Mitmenschen zu dienen und sie zu erheben. Hat jemand gänzlich erfasst, dass alle Glückseligkeit, die er in der äußeren Welt sucht, in Wirklichkeit aus dem eigenen Inneren kommt, bedeutet das nicht, dass er aufhört, Handlungen auszuführen. Es bedeutet nur, dass er nicht mehr handelt, um glücklich zu werden. Wird derjenige, dem klargeworden ist, dass sein Stift kein Federkiel, sondern ein Füllfederhalter mit eigener Tintenpatrone ist, wird er sie weiterhin in das Tintenfass tauchen? Sicher nicht. Doch wird er auch weiterhin damit schreiben. So verhält es sich mit dem Jīvanmukta.

Videha-Mukti

Die Schriften erklären, dass ein Jīvanmukta zum Ende seines Lebens Videha-mukti erreicht. Videhamukti bedeutet „Freiheit vom Körper“. Um das zu verstehen müssen wir uns erst ansehen, was beim Tod geschieht, falls man die Selbstverwirklichung nicht erlangt hat.

Die Heiligen und Weisen sagen uns, dass der Verlauf des Lebens eines Menschen und seiner zukünftigen Leben von den Früchten seiner Handlungen bestimmt wird. Was immer wir tun, hat zwei Folgen, eine sichtbare und eine unsichtbare. Das sichtbare Ergebnis entsteht gemäß den Gesetzen der Gesellschaft, der Natur, der Physik usw. Das unsichtbare Ergebnis wird von subtileren Gesetzen bestimmt, durch die Motivation hinter unserem Handeln. Eine edle und selbstlose Motivation wirkt sich auf der unsichtbaren Ebene als Puṇya aus, als positives Ergebnis. Eine unehrenhafte, egoistische, schädigende Motivation dagegen zieht Pāpa, ein negatives Ergebnis nach sich. Die sichtbare Folge des Handelns zeigt sich mehr oder weniger unmittelbar. Wann sich dagegen die unsichtbaren Folgen zeigen, ist ungewiss. Sie kommen zu ihrer Zeit – vielleicht in diesem Leben, vielleicht im nächsten – und manifestieren sich in entsprechend günstigen oder ungünstigen Bedingungen und Umständen.

Hierzu möchte ich ein Beispiel geben: Schubse ich jemanden an, ist das das sichtbare Ergebnis, dass er sich in die Richtung bewegt, in die ich die Kraft eingesetzt habe.

Während unseres ganzen Lebens wird unser Denken und Tun aufgezeichnet. Wie Amma sagt: „Unser ganzes Leben lang werden all unsere Gedanken und Handlungen von einem ganz feinen Sensor aufgezeichnet, der wie ein Aufnahmegerät funktioniert. Entsprechend den gesammelten Lebenseindrücken wird der Jīva (ein individuelles Wesen) einen neuen Körper annehmen. Alle Absichten hinter den aufgezeichneten Ereignissen werden berücksichtigt.“

Dies aufgezeichnete Karma wird in drei Kategorien aufgeteilt: Prārabdha Karma, Sañcita Karma und Agāmi Karma. Sañcita Karma ist unsere gesamte Karma-Sammlung - gut und schlecht. Es umfasst die Eindrücke von Handlungen, die wir während unzähliger Leben ausgeführt haben. Prārabdha Karma ist der Teil des Karmas, der aus der Sañcita-Karma-Sammlung ausgewählt wird, um in diesem Leben sich zu manifestieren. Unser Prārabdha Karma bestimmt, wo wir geboren werden, wer unsere Eltern und Geschwister sind, wie unser äußeres Erscheinungsbild ist usw. Es bestimmt auch, wann und wo wir sterben. Āgāmi Karma schließlich sind die Ergebnisse von Handlungen, die wir in diesem Leben vollbringen. Einige davon mögen in diesem Leben selbst ihre Früchte tragen. Der Rest geht bei unserem Tod in die Sañcita-Karma Sammlung ein.

Wenn wir diesen Zyklus betrachten, können wir leicht erkennen, dass es kein Ende gibt. Es kann keine Rede davon sein, all unser Karma zu erschöpfen, weil wir jeden Tag kontinuierlich neues Karma schaffen. Von „all sein Karma verbrennen“ zu sprechen, ist in diesem Zusammenhang nicht korrekt. Es kann niemals geschehen. Der Weg eines unerleuchteten Wesens ist ein ewiger Zyklus von Geburt und Tod, der als Samsāra-Zyklus bezeichnet wird.

Ein Jīvanmukta jedoch ist in der Lage, Karma zu transzendieren. Der Kreislauf mag weiterhin bestehen, aber er springt sozusagen ab. Das liegt daran, dass er seine Identifikation von Körper, Mind und Intellekt hin zum Bewusstsein verlagert hat. Im Bewusstsein gibt es kein Ego - kein Gefühl der Trennung oder einer eigenen Persönlichkeit, die dies und jenes tut und genießt. Puṇya und Pāpa –Verdienst und Vergehen- entstehen nur dann, wenn man aus seinem Ego heraus handelt. Sofort nach der Selbstverwirklichung hört man auf, neues Karma anzuhäufen.

Anders als wir, wird ein Jīvanmukta nach seinem Tod nicht wiedergeboren. Da er bereits zu Lebzeiten mit dem alles alldurchdringenden Bewusstsein identifiziert ist, gibt es für den

Jīvanmukta nach dem Tod keinen Ort, an den er gehen müsste. Er verschmilzt einfach mit der höchsten Wirklichkeit, mit der er sich bereits identifiziert ist. Selbst wenn er Eonen von Karma in seinem Sañcita-Vorrat hat, hat dieses Sañcita Karma keinen Zweck mehr. Das Ziel selbst ist verschwunden. Muss man nach dem Aufwachen Schulden aus einem Traum zurückzahlen? Natürlich nicht. So ähnlich ist es mit dem Sañcita Karma, wenn der Körper des Jīvanmukta stirbt.

So bleibt nur das Prārabdha Karma übrig. Gemäß den Schriften wird ein Jīvanmukta bis zu seinem Tod noch Prārabdha Karma erleben. Um dieses Konzept zu erklären, benutzt Amma oft das Beispiel eines Ventilators, der sich noch eine Weile dreht, nachdem der Strom abgestellt wurde. Tatsächlich verdanken wir die Tatsache, dass wir noch am Leben sind, dem Prārabdha Karma. Es bestimmt mehr oder weniger Zeit und Ursache unseres Todes. Unser letzter Atemzug kommt dann, wenn das Prārabdha Karma erschöpft ist. Ein Jīvanmukta bleibt recht unbeeindruckt vom Prārabdha Karma, da er mit dem Bewusstsein und nicht mit dem Körper identifiziert ist. Körperlicher Schmerz bleibt körperlicher Schmerz und diesen hat er zu ertragen. Da er weiß, dass er nicht der Körper ist, wird dieser Schmerz aber enorm gelindert. Außerdem, sagt Amma, besitzt er die Willensstärke, seinen Mind aus seinen Sinnen zurückzuziehen.

Betrachten wir unser Leben, so wird deutlich, dass unser Leid nicht vorwiegend durch körperlichen Schmerz verursacht wird. Meistens ist es der emotionale Schmerz, der als Partner des körperlichen Schmerzes auftritt - die Angst, die Spannung und die Sorge. Zum Beispiel, nehmen wir an, wir werden eines Tages auf dem Heimweg von der Arbeit angegriffen. Der Angreifer schlägt uns auf den Kopf und stiehlt unsere Geldbörse. Der körperliche Schmerz ist nicht so schrecklich. Innerhalb weniger Tage werden wir uns besser fühlen. Aber die Angst kann jahrelang in uns weiterleben, vielleicht unser ganzes Leben lang. Oder: Sagen wir, bei uns wird eine tödliche Krankheit diagnostiziert.

Möglicherweise dauert es Jahre, bis sich ernste äußere Symptome zeigen. Doch Furcht und Spannung bezüglich der Zukunft können sich in unser Tagesbewusstsein fressen und unsere Lebensfreude zerstören. Der Jīvanmukta erfährt zwar den Schmerz in diesem Augenblick, aber nicht die Angst, die ihm vorausgeht und die sich endlos fortsetzen kann.

Oder wenn wir es aus einer anderen Perspektive betrachten, können wir auch sagen, dass es für den Jīvanmukta kein Prārabdha Karma gibt. Wieso? Weil der Jīvanmukta sich selbst in keiner Weise als Körper sieht. Er betrachtet sich selbst als nichts anderes als ewiges, seliges Bewusstsein. Es gibt kein Prārabdha-Karma für das Bewusstsein - es gab nie eines und wird nie eines geben. Ist jemand wirklich voll mit Atma identifiziert, kann tatsächlich weder von „Befreiung" noch von „Begrenzung" gesprochen werden. Das mag merkwürdig klingen, doch durch Atma-Jñāna wird man sich bewusst, dass man von Anfang an nicht begrenzt war. Bewusstsein kann niemals begrenzt sein. Es gibt nur einen begrenzten Mind. Ein Jīvanmukta hat verstanden, dass er nicht der Mind ist und es auch niemals war. So betrachtet, sehen nur diejenigen einen Unterschied zwischen Jīvanmuki und Videhamukti, welche die Selbstverwirklichung noch nicht erreicht haben. Wer eins ist mit Atma-Jñāna, versteht sich schon zu Lebzeiten als „frei vom Körper". Für ihn sind alle Körper gleich. Er identifiziert sich mit „seinem" Körper nicht mehr als mit dem irgendeines anderen Menschen. In seinem Verständnis ist er nicht in seinem Körper, sondern alle Körper sind in ihm. Das meint Amma, wenn sie sagt: „Diese sichtbare Form nennen die Leute ‚Amma' oder ‚Māta Amṛtānandamayi Devi', doch das innewohnende Selbst hat weder Namen noch Adresse. Es ist alles alldurchdringend."

Dieses Verständnis werden wir alle einmal haben. Dieses Versprechen geben uns sowohl die Schriften als auch Amma. „Es ist nur eine Frage der Zeit", sagt Amma. „Bei manchen hat sich die Selbstverwirklichung bereits vollzogen, bei anderen ist es

jeden Augenblick möglich und bei wieder anderen wird es später passieren. Denkt nicht, wenn es bisher noch nicht geschehen ist oder auch in diesem Leben eventuell nicht geschehen wird, dass es sich nie ereignet. In dir wartet ein immenses Wissen darauf, dass du es freigibst."

Es gibt nichts Kostbareres als die Gegenwart und die Lehren eines lebenden Satgurus wie Amma. In dieser Hinsicht ist unser ganzes Leben mit Gnade durchdrungen. Wie sehr wir diese Gnade nutzen, liegt an uns. Unsere „Erlaubnis zur Entfaltung" ist unsere Ernsthaftigkeit, das Bestreben, unseren Mind auf Amma einzustimmen, unser Leben mit Ammas Leben zu verbinden und unsere Selbstbezogenheit in ihrem selbstlosen göttlichen Willen aufzulösen. Sind wir dazu bereit, entdecken wir, dass Amma wie ein Katalysator ist: Sie beschleunigt unsere Entfaltung und ermutigt uns zum Vorwärtsgehen auf diesem Zeitlosen Pfad.

||*oṁ lokāḥ samastāḥ sukhino bhavantu*||

„Om. Mögen alle Wesen in allen Welten glücklich sein."

Glossar

Ahimsa: Gewaltlosigkeit, Praxis der Gewaltlosigkeit

Amṛta Niketan: Waisenhaus in Paripalli im Bezirk Kollam in Kerala, das vom Mātā Amṛtānandamayi Math unterhalten wird.

Amṛtapuri: Der Sitz von Ammas Haupt-Āśram, gelegen in der Ortschaft Parayakadavu, Alappāṭ Pañcayat, im Bezirk Kollam des indischen Bundesstaates Kerala.

Anādi: Ohne Anfang

Ananta: Ohne Ende, grenzenlos, unendlich

Anātma: Das „Nicht-Selbst"; das, was verschieden ist vom Selbst und der Veränderung unterliegt.

Añjali Mudra: Eine Form ehrerbietigen Grußes, bei welchem man seine Handflächen zusammenlegt, um einen Lotus zu symbolisieren.

Aparigraha: „Nicht-Horten"; es vermeiden, diejenigen Dinge anzuhäufen, die für das Leben unwesentlich sind. Es ist das letzte der fünf Yamas in Patañjalis System des Aṣṭaṅga-Yoga.

Arcana: Verehrung in der Form der Darbringung von Mantras. In Ammas Āśram bedeutet es die Rezitation der 108 Namen Ammas und des Lalitā Sahasranāma.

Arjuna: Eine der Hauptpersonen des Mahābhārata. Er wird Śrī Kṛṣṇas Schüler und empfängt von ihm die Weisheit der Bhagavad Gīta.

Arthārthi Bhakta: Jemand, dessen Hingabe hauptsächlich darin besteht, Gott um die Erfüllung materieller Wünsche zu bitten.

Asteya: „Nicht-Stehlen"; das dritte der insgesamt fünf Yamas in Patañjalis System des Aṣṭāṅga-Yoga.

Aaṣṭāṅga-Yoga: „Yoga der acht Glieder"; Name eines achtteiligen Yoga-Systems, dessen Gründer Patañjali ist.

Avastha-Traya Viveka: Mentale Unterscheidung des Bewusstseins (Caitanya) von den drei Zuständen des Mindes (Manas): nämlich Wachzustand, Traum und Tiefschlaf.

Ādi Śaṅkara: Philosoph und Mahātma, der die Denkschule des Advaita-Vedānta neu begründete. Seine bedeutendsten Werke sind Kommentare zu den zehn wichtigsten Upaniṣads, zur Bhagavad Gīta und zu den Brahma Sūtras.

Ādityas: Eine Klasse von Devas; Kinder von Kaśyapa und Aditi.

Āgāmi Karma: Positives und negatives Karma, welches wir durch die Handlungen in unserem gegenwärtigen Leben ansammeln.

Ākāśa: Das Element des Raum-Äthers

Ārati: Ein Ritual, bei dem brennender Kampfer einer Götterstatue, einem Götterbild oder einem Mahātma dargeboten wird; auch ein Lied, das während der Ausführung dieses Rituals gesungen wird.

Ārta Bhakta (Ārta): Jemand, dessen Hingabe an Gott darin besteht, um die Beseitigung seiner Schwierigkeiten zu beten.

Āsana: Sitz; Position; Stellung oder Dehnübung im Yoga.

Āsuri Sampat: Dämonische Eigenschaften.

Āsram: Hinduistisches Kloster; auch ein Ort, an dem ein Guru mit seinen Schülern lebt; ein Stadium des Lebens.

Ātma(n): Das Selbst; das ewige, glückselige Bewusstsein, das den Mind, den Körper und das Universum durchdringt und erleuchtet.

Ātma-Anātma Viveka: Unterscheidung zwischen Ātma (dem unveränderlichen Zeugen) und allem das nicht Ātma ist (alle Wesen und Objekte, die der Veränderung unterliegen).

Ātma-Jñāna: Selbst-Erkenntnis, Wissen über das Selbst.

Ātma Samarpaṇam: Überantwortung an das Selbst.

Ātma Pūja: Ein Ritual, das von Amma durchgeführt und geleitet wird, bevor der Devi Bhāva beginnt.

Bhagavad Gīta: Wörtlich: „Der Gesang des Herrn". Ein aus 700 Versen bestehender Text in der Form eines Dialogs zwischen Śrī Kṛṣṇa und seinem Schüler Arjuna. Er wird als einer der drei wichtigsten Texte des Hinduismus betrachtet.

Bhajan: Hingebungsvolle Gesänge; Anbetung.

Bhakti: Hingabe

Bhāva: Göttliche Stimmung

Bhūta Yajna: Schutz von Flora und Fauna als Form der Verehrung; eines der Pañca Mahā-Yajñas.

Brahma Sūtras: 555 von Bādarāyana (Vyāsa) verfasste Aphorismen, in denen die Lehren von Veda im Hinblick auf die letzte Wahrheit zusammengefasst und systematisch geordnet werden; einer der drei wichtigsten Texte des Hinduismus.

Brahma Yajna: Erinnerung an den Guru und die Veden als Form der Verehrung; eines der Pañca Mahā-Yajñas.

Brahmacāri: Unverheirateter zölibatärer Schüler eines Gurus.

Brahmacārya: Zölibat; das vierte der insgesamt fünf Yamas in Patañjalis System des Aṣṭaṅga-Yoga.

Brahmacārya Āśrama: Im alten vedischen System die erste Lebensphase, in welcher man beim Guru lebte und von ihm unterrichtet wurde.

Brahman: Das alldurchdringende, ewige und glückselige Bewusstsein, das sowohl im Individuum als auch im Universum gegenwärtig ist; gemäß der Philosophie des Vedānta die höchste Wirklichkeit.

Brāhmana: Angehöriger der Priesterkaste.

Bṛhaspati: Der Guru der Devas.

Buddhi Yoga: „Yoga der Vernunft"; ein Begriff, den Śrī Kṛṣṇa in der Bhagavad Gīta verwendet, um die Haltung des Karma Yoga zu beschreiben.

Cakra: Wörtlich: „Rad"; ein Geflecht feiner Nerven, das vor allem im Yoga und in den Systemen des Kuṇdalīni Yoga und des Tantra erläutert wird.

Dama: Kontrolle der Sinne.

Darśan: „Heilige Vision; eine Begegnung mit Gott, dem Guru oder einem Mahātma; Ammas Umarmung.

Deva: wörtlich: „Der Strahlende"; Gott; himmlisches Lichtwesen.

Deva Yajña: Verehrung eines Gottes seiner Form, besonders in der Form der Elemente und Naturkräfte; eines der Pañca Mahāyajñas.

Devatā: Gottheit.

Devī: Wörtlich: „Die Strahlende"; Göttin; auch der Name für das Höchste Wesen in seinem weiblichen Aspekt.

Devī Bhāva: Eine besondere Form des Darśans, bei welchem Amma das Gewand Devīs trägt und ihre Verhaltensweisen annimmt.

Daityas: Dämonen; Kinder Kaśyapas und Ditis.

Daivi Sampat: Göttliche Eigenschaften.

Dharma: Ethischer Verhaltenskodex, der die Harmonie von Welt, Gesellschaft und Individuum berücksichtigt.

Dhāraṇa: Konzentration; die Fähigkeit, den Mind auf einen einzigen Gegenstand zu richten; die sechste Stufe in Patañjalis System des Aṣṭaṅga-Yoga.

Dhyāna: Meditation; die siebente Stufe in Patañjalis System des Aṣṭaṅga-Yoga.

Dṛg-Dṛśya-Viveka: Unterscheidung zwischen dem der Sieht (Seher) und dem Gegenstand des Sehens (das was gesehen wird).

Gaṇeśa: Eine Form Gottes, die mit einem Elefantenkopf dargestellt wird; Gottheit, deren Aufgabe es ist, Hindernisse zu beseitigen.

Gauḍapādācārya: Der Guru von Ādi Śaṅkarācāryas Guru. Ihm wird die Autorschaft für einen berühmten Kommentar zur Māṇḍūkya Upaniṣad zugeschrieben.

Gṛhastha Āśrama: Das Leben als Haushälter; die zweite Lebensphase gemäß dem traditionellen vedischen Konzept.

Guru: Spiritueller Meister, der Schüler unterrichtet.

Guru Bhāva: Wörtlich: „Die Stimmung des Gurus"; bezieht sich auf die Rolle als Lehrer und strenger Meister.

Guru Seva: Verrichtung von Handlungen als Darbringung an den Guru oder als vom Guru zugeteilter Dienst.

Guruvāyūrappan: Ein Standbild Śrī Kṛṣṇas, das in einem Tempel in Kerala namens Guruvāyūr aufgestellt ist.

Haṭha Yoga: Körperhaltungen und Dehnungen, um Körper und Mind auf die Meditation vorzubereiten.

Himsa: Gewalt.

Hanumān: Affe und Held aus dem Epos Rāmāyana; er ist ein Diener Śrī Rāmas, dem er völlig ergeben ist; von vielen Menschen wird er selbst als Gott verehrt.

Iśvara Praṇidhānam: Hingabe an den Herrn; das letzte der fünf Niyamas in Patañjalis System des Aṣṭāṅga-Yoga.

IAM - Integrierte Amṛta-Meditationstechnik, auch bekannt als IAM-Technik; eine von Amma gelehrte Meditationstechnik, die überall auf der Welt vom Mātā Amṛtānandamayi Math weitergegeben wird.

Japa Māla: Eine Kette aus Gebetsperlen, die verwendet wird, um Konzentration zu erlangen und um die Anzahl der Mantra-Rezitationen zu zählen.

Jijñāsu: Jemand, der Jijñāsa besitzt – Sehnsucht nach der Erkenntnis des Absoluten.

Jīvanmukti: Zustand der Befreiung

Jīvanmukta: Wörtlich: „Während dem Leben Befreiter"; jemand, der Selbstverwirklichung erlangt hat und bereits frei von allem Kummer ist, während er noch auf Erden lebt.

Jīvātma-Paramātma-Aikya-Jñānam: Die Erkenntnis, dass das Bewusstsein des Individuums und das universelle Bewusstsein ein und dasselbe sind.

Jñāna: Erkenntnis; speziell bezogen auf das Selbst (Ātma).

Jñāna Yoga: spirituelle Praxis eines Adepten, die darin besteht, die ihm von seinem Meister vermittelten Wahrheiten verstandesmäßig zu durchdringen und in sich aufzunehmen.

Jñānendriya: „Organ der Erkenntnis"; (Jñāna + Indriya); Sinnesorgan.

Jñāneśvar: Heiliger des 13. Jahrhunderts, der in der Nähe von Poona lebte. Er schrieb einen berühmten Kommentar zur Bhagavad Gīta.

Kabaḍi: Indische Sportart, bei der zwei Mannschaften die entgegen gesetzten Hälften eines Spielfeldes besetzen und sich darin abwechseln, jeweils einen „Stürmer" in die andere Hälfte zu schicken. Der Stürmer versucht in die eigene Hälfte zurückzukehren, wobei er während des gesamten Laufes den Atem anhält.

Kṛṣṇa: Inkarnation Gottes in menschlicher Form, die vor etwa 5000 Jahren in Nordindien geboren wurde.

Kṛṣṇa-Bhāva: Eine besondere Form des Darśans, bei welcher Amma im Gewand Kṛṣṇas auftrat und seine Verhaltensweisen annahm.

Kaṣāya: Die Unfähigkeit, sich während der Meditation vollständig zu versenken aufgrund von verbliebenen Wünschen im unterbewussten Mind.

Kottu Kallu Kaḷi: Ein indisches Spiel für Kinder.

Kārika: Kommentar in Versform.

Karma: Handlung

Karma Yoga: selbstlose Einstellung, die man einnimmt, während man Handlungen verrichtet und ihre Ergebnisse erfährt. Durch Karma Yoga transzendiert man Vorlieben und Abneigungen.

Karma Yogi: Jemand, der Karma Yoga ausführt.

Karmendriya: (Karma+Indriya) Handlungsorgan (Hände, Beine, Zunge, Fortpflanzungsorgan und Ausscheidungsorgan).

Lakṣya Bodha: Ständige Vergegenwärtigung des Zieles.

Lalitā Sahasranāma: Litanei von Devīs 1000 Namen, die ihre Tugenden und Eigenschaften beschreiben.

Laya: Auflösung; Schlaf, ein Hindernis bei der Meditation.

Līlā: Göttliches Spiel, Man sieht das Leben als Spiel und agiert darin losgelöst.

Loka Saṁgrāha: Erhebung der Welt; nur diesem Zweck dienen die Handlungen einer selbstverwirklichtem Wesen.

Manana: Der zweite Schritt im Jñāna Yoga; die Beseitigung aller Zweifel durch Reflexion und Befragung des Meisters.

Mantra Dīkṣa: Einweihung durch ein Meister in ein Mantra.

Mantra: Eine heilige Formel, die zum Zwecke der Konzentration und als eine Methode des Betens rezitiert wird.

Manuṣya Yajña: Fürsorge für die Mitmenschen als Form der Verehrung; eines der Pañca-Mahā-Yajñas.

Mahābhārata: Umfangreiches Epos, das Vyāsa zugeschrieben wird. Teil dieses Epos ist auch die Bhagavad Gīta.

Mahātma: (Maha+Ātma) Große Seele; ein Guru, Heiliger oder Weiser.

Mā: Silbe, die göttliche Liebe symbolisiert. Sie wird in Ammas Ma-Om-Meditation verwendet.

Mā-Om-Meditation: Eine von Amma entwickelte Meditationstechnik, bei der die Ein- und Ausatmung mit den Silben „Ma" und „Om" synchronisiert wird.

Mānasa Pūja: Mentale Form der Verehrung, sowohl mit als auch ohne Form.

Mārga: Pfad.

Mārmika: Ein Meister in der Wissenschaft lebenswichtiger Druckpunkte des Körpers.

Māyā: Kosmische Illusion; das, was nur vorübergehende Existenz besitzt und veränderlich ist.

Mokṣa: Befreiung.

Mumukṣutvam: Intensive Sehnsucht nach Befreiung.

Nārāyaṇa: Ein Name Viṣṇus.

Nātarāja: (Nāta+Rāja) „Der König des Tanzes"; ein Name Śivas.

Nididhyāsana: „Besinnung"; die dritte und letzte Stufe im Jñāna Yoga; vollständige erkenntnismäßige Durchdringung des zuvor Gelernten.

Niṣiddha Karma: Handlungen, die von den Schriften verboten werden.

Niśkāma Karma: Handlungen ohne selbstsüchtigen Beweggrund.

Nirguṇa-Meditation: Meditation auf den Ātma, auf das Selbst, das jenseits aller Eigenschaften ist.

Niyama: Vorschriften für einen Yogi; die zweite Stufe in Patañjalis System des Aṣṭāṅga-Yoga.

Oṁ: Urklang; die heilige Silbe, die sowohl das Göttliche mit Form als auch ohne Form symbolisiert; die Essenz der Veden.

Padmāsana: (Padma+Āsana) „Lotussitz". Eine Sitzhaltung für die Meditation, bei der jedes Bein auf dem Oberschenkel des jeweils anderen Beines ruht.

Pañca-Mahā-Yajñas: Die fünf großen Formen der Verehrung, die gemäß vedischer Überlieferung von jedem Haushälter täglich ausgeführt sollen, bis er entweder Saṅnyāsa nimmt oder stirbt.

Parampara: Überlieferungslinie, speziell eine kontinuierliche Guru-Schüler-Linie.

Patañjali: Ein Weiser aus dem ersten oder zweiten vorchristlichen Jahrhundert, der die Yoga Sūtras sowie andere wichtige Texte über Sanskrit-Grammatik und den Āyurveda schrieb.

Pāda Pūja: Rituelle Verehrungsform, bei der als Symbol der Selbst-Erkenntnis die Füße eines Mahātma gewaschen werden; die Waschung wird mit Rosenwasser, Ghee, Honig, Quark, Kokosnuss-Wasser und Milch durchgeführt.

Pāpa: Schuldhaftigkeit, die man auf sich lädt durch negative Handlungen, die anderen schaden.

Pīṭham: Heiliger Sitz, auf welchem der Guru traditionellerweise Platz nimmt.

Pitṛ Yajña: Opfer für die verstorbenen Vorfahren sowie fürsorgliches Verhalten gegenüber den Eltern als eine Form der Verehrung. Eines der Pañca-Mahā-Yajñas.

Praṇām: Sich verneigen als Zeichen der Demut und des Respekts; auch die Geste der Añjali Mudram sowie das Berühren der Füße der verehrten Person werden als Praṇām angesehen.

Prasād: Eine gesegnete Opfergabe; jegliche vom Guru gespendete Nahrung.

Pratyāhāra: Das Zurückziehen der Sinne von den Sinnesobjekten; die fünfte Stufe in Patañjalis System des Aṣṭāṅga-Yoga.

Prāṇa: Die Lebenskraft; Atem.

Prāṇa Vīkṣaṇa: Beobachtung des Atmungsvorganges.

Prāṇāyāma: (Prāṇa+Āyāma): „Verlängerung des Atmens"; eine Methode der Atemkontrolle, die für die Verbesserung der Gesundheit und für die Steigerung der Konzentration bei der Meditation angewandt wird; die vierte Stufe in Patañjalis System des Aṣṭāṅga-Yoga.

Prārabdha Karma: Auswirkungen von Handlungen in der Vergangenheit, die im gegenwärtigen Leben Früchte tragen.

Puṇya: DerVerdienst; das unsichtbare Ergebnis von Handlungen, die mit edlen Absichten ausgeführt werden und zum Wohlergehen anderer beitragen.

Pūja: Verehrungsform; rituelle Verehrung.

Pūja-Raum: Ein Raum, der zur Verehrung und Meditation dient.

Raṅganāthan: Eine Statue Viṣṇus, die in einem Tempel in Tiruccirapalli, Tamil Nadu, aufgestellt ist.

Ramaṇa Maharṣi: Ein Mahātma, der von 1879-1950 in Tamil Nadu lebte.

Rasāsvada: (Rasa+Asvada) „Geschmack der Seligkeit"; ein Hindernis bei der Meditation.

Rāga: Modale Skalen in klassischer indischer Musik; Anhaftung.

Ṛṣi: Wörtlich: „Seher"; Weiser des indischen Altertums; ein Ṛṣi gilt als Seher der vedischen Mantras; ganz allgemein wird das Wort auch synonym mit Mahātma oder einem selbstverwirklichten Meister verwendet.

Satguru: Verwirklichter spiritueller Meister.

Saguṇa-Meditation: Meditation auf ein Objekt mit Eigenschaften.

Sahaja Samādhi: „Natürlicher Samādhi"; ständige Versenkung des Mindes in reines Bewusstsein (Caitanya) auf Grundlage der Erkenntnis, dass die Essenz von allem Bewusstsein ist.

Sakāma Karmas: Handlungen, die als Mittel für einen materiellen Zweck verrichtet werden.

Samskāra: Mentale Eigenschaft, die einem Menschen von Geburt an innewohnt und aus früheren Leben herstammt; hinduistischer Initiationsritus.

Sagarbha Prāṇāyāma: Synchronisation des Atems mit der Rezitation von Mantren.

Saṅgha: Gemeinschaft.

Saṅkalpa: Ein machtvoller Entschluss; ein Gedanke.

Sakha: Freund.

Samādhāna: Konzentration auf einen Punkt.

Samādhi: Völlig mühelose Versenkung im gewählten Bereich der Meditation; die letzte Stufe in Patañjalis System des Aṣṭāṅga-Yoga.

Sanātana Dharma: „Ewige Wahrheit, richtige Lebensweise"; ein Leben, das auf Dharma beruht; ein Name für den Hinduismus. Seine Prinzipien sind universell und zeitlos.

Sañcita Karma: Die Gesamtmenge von Karma einer Person, dessen Manifestation noch aussteht.

Sandhyā-Vandanam: Eine rituelle Folge von Gebeten und Verneigungen, von orthodoxen Hindus, speziell von Brahmanen, bei Sonnenaufgang und Sonnenuntergang durchgeführt.

Saṅnyāsa Āśrama: Gemäß vedischer Tradition die vierte und letzte Lebensphase, in der man alle Beziehungen hinter sich lässt und Mönch wird.

Saṅnyāsi: Jemand, der in Saṅnyāsa eingeweiht wurde; Mönchtum.

Santoṣam: Zufriedenheit; das zweite der fünf Niyamas in Patañjalis System des Aṣṭāṅga-Yoga.

Satsaṅg: Ein spiritueller Vortrag; es bedeutet auch, sich in der Gegenwart von Heiligen, Weisen und gleichgesinnten spirituellen Suchern aufzuhalten.

Satya: Wahrheit; das zweite der fünf Yamas in Patañjalis System des Aṣṭāṅga-Yoga.

Sādhana: Mittel für einen Zweck; spirituelle Praxis.

Sādhana Catuṣṭaya Sampatti: Die vierfachen Voraussetzungen für die Erkenntnis des Selbst: Viveka, Vairāgya, Mumukṣutvam und Śamādi Saḍkasampatti.

Sādhana Pañcakam: Ein aus fünf Versen bestehender Text Śaṅkaras, der 40 spirituelle Unterweisungen enthält.

Sākṣi Bhāva: Wörtlich „Stimmung des Zeugen". Einstellung des Beobachters im Hinblick auf die äußere Welt und die Funktionsweisen des Mindes (Manas).

Sāri: Traditionelles Kleid indischer Frauen.

Seva: Selbstloser Dienst.

Sūtra: Leitfaden; ein belehrender Aphorismus spirituellen oder weltlichen Inhalts; oft in Versform.

Svādhyāya: Selbststudium; das Studium derjenigen Schriften, die von der Natur des Selbst handeln; das vierte Niyama in Patañjalis System des Aṣṭāṅga-Yoga.

Śama: Mind-Kontrolle.

Śamādi Satka Sampatti: „Die sechsfache Qualifikation"; sie beinhaltet: Śama, Dama, Uparama, Titikṣa, Śraddha und Samādhana.

Śarīra-Traya Viveka: Unterscheidung zwischen dem Ātma und den drei Körpern (grobstofflich, subtil und kausal).

Śaucam: Reinlichkeit; das erste der fünf Niyamas in Patañjalis System des Aṣṭāṅga-Yoga.

Śāstra: Heilige Schrift des Hinduismus.

Śāśvata: Ewig, zeitlos:

Śiva: Wörtlich: „Der Verheißungsvolle". Ein Name für das Höchste Wesen oder das Absolute; in manchen auf puranische Quellen zurückgehenden Traditionen wird er als diejenige Gottheit betrachtet, die für die Auflösung der Schöpfung verantwortlich ist.

Śraddha: Im Sanskrit: Vertrauen, Glaube an die Schriften und die Aussagen des Gurus. In Malayalam: Wachheit im Hinblick auf die eigenen Handlungen, Worte und Gedanken.

Śravaṇa: Das (aufmerksame) Zuhören spiritueller Unterweisungen und Lehren eines Gurus oder der Schriften; die erste von drei Stufen im Jñāna Yoga.

Śrīmad Bhagavatam: Das Bhagvata Purāṇa; ein Veda Vyāsa zugeschriebener Text, der die verschiedenen Inkarnationen Mahāviṣṇus beschreibt, einschließlich des Lebens Śrī Kṛṣṇas.

Śuka Muni: Der erleuchtete Sohn Veda Vyāsas.

Tabala: Indische Handtrommeln.

Tamas: Guṇa, Die Eigenschaft der Lethargie, Unwissenheit und Faulheit.

Tapas: Askese; das dritte der fünf Niyamas in Patañjalis System des Aṣṭāṅga-Yoga.

Titikṣā: Die Fähigkeit, geduldig und gleichmütig zu bleiben angesichts so verschiedenartiger Lebenserfahrungen wie etwa Hitze und Kälte, Freude und Schmerz usw.

Upadeśa Sāram: „Die Essenz der Weisheit"; ein Text von Ramaṇa Maharṣi über das Selbst und die spirituelle Praxis.

Upaniṣad: Vedische Lehren, in welchen die Natur des Selbst und der absoluten Wirklichkeit erläutert werden; der philosophische Teil der Veden.

Uparama: Unerschütterliches Festhalten am eigenen Dharma.

Varuṇa Deva: Die Gottheit, die über das Wasser herrscht, besonders über den Regen und den Ozean.

Vairāgya: Leidenschaftslosigkeit; Loslösung.

Vānaprastha Ārama: Nach vedischer Tradition die dritte Lebensphase, in der man das eigene Heim verlässt, um im Wald oder der Einsiedelei eines Gurus ein Leben der Meditation zu führen.

Vāsana: Mentale Neigung, latent oder manifest.

Veda: Die Urtexte des Hinduismus. Es gibt insgesamt vier Veden: Ṛg Veda, Sāma Veda, Yajur Veda und Atharva Veda. Jeder Veda besitzt wiederum vier Teile: Saṁhitā (Mantra-Sammlung), Brāhmana (Ritualvorschriften), Araṇyaka (Meditation) und Upaniṣad (Höchstes Wissen). Die Veden wurden nicht von

Menschen geschrieben, sondern sie wurden den Rṣis von Gott während ihrer tiefen Meditationen offenbart. Ursprünglich wurden die Veden mündlich weitergegeben. Erst vor 5000 Jahren wurde er kodifiziert und niedergeschrieben.

Veda Vyāsa: Ein bedeutender Weiser innerhalb der Geschichte des Hinduismus. Man schreibt ihm die Kompilation der Veden zu, ebenso die Autorschaft für das Mahābhārata, die Brahma Sutras sowie das Srimad Bhagavatam.

Videha-Mukta: Jemand, der Videha Mukti erlangt hat – die völlige Befreiung vom Körper und dem endlosen Kreislauf von Geburt und Tod.

Vikṣepa: Mentale Unruhe; ein Hindernis bei der Meditation.

Viṣṇu: Eine Manifestation des Absoluten; ein Name für die höchste Gottheit; in manchen späteren Überlieferungen auch als Erhalter der Schöpfung bezeichnet.

Viveka: Unterscheidungsvermögen; besonders die Fähigkeit, zwischen dem Ewigen (dem Selbst) und dem Vergänglichen (dem Nicht-Selbst) zu unterscheiden, zwischen Atma und Anatma.

Viveka Buddhi: Der geläuterte Intellekt, der mit der Kraft urteilsfähigen Denkens ausgestattet ist.

Yajña: Ein vedisches Ritual; eine Verehrungsform; auch eine Grundhaltung hinter jeder Handlung, die einem hilft, Selbst-Verwirklichung zu erlangen.

Yama: Eine verbotene Handlung; die erste Stufe in Patañjalis System des Aṣṭāṅga-Yoga.

Yoga Sūtras: Eine Sammlung von 196 Aphorismen des Weisen Patañjali, in denen er das System des Aṣṭāṅga-Yoga erläutert.

Yoga: Vereinigung; Verschmelzung.

Yudhiṣṭhira: Der älteste der fünf Pāṇḍavas, der edelmütigen Brüder aus dem Epos Mahābhārata

Zur Aussprache der Sanskritbegriffe

„Gott versteht unser Herz. Der Vater weiß, dass das Baby ihn ruft und empfindet Liebe für es, ob es nun „Vater“ oder „Dada“ sagt. Ganz ähnlich sind Hingabe und Konzentration die wichtigsten Elemente“

Amma

a: kurzes a wie in „an“.
ā: langes a wie in „Schaf“.
i: kurzes i wie in „impfen“.
ī: langes i wie beim deutschen ie, z.B. „Spiel“.
u: kurzes u wie in „Luft“.
ū: langes u wie in „Buche“.
e: wird lang und offen ausgesprochen wie in „Rede“.
o: langes o wie in „Ofen“.
ai: auszusprechen wie das englische ai in „rain“.
au: wie das au in „Bau“.
ṛ: wie ri in „rinnen“.

kh: wie das kh in „Park-haus“.
gh: wie das gh in „Burg-hausen“.
ṅg: wie das ng in „Ganges“.

c: wie das c in „Cello“.
ch: wie “Lutsch-Halsbonbon“
j: wie „Jumbo“.
ñ: wie das n in „Champignon“.

th: wie das th in “hart-herzig“.
dh: wie das dh in „Sand-hügel“.
ph: wie das ph in „Schlapp-heit“.
bh: wie das bh in „leib-haftig“.

v: wie das v in „Vase“.
śa: ein gelispelter Laut, der zwischen dem deutschen s und sch liegt.
ṣa: wie in „Schlauch“, wobei man die Unterlippe nach vorne schiebt.
ḥ: lässt den vorhergehenden Vokal nachklingen, wie z.B. bei ah: „aha“.

Die Buchstaben, unter denen sich ein Punkt befindet, (ṭ, ṭh, ḍ, ḍh, ṇ, ḷ), sind palatale Konsonanten. Sie werden ausgesprochen, indem man mit der Zungenspitze den vorderen Gaumen berührt. Buchstaben ohne solche Punkte sind dentale Konsonanten und werden ausgesprochen, indem man die Zunge gegen den unteren Teil der Zähne drückt. Konsonanten werden im Allgemeinen mit sehr wenig Aspiration ausgesprochen, es sei denn es folgt ihnen ein h (kh, gh, th, dh, ph, bh usw.). In diesem Falle ist die Aspiration sehr stark.

www.ingramcontent.com/pod-product-compliance
Lightning Source LLC
LaVergne TN
LVHW051551080426
835510LV00020B/2951
* 9 7 8 1 6 8 0 3 7 5 8 3 1 *